oekom

Klimaneutral
Verlag
ClimatePartner.com/53585-1805-1001

Selbstverpflichtung zum nachhaltigen Publizieren
Nicht nur publizistisch, sondern auch als Unternehmen setzt sich der oekom verlag konsequent für Nachhaltigkeit ein. Bei Ausstattung und Produktion der Publikationen orientieren wir uns an höchsten ökologischen Kriterien. Dieses Buch wurde auf 100 Prozent Recyclingpapier, zertifiziert mit dem FSC®-Siegel und dem Blauen Engel (RAL-UZ 14), gedruckt. Auch für den Karton des Umschlags wurde ein Papier aus 100 Prozent Recyclingmaterial, das FSC®-ausgezeichnet ist, gewählt. Alle durch diese Publikation verursachten CO_2-Emissionen werden durch Investitionen in ein Goldstandardprojekt kompensiert. Die Mehrkosten hierfür trägt der Verlag. Mehr Informationen finden Sie unter: http://www.oekom.de/allgemeine-verlagsinformationen/nachhaltiger-verlag.html.

Bibliografische Information der Deutschen Nationalbibliothek: Die Deutsche Nationalbibliothek verzeichnet diese Publikation in der Deutschen Nationalbibliografie; detaillierte bibliografische Daten sind im Internet über http://dnb.d-nb.de abrufbar.

Gesellschaft für ökologische Kommunikation mbH
Waltherstraße 29, 80337 München

Layout und Satz: Markus Miller, München
Korrektorat: Maike Specht, Berlin
Umschlagabbildung: © noeldelmar – Fotolia.com
Umschlaggestaltung: Elisabeth Fürnstein, oekom verlag

Druck: CPI Books GmbH, Leck

ISBN 978-3-96238-088-5

FSC
www.fsc.org
RECYCLED
Papier aus Recyclingmaterial
FSC® C083411

Felix Sühlmann-Faul
Stephan Rammler

Der blinde Fleck der Digitalisierung

Wie sich Nachhaltigkeit und digitale Transformation in Einklang bringen lassen

"A just machine to make big decisions,
programmed by fellows with compassion and vision.
We'll be clean when their work is done,
we'll be eternally free and eternally young."

Donald Fagen – I. G. Y.

Inhalt

Abbildungsverzeichnis

Vorwort

Smarte oder kluge Digitalisierung?

Vorbemerkung zur digitalen Transformation zwischen Pfadabhängigkeit und nachhaltiger Zukunftspolitik

Ich schlage die Zeitung auf. Das Gesicht eines Kindes. Mit den gleichen großen Augen wie mein jüngster Sohn sieht er diesem zum Verwechseln ähnlich. Der unverstellte, klare Blick, ähnliches Alter, Neugierde in den Augen. Das Bild trifft mich im Kern. Als ich die Brille finde und genauer hinsehe, wird erkennbar, dass der Junge in schmutzstarrender Arbeitskleidung einen schweren Sack mit großer Anstrengung irgendwohin trägt. Die Bildunterschrift erklärt die Szene. Der Junge ist Arbeiter in einer Kobaltmine im Kongo. Hier wird das für die Informationswirtschaft so wichtige Coltan abgebaut. Dem Artikel zum Bild kann man entnehmen, dass er wahrscheinlich zehn bis zwölf Stunden an sieben Tagen in der Woche in der Mine arbeitet, dass er unzureichend vor dem Kontakt mit dem giftigen Schwermetall geschützt ist, dass seine Lebenserwartung noch geringer ausfällt, als es im Kongo ohnehin schon der Fall ist. Er erinnert mich an andere Bilder, an andere Geschichten, die uns im Zuge unserer Recherche begegnet sind. So hat der Junge zum Beispiel einen ihm unbekannten Bruder in Agbogbloshie in Ghana, einem Vorort der Hauptstadt Accra. Hier landen unsere digitalen Weihnachts- und Geburtstagsgeschenke der letzten Jahre, wenn sie nicht mehr gebraucht werden. Auch dort sind es Kinder und Jugendliche, die am Ende des digitalen Lebenszyklus unseres dorthin verschobenen Mülls über Feuern in alten Ölfässern und ohne Schutzmaßnahmen die Rohstoffe aus den Smartphones, Laptops und PCs herauslösen und die sich dabei chronisch an den schädlichen Dämpfen der Kunststoffe und Metalllegierungen vergiften. Hier ist die Lebenserwartung noch geringer als im Kongo.

Die beiden Kinder sind zweitausend Kilometer voneinander entfernt, und doch verbindet sie ein unsichtbares Band der Ausbeutung und Unterdrückung, der eine am Anfang, der andere am Ende der global verschachtelten Wertschöpfungs- und Entwertungsspirale der digitalen Hochtechnologiebranche, die in Afrika ihren Ursprung und ihr Ende findet. Und es ist noch ein drittes Kind mit ihnen verbunden. Mein Sohn etwa, der, beispielhaft für Millionen, heute wie selbstverständlich digitale Produkte nutzt. Zwischendurch also, als gewinnender Teil dieses asymmetrischen und ungerechten Wertschöpfungsnetzwerks, profitieren vor allem wir Verbraucher*innen in den reichen nördlichen Industrie- und Konsumgesellschaften von den immer geringeren Kosten, dem Hochglanz, der smarten Konvenienz und dem Fortschritt an Lebensqualität, die mit der Informationstechnologie unbestreitbar verbunden sind. Wir wollen deswegen auch ganz unbedingt daran glauben, dass dieser wunderbare Verblendungszusammenhang der Digitalisierung – »Digitalisiert euch, dann wird alles gut – und sogar noch besser«! – der Wahrheit entspricht. Doch diese Wahrheit wird von der Wirklichkeit gespoilert, wenn wir nur genau hinschauen.

Die Gesichter der angesprochenen Jungs geben den enormen, aber abstrakten und mitunter schwer sichtbaren strukturellen Asymmetrien der weltwirtschaftlichen Verflechtungen ein Antlitz. Es ist der natürliche Reichtum Afrikas, der immer noch den Wohlstand in den ressourcenarmen Industrieländern befeuert. Und es ist seine Funktion als gigantische »Senke«, als Abfallhaufen für unseren modernen Müll, die dafür sorgt, dass wir uns hier nicht schon längst am eigenen Erfolg selbst vergiftet haben. Diese schon seit Jahrhunderten andauernde Externalisierung der sozialen, ökologischen und moralischen Kosten unserer Wirtschaftsweise wäre an sich schon ein Politikum, ein Skandal an sich, doch nun kommt mit der Digitalisierung noch ein ganz besonders ausgeprägter, bislang unbekannter Ressourcenhunger auf die Welt, der die bekannten Probleme enorm zuspitzt, neu befeuert und eine große Unsicherheit und Ungewissheit erzeugt.

Technologischer und kultureller Öffnungsprozess ins Ungewisse

Entgegen dem von erschreckend vielen Beiträgen von Vertretern der Politik und Unternehmen zur aktuellen Digitaldebatte vermittelten Eindruck, man wüsste im Grunde ganz genau, wo es langgeht und welche technologiepolitischen Schlussfolgerungen aus dem äußerst dynamischen Digitalisierungstrend zu ziehen wären, möchten wir hier die vollkommen entgegengesetzte Position vertreten. Sie speist sich aus den Forschungsarbeiten für die nun vorliegende Studie zum Verhältnis von *Digitalisierung und Nachhaltigkeit* ebenso wie aus unserer mittlerweile langjährigen Beratungstätigkeit zur digitalen Transformation in unterschiedlichen Branchen, schwerpunktmäßig aber in der Mobilitätswirtschaft. Sie lautet: Wir erleben mit der sogenannten Digitalisierung aller Lebensbereiche einen gigantischen ökonomischen, gesellschaftlichen und kulturellen Öffnungsprozess ins Ungewisse, von dem KEINER im Augenblick sicher sagen kann, wohin die darin sichtbar werdende komplexe und äußerst facettenreiche Überlagerung der vielfältigen Teilentwicklungen, Synergien, Widersprüche und Gefahren der digitalen Transformation unsere Gesellschaft führen wird – unsere Gesellschaft hier verstanden als Weltgesellschaft heute lebender Menschen in Verantwortung für kommende Generationen und die Zukunft der Zivilisation im Allgemeinen wie unsere konkrete deutsche Gesellschaft im Besonderen. Im Gegenteil wissen wir in Wirklichkeit sehr wenig, erwarten sehr viel und befürchten zu wenig. Und mitunter erwarten wir an der einen Stelle zu wenig und befürchten an einer anderen zu viel.

Pfadabhängigkeit und Innovation: Handeln und Entscheiden unter der Bedingung wachsender Zukunftsungewissheit

Der Substanz der Diskurse tut diese tatsächliche Unklarheit bei scheinbarer Gewissheit und Entschiedenheit über den richtigen politischen und unternehmerischen Weg nicht gut. Denn gleichzeitig wird natürlich bereits gehandelt, werden Entscheidungen getroffen und politische Strategien entworfen. Es ist ein Handeln und Entscheiden im tiefen Nebel der Ungewissheit und unter der

Bedingung zunehmender Beschleunigung aller gesellschaftlichen und ökonomischen Prozesse. Dieses führt im Kern dazu, dass die Entscheidungen für morgen immer wieder aus der Rationalität, den Interessenmustern und der Pfadabhängigkeit der Vergangenheit heraus getroffen werden. Abermals und immer wieder suchen wir die Lösungen im Mehr vom Bekannten, im Schnelleren, im Wachsen, das einem Wuchern gleichkommt. Heute vor allem gießen wir im Sinne dieser Pfadabhängigkeit den kostbaren Wein der digitalen Technologien in die alten, die überkommenen Schläuche. Mit der Folge, dass der Zivilisationsbooster der digitalen Exponentialität uns nur noch unnachgiebiger beschleunigt. Der zunächst steinige und dann betonierte und asphaltierte Pfad in die Moderne wird zu Beginn des 21. Jahrhunderts zur digital ausgekleideten und gewienerten Zivilisationsrutsche ins immer Ungewissere. Die Richtung bleibt dieselbe fatale. Hinzu kommt die zusätzliche Unsicherheit im Hinblick auf weitere Entwicklungspotenziale einzelner Teilinnovationspfade der digitalen Transformation, wie etwa mit Blick auf die Entwicklung der artifiziellen Intelligenz. Ein Beispiel: Allein mit Blick auf die Einführungsgeschwindigkeit des autonomen Fahrens unterscheiden sich die Erwartungen um viele Jahrzehnte, wobei beispielsweise langjährige Spezialisten in diesem Gebiet eher von einer langen zeitlichen Perspektive ausgehen, während marktnahe Unternehmen wie Start-ups oder Unternehmen der Autoindustrie oder der großen Technologiefirmen Kaliforniens und Chinas ein ganz anderes Bild zeichnen und die Markteinführung des selbstfahrenden Autos quasi schon morgen erwarten.

Es wird also, metaphorisch formuliert, der neue Wein einer sehr mächtigen neuen Technik in die alten Schläuche der etablierten gesellschaftlichen und ökonomischen Muster und Interessen gegossen. Die Frage, ob und inwiefern mit den neuen Techniken z. B. auch völlig neue und sehr viel nachhaltigere Lebensstile, Raum- und Siedlungsstrukturen und politische Beteiligungsverfahren entstehen könnten, wird zu wenig bis gar nicht gefragt. Gefragt wird auch nicht, ob der neue Wein nicht alsbald so obergärig werden könnte, dass die alten Schläuche ohnehin nicht mehr zu gebrauchen sein werden. So entsteht eine merkwürde Verdrehung im öffentlichen Diskurs, der einerseits immer wieder formuliert, wie grundlegend, transformativ, ja disruptiv der Megatrend der Digitalisierung wirkt, und andererseits – statt dann auch tatsächlich wirklich offen und neu zu denken – insinuiert, alles könne so bleiben, wie es ist, wenn wir nur genügend schnell und hinreichend in die Technologie investieren und Infrastrukturen ausrollen. Diese mentale Pfadabhängigkeit ist eines der größten Probleme unserer Gegenwartsgesellschaft.

Das Missverständnis über das Verhältnis von Digitalisierung und Nachhaltigkeit

Unsere Studie für die Bosch-Stiftung hat in Ansätzen und mit einem gezielt breit ausgerichteten Blickwinkel aufgezeigt, wo, wie und warum die Entwicklung der Digitalisierung äußerst dynamisch ist. Sie konnte viele offene Fragenkomplexe identifizieren und Risiken und Schattenseiten herausarbeiten. Vor allem wurde sehr deutlich – auch das ist ein enormes Missverständnis im bisherigen Diskurs –, dass Digitalisierung und Nachhaltigkeit nicht wie selbstverständlich komplementär zu unserer modernen Kultur sind, sondern sich in den meisten Teilbereichen sogar äußerst antagonistisch zueinander verhalten. Hier – in der Abwägung von Risiken und Chancen digitaler Techniken für die nötige Nachhaltigkeitstransformation unserer modernen Gesellschaft – liegen die *unmittelbaren* Herausforderungen, wie sie auch in dem Themen- bzw. Fragenkatalog der ab Seite 183 dargestellten möglichen Forschungsagenda zum Ausdruck kommen.

Tiefer verborgen liegen technik- und gesellschaftswissenschaftliche, philosophische, politische und ökonomische Fragestellungen nach den Folgen für die Conditio humana insgesamt und die Zukunft unserer Zivilisation. Zugespitzt anhand einiger Beispiel formuliert:

- Wir erleben gerade die Neuerfindung der kapitalistischen Marktwirtschaft als Plattform- und Monopolkapitalismus in Kalifornien zeitgleich zur Entstehung eines gigantischen Reallabors totalitärer Gesellschaftspraxis auf digitaler Basis in China.

- Wir erleben gerade, wie Mensch und Technik zunehmend zu transhumanen Hybriden verschmelzen, ganz im Sinne der Gehlen'schen Trias der Technikentstehungszwecke der Organentlastung, des Organersatzes und der Organüberbietung. Der medizinisch wie kognitiv digitaltechnisch massiv überformte Mensch erscheint damit am Horizont.
- Wir erleben gerade, wie Smart Data unser Leben in vielerlei Hinsicht enorm viel bequemer macht und mit neuen Produkten und Services neue Wertschöpfung erzeugt wird und gleichzeitig Bürger*innen wie Konsument*innen immer transparenter werden.

Wo wird das alles hinführen? Und mit welchen Methoden und mit welchen Perspektiven ausgestattet, wäre eine Erforschung der digitalen Lebenswelt der Zukunft möglich? Denn es ist ganz sicher klüger, die positiven wie negativen Folgen einer so mächtigen neuen Technik wenigstens annähernd einschätzen zu können, bevor man beginnt, sie anzuwenden und auszurollen. Und womöglich sind die Fragen nach Reichweite und Grenzen offener demokratischer Gesellschaften, nach dem Entstehen einer völlig neuen Form von Ökonomie zwischen Plattformkapitalismus und Planwirtschaft und schließlich die Neudefinition dessen, was Mensch und Menschlichkeit in der digitalen Zivilisation sein können, genauso bzw. noch sehr viel bedeutsamer als die Frage nach der ökologischen Nachhaltigkeit und ihrer Umsetzung, denn diese Fragen berühren die Selbstregulationsfähigkeit moderner Demokratien – gerade auch im Hinblick auf die Nachhaltigkeitstransformation – zutiefst.

Institutionalisierte und gut finanzierte Grundlagenforschung zur Zukunft der digitalen Zivilisation ist erforderlich: Ein »Institut zur Erforschung der Lebensbedingungen in der digitalen Welt« könnte die Perspektiven bündeln

Forschungsbemühungen und Veröffentlichungen zu diesen grundlegenden und tief gehenden Fragestellungen finden sich in der aktuellen Literatur allerdings erschreckend wenig. Weder die Sozialwissenschaften (insbesondere die

Techniksoziologie und sozialwissenschaftliche Technikgeneseforschung) noch Philosophie, Kultur- und Medienwissenschaften, noch Politik und insbesondere die Wirtschaftswissenschaften (sie wären angesichts der Herausentwicklung eines neuen Typus von Markt theoretisch besonders gefordert) liefern im Augenblick mengenmäßig wie qualitativ hinreichende Analysen. Vor allem keine solchen, auf die der gesellschaftliche Diskurs über grundlegende Ziele, Zwecke und Leitbilder der digitalen Transformation aufbauen könnte. Hierzu braucht es im Kern Risikoeinschätzungen und Potenzialbewertungen, die Bürgern, Unternehmen und Politik vor allem auch normative Abwägungen im Vorfeld privater, unternehmerischer oder technologiepolitischer Entscheidungen ermöglichen.

Anders war die Situation beispielsweise in den 70er-Jahren des vergangenen Jahrhunderts. Das Max-Planck-Institut zur Erforschung der Lebensbedingungen der wissenschaftlich-technischen Welt war beispielsweise ein Institut in Starnberg, welches zur Erforschung genau dieser grundlegenden Fragestellungen in einer Zeit enorm beschleunigter technologischer Innovation in der Bundesrepublik gegründet worden war und in dieser Phase eine wichtige Rolle spielen konnte. Einer unserer dringendsten Vorschläge ist vor diesem Hintergrund die Gründung eines **unabhängigen** transdisziplinären »Instituts zur Erforschung der Lebensbedingungen in der digitalen Welt«. Hier soll empirische, theoretische und anwendungsorientierte Grundlagenforschung zu den Folgen, Gestaltungschancen und Entwicklungsperspektiven der digitalen Transformation völlig unabhängig von unternehmerischen Interessen und politischen Mehrheiten über lange Forschungsphasen und Forschungskonjunkturen hinweg organisiert werden.

»Agora digitale Transformation« – eine Plattform für den politisch-öffentlichen Diskurs

Gleichzeitig benötigen wir einen Ort, an dem im Spannungsfeld von Wissenschaftskommunikation und politischem Lobbying die wichtigen Diskurse über wahrscheinliche, mögliche und wünschenswerte digitale »Zukünfte« geführt werden können. In den Bereichen des Energie- und des Mobilitätssektors können die beiden Agoren Energie- und Verkehrswende diese Rolle für sich beispielsweise zunehmend erfolgreich in Anspruch nehmen. Sie gehören auch zu den im Augenblick sehr dynamischen Experimentier- und Anwendungsfeldern digitaler Techniken und Dienste. Insofern werden spezifische Digitalisierungsthemen hier mitbehandelt. Zugleich zeigt sich aber die analytische wie diskursive Einschränkung von teilsystemischen Digitalisierungsperspektiven immer deutlicher. Deswegen schlagen wir als zweitwichtigste Maßnahme die Einrichtung einer »Agora Digitalisierung« vor. Hier sollen künftig wissenschaftliche Grundlagenfragen und ökonomische wie politische Anwendungsfragen – miteinander verknüpft und populärwissenschaftlich aufbereitet – dazu dienen, den zivilgesellschaftlich-politischen Diskurs über Wünschbarkeit und Strategien der digitalen Neuerfindung der modernen Gesellschaft zu diskutieren.

Smarte oder kluge Zukunft?!

Die zentrale Lehre aus Jared Diamonds epochalem Werk »Kollaps« ist die, dass Gesellschaften im mannigfaltigen Zivilisationsprozess immer wieder bis an die Grenze zum Untergang und oft genug darüber hinaus am einmal eingeschlagenen Weg festhalten. Kaum eine Angst wiegt schwerer als die Vorstellung, eine Gewohnheit aufzugeben, eine Routine zu verändern, eine Macht zu teilen, einen Anspruch oder eine Leidenschaft abzulegen. Danach kommt nur noch die Angst vor dem Tod. Auch wir sind heute schon längst über den Punkt einer nachhaltigen, gleichgewichtigen Entwicklung hinaus. Immer früher im Jahr erreichen wir den Earth Overshoot Day, ab dem der Verbrauch der natürlichen Grundlagen deren natürliche Reproduktionsfähigkeit überschreitet. Gerecht war unsere Gesellschaft ja ohnehin noch nie. Der Unterschied zu früher ist heute allerdings das absolute, das globale Risiko. Frühere Zivilisationen waren in ihrer zeitgeografischen Existenzgrundlage regional beschränkt. Unsere Zivilisation ist eine Weltgesellschaft, ein ökonomisch, kulturell, technologisch und geopolitisch hochgradig integriertes Webwerk, ein soziales Kunstwerk bei allen Schattenseiten. Die Digitalisierung wird diese Entwicklung nur noch weiter und dynamischer vorantreiben. Und entgegen den süßen Versprechen aller in ihren visionären Ambitionen rückwärtsgeneigten Provinzialisten ist die Globalität heute bis in den letzten Zipfel Mecklenburg-Vorpommerns Realität. Mit anderen Worten: Wenn diese Gesellschaft scheitert, dann scheitert sie global und deswegen womöglich auch total. Mit der Digitalisierung bekommt dieses Problem den drängenden Charakter eines Flächenbrandes.

Während die intellektuelle Vertikalspannung vor diesem Hintergrund nach weiterer Erkenntnis und Orientierung trachtet, erfordert diese Situation heute vor allem aber die Wiederentdeckung der Möglichkeit, ja der Notwendigkeit politischen Handelns. Politik, das sind wir. Das haben wir wohl vergessen. Stattdessen überlassen wir unsere Geschicke einer allein am Status-quo-Erhalt interessierten Machtfiguration von Politiker*innen ohne Vision, ohne Leidenschaft und oft ohne besondere Fähigkeiten. Eine Gesellschaft kann enorm intelligent sein, extrem smart in ihren technischen und ökonomischen Fähigkeiten und Zwecken. Das schließt aber in keiner Weise aus, dass sie mit Blick auf ihre unmittelbare soziale Gerechtigkeit und langfristige ökonomische, ökologische und politische Zukunftsfestigkeit und Resilienz politisch zugleich unglaublich unklug, ja geradezu dumm agiert. Dieser Zustand liegt heute vor. Zu den politischen und unternehmerischen Eliten Deutschlands und Europas ist die Erkenntnis noch immer nicht durchgedrungen, dass eine Gesellschaft, die nicht begriffen hat, dass die Conditio sine qua non für jede Art von erfolgreicher ökonomischer Entwicklung in Zukunft die Nachhaltigkeit ist, keine gute Zukunft hat. Das ist heute keine Frage der Moral mehr, sondern der Logik. Denn nach allem, was wir heute wissenschaftlich wissen, ist diese Annahme nicht mehr hinterfragbar, diskutierbar und schon gar nicht relativierbar.

Und wo wir noch nicht genug wissen, müssen wir mehr Zeit und Geld investieren. Angesichts der weithin affirmativen Haltung weiter Teile der Wissenschaften sind es insbesondere die durch diese heuristische Verzerrung vernachlässigten Schattenseiten der digitalen Transformation, die weiterer Betrachtungen und Reflexionen bedürfen.

Abschließend geht deswegen der große Dank an den WWF Deutschland und die Robert Bosch Stiftung für die Finanzierung einer explorativen Studie im Geiste dieser Forderung. Felix Sühlmann-Faul gebührt die große Anerkennung für den überwiegenden Teil der empirischen Datensammlung, der Dateninterpretation und der Verschriftlichung dieser Studie.

Berlin, den 7.7.2018
Stephan Rammler

TEIL 1

Einleitung

Eine Google-Suche des Begriffs »Digitalisierung« wirft nach einer knappen Sekunde 8,3 Millionen Ergebnisse aus. Der Begriff »Digitalisierung« hat sich in den Google-Suchtrends innerhalb der letzten fünf Jahre auf einen der obersten Plätze geschoben – zusammen mit verwandten Begriffen wie »Big Data«, »Industrie 4.0« oder »Internet der Dinge«. Kein anderer Trend hat so viele Ebenen wie Wirtschaft, Gesellschaft, Bildung, Umwelt, Politik und das Leben eines jeden einzelnen Menschen in den vergangenen Jahren so verändert. Die Anwendungen der Digitalisierung wachsen täglich. Menschen, die ab Mitte der 1990er-Jahre geboren sind, kennen eine Welt ohne Mobiltelefone und Internet schon gar nicht mehr. Dies scheint begrüßenswert. Bundeskanzlerin Angela Merkel sprach auf der Eröffnung der Computermesse CeBit 2017 davon, dass die Digitalisierung nicht schnell genug vorankomme.[1] Digitalisierung scheint etwas Unbedingtes, Notwendiges und uneingeschränkt Wünschenswertes zu sein, nach dem sich die Gesellschaft und ihre Subsysteme ausrichten müssen. Digitalisierung scheint alternativlos und notwendig.

Häufig unbeachtet dabei ist, dass die Digitalisierung deutliche Schattenseiten hat, die in der öffentlichen Diskussion kaum Erwähnung finden. Die eingangs erwähnte Google-Suche hat 0,2 g CO_2 erzeugt. Warum? Der Suchbegriff wurde innerhalb der knappen Sekunde zu einem Datenzentrum geschickt, dort erfasst, umgewandelt und durch eine Kaskade von Servern – den Untereinheiten eines Datenzentrums – geleitet. Datenzentren verbrauchen wie jedes andere Elektrogerät Energie. Inzwischen trägt der Energiebedarf dieser »Serverfarmen« so viel zum weltweiten Kohlenstoffdioxidausstoß bei wie der Flugverkehr.

Grob geschätzt, hat das Verfassen der folgenden Seiten knapp 50 kg CO_2 erzeugt. Bei den Internetrecherchen fallen dabei 500[2] bis 750 g, bei Erzeugung und Nutzung diverser Computer fallen ca. 45 kg CO_2 an[3]. Das entspricht der CO_2-Menge, die bei einer Autofahrt per PKW von ungefähr 375 km oder bei der Produktion von 3,25 kg Rindfleisch anfällt.[4] Nicht berücksichtigt dabei ist die Nutzung von Cloudspeichern – ebenfalls Datenzentren –, auf denen dieser Text verschiedentlich gespeichert wurde. Und eine Infrastruktur, bestehend aus Kabeln, Leitungen, WLAN und Peripheriegeräten.

Angesichts der Prognose, dass bis 2030 ca. eine halbe Billion Geräte und Maschinen miteinander per Internet verbunden sein werden, legte die deutsche Bundesregierung im ersten Quartal 2016 einen Elf-Punkte-Plan unter dem Titel »Digitale Strategie 2025« vor. Dieser sieht u. a. politische Strategien vor, die Digitalisierung auf Wirtschaftsebene voranzutreiben, das Glasfasernetz weiter auszubauen und die Forschung in diesem Bereich zu fördern.[5] Der damalige Vizekanzler Sigmar Gabriel formulierte bei der Veröffentlichung des erwähnten Plans das Ziel, in Deutschland mittels »Gigabitnetzen die beste digitale Infrastruktur der Welt«[6] aufbauen zu wollen.[7]

Problemlagen

Wie erwähnt, wird in diesen Zusammenhängen nicht darüber reflektiert, inwieweit die Digitalisierung zwar Prozesse beschleunigt, die Existenz von ganzen Wirtschaftsbereichen erst ermöglicht und konkurrenzfähig macht oder Menschen auf der ganzen Welt potenziell näher zusammenrücken lässt, sehr wohl aber darüber, dass dies Kosten mit sich bringt. Der »digitale Strom« benötigt eine große Menge Hardware. Deren Einzelteile müssen zunächst gebaut werden, was Probleme in den Weltgebieten erzeugt, die die Rohstoffe dazu liefern. Je mehr Hardware entsteht und genutzt wird, desto größer ist die benötigte Menge Energie zum Betrieb und besonders zu deren Erzeugung. Diese Energie trägt deutlich zur Summe der anthropogenen Treibhausgasemissionen bei. Und letztendlich müssen die Smartphones, Notebooks, Server usw. irgendwann entsorgt werden – E-Waste entsteht proportional zum Ausmaß der Verbreitung des Megatrends der Digitalisierung. Und der Elektroschrott findet sich nicht selten in Regionen wieder, die durch ihren Reichtum an essenziellen Rohstoffen zur Herstellung der digitalen Gerätschaften bereits auf sozialer und ökologischer Ebene große Schwierigkeiten erleben. Dort vergiftet E-Waste Umwelt und Bevölkerung. Und Probleme von Schwellenländern und der Dritten Welt bleiben in einer globalisierten Welt nicht vor Ort. Ein Teil des aktuellen Flüchtlingsstroms ist nicht auf der Flucht vor dem Terror des IS oder des Bürgerkriegs in Syrien. Viele Menschen fliehen aus Ländern, in denen sich Rebellentruppen des regionalen Rohstoffabbaus bemächtigt haben, um Waffen zu finanzieren und die staatliche Ordnung zu destabilisieren. Es handelt sich um Rohstoffe, die für unsere Computer, Tablets und Smartphones essenziell sind.

Tragweite

Welche Berufe kommen heute ohne zumindest basales Wissen im Umgang mit einem Computer aus? Informationstechnologie ist heute etwas Zwingendes, Ubiquitäres. Das Internet und Google, Amazon, Apple, Facebook waren lokal noch einige Zeit hinter einem Bildschirm gebunden, umgeben uns aber inzwischen wie Luft. Auch ohne Smartphone oder eine Suche im Internet erscheinen wir auf Überwachungskameras, auf EC-Kartenabrechnungen und Versicherungsträgern. Wir benutzen zu Hause einen Telefonanschluss, der meist keine »Landleitung« mehr ist, wir bekommen das Internet ins Haus genauso wie Elektrizität und Wasser, sind von »smarten« Geräten umgeben und hinterlassen auf diese Weise größtenteils unbewusst täglich unzählige Datenspuren. Es ist heute keine realistische Option mehr, offline zu sein, sich der Digitalisierung zu entziehen oder zu verweigern.

Und genau aus diesem Grund geht es darum, die Digitalisierung anzunehmen und so zu steuern, dass ihre Vorteile überwiegen. Technologie ist nur so lange ein geschlossenes, eigenmächtiges System, solange sich das Gesellschaftssystem der Trägheit großtechnischer Systeme und ökonomischer Interessen unterwirft. Ethische Fragen, Fragen der Nachhaltigkeit, Fragen nach *ob* und vor allem Fragen des *Wie* müssen gestellt werden, um Antworten für komplexe Herausforderungen zu finden. Daher wird auch das Thema Bildung im zweiten Teil genau beleuchtet werden. Junge Menschen benötigen Medienkompetenz, die Handeln – also den Umgang mit digitalen Medien –, aber auch Kognition – Verstehen, Hinterfragen – beinhaltet.

Komplexität und Eingrenzung

Außer Frage steht, dass das Phänomen der Digitalisierung überaus komplex ist. Komplexität besteht immer dann, wenn eine große Menge an Elementen miteinander in Zusammenhang steht, diese Elemente aber nicht jederzeit miteinander verknüpft sind.[8] Sprich: Wir haben es mit einer großen Menge an Institutionen, Ebenen, Stakeholdern, Gesellschaftssystemen und vor allem Technologien zu tun, die alle einen Beitrag zur Digitalisierung leisten, auf sie einwirken, ein Teil von ihr sind und gleichzeitig von ihr beeinflusst werden. Diese Parteien existieren jedoch in ständiger, fluktuierender Wechselwirkung miteinander, ohne zentral gesteuert zu sein. Daher ist im Sinne dieser Studie eine Komplexitätsreduktion notwendig, da es nicht möglich ist, die Gesamtheit der Komplexität auch nur annähernd zu beschreiben. Daher findet eine Auswahl von zu beschreibenden Elementen statt, die beispielhaft für den Gesamtzusammenhang stehen. Großes Augenmerk wird daher bspw. auf die Relation zwischen Ökonomie und Rohstoffen gerichtet sowie auf die Einwirkungen des Rohstoffabbaus auf Ökologie und Gesellschaft in den Herkunftsländern. Auch werden der Zusammenhang zwischen Gesellschaft – genauer: den Konsument*innen – und der Nutzung des Internets, der damit zusammenhängende Energieverbrauch betrachtet sowie die Defizite der Politik in Bezug auf die Digitalisierung. Außen vor bleiben dafür z. B. Themen wie die Digitalisierung des Gesundheitssystems oder ihre Auswirkungen auf die Gesundheit.[9] Auch das Thema Mobilität wird nur in Hinblick auf den steigenden Güterverkehr durch E-Commerce beleuchtet. Diese perspektivische Reduktion ist in gewisser Weise dem Charakter der Digitalisierung selbst geschuldet. Dadurch ist diese Studie in Teilen auch eine »Momentaufnahme«, denn manche auf den folgenden Seiten beschriebenen Situationen, bspw. auf technischer oder politischer Ebene, befinden sich in ständigem Fluss. Trotzdem ist der Versuch geglückt, angesichts dieses umfassenden Themas ein Optimum aus Breite und Tiefe zu erzielen.

Insgesamt wird es – vor allem bei Themen wie Recycling, Rohstoffe und Ökonomie – auf den folgenden Seiten häufig um Smartphones gehen. Das liegt daran, dass diese Geräte sich 1) besonders gut dafür eignen, Nachhaltigkeitsdefizite darzustellen. Denn ihre Herstellung, Zusammensetzung, Konstruktion, Verwertung und Marketing sind gute Beispiele dafür, welche Mechanismen die Digitalisierung transportiert und welche großen Probleme sie verursachen kann. 2) gibt es kaum ein anderes Produkt der Informations- und Kommunikationstechnologie, das so stark unsere Zeit und die gesellschaftliche Verbreitung und Transformation durch die Digitalisierung symbolisiert.

Der folgende Text soll kein Pamphlet gegen die Digitalisierung sein. Die Digitalisierung bietet eine große Menge an Chancen. Diese haben jedoch zum aktuellen Zeitpunkt einen beachtlichen Preis. Daher werden im vierten Abschnitt Strategien für die Ökonomie, die Politik und den/die Einzelne*n ausgesprochen, dafür, wie Digitalisierung sich mit Nachhaltigkeit vereinbaren lässt und wie durch die Eigenschaften der Digitalisierung ein »Mehr« an Nachhaltigkeit entstehen kann.

Zuletzt wird ein Ausblick auf eine »Ideallösung« gegeben: eine Vision, wie durch die Digitalisierung ein globaler Diskurs für ein Maximum an Nachhaltigkeit möglich ist, wie sich dieser bemisst und welche Möglichkeiten dafür gegeben sein müssen. Zusammengefasst lauten die Forschungsfragen:

Forschungsfragen

1. Worin bestehen die Nachhaltigkeitsdefizite der Digitalisierung in den Bereichen Politik, Ökonomie, Ökologie und Gesellschaft?
2. Welche Maßnahmen gilt es für die Ebenen Politik, Ökonomie und Gesellschaft zu ergreifen, um die erzeugten Nachhaltigkeitsdefizite auszugleichen?
3. Worin bestehen die Möglichkeiten, durch die Digitalisierung ein höheres Maß an Nachhaltigkeit zu erreichen?

Und die wichtigste These dabei ist: Die Nachhaltigkeitsdefizite, die die Digitalisierung erzeugt, können durch die Werkzeuge der Digitalisierung auf bestimmten Ebenen zumindest ausgeglichen werden, im günstigsten Fall lässt sich sogar ein höheres Maß an Nachhaltigkeit erreichen. Kurz: Die Lösung der Probleme liegt in der Sache selbst. Denn es gilt, gerade durch eine politische und kulturelle Einbettung der digitalen Transformation einen Weg zu ermöglichen, den sozialen und ökologischen Schaden, den sie mit sich bringt, zu reduzieren. Und dafür ist der Kontext entscheidend.

Struktur des Gesamtprojekts: Studie, Delphi-Befragung und Forschungsagenda

Die vorliegenden Seiten basieren auf den Ergebnissen eines Projekts, das zwischen April 2017 bis Januar 2018 im Auftrag der Robert Bosch Stiftung und des WWF Deutschland bearbeitet wurde. Das Gesamtprojekt umfasste dabei eine sekundäranalytische Studie, die Basis dieses Buchs ist, eine Delphi-Befragung und die Erstellung einer Forschungsagenda. Die Delphi-Befragung fand mit einer Auswahl an wissenschaftlichen Expert*innen statt, die in für das Thema Digitalisierung und Nachhaltigkeit relevanten Themenfeldern arbeiten. Die Fragestellungen der Delphi-Befragung leiteten sich aus den Ergebnissen der Studie ab. Ziel des Delphi-Verfahrens im Rahmen des Projekts zum Thema Digitalisierung und Nachhaltigkeit war es, die Inhalte der sekundäranalytischen Studie durch die Perspektive der Expert*innen ergänzen und validieren zu lassen. Angelehnt an die Logik und Struktur der Studie, behandelten die Fragen die Ebenen Ökologie, Ökonomie, Politik und Soziales.

Die Ergebnisse des Delphis waren wiederum Grundlage für die Forschungsagenda. Zusätzlich flossen in die Agenda Inhalte weiterer Gespräche mit Expert*innen ein, die nicht an der Delphi-Befragung teilgenommen hatten. Die Forschungsagenda zielte darauf ab, weitere – besonders dringliche – Forschungsthemen im weiten Feld des Themas Digitalisierung und Nachhaltigkeit zu identifizieren. Sie findet sich in Teil 5.

Was ist Digitalisierung?

Digitalisierung ist zunächst nichts anderes als die Wandlung analoger Informationen in eine diskrete, stufige (Daten-)Form. Meistens dient dies dem Zweck, diese Informationen elektronisch zu speichern und zugänglich zu machen. Ein Beispiel ist das Scannen gedruckter Bücher. Informationen in Form digitaler Daten sind platzsparend, schnell verfügbar und schneller zu durchsuchen als analoge Daten. Wichtig und von Vorteil kann auch die Unabhängigkeit von einem festen Format sein, wie es bspw. ein Buch besitzt. Text in digitalisierter Form kann hingegen in jedes gewünschte Format gebracht werden. Allerdings bringen digitale Daten die Problematik von Speichermedien mit sich, deren Lesbarkeit zu späteren Zeitpunkten unsicher ist – entweder weil das Medium zerfällt oder die Technologie zum Lesen des Speichermediums von einer anderen Technologie abgelöst wurde.

Der Begriff »Digitalisierung« ist – das wurde in der Einleitung anhand der Google-Suchtrends bereits erwähnt – quasi allgegenwärtig. Es lässt sich ohne Zweifel vom digitalen Zeitalter sprechen. Es lässt sich sogar ein Zeitpunkt festlegen, wann das digitale Zeitalter begann: Im Jahr 2002 war das erste Mal mehr Information in digitaler als in analoger Form gespeichert.[10] Der Begriff »Digitalisierung« bezieht sich je nach Verwendung auf unterschiedliche Sachverhalte. Ja, der Begriff ist inzwischen so umfassend geworden und das Phänomen so komplex, dass »Digitalisierung« sprachlich kaum noch trennscharf verwendet werden kann. Umgekehrt muss man fragen, wo etwas eigentlich noch ohne Digitalisierung »läuft«.

Am Thema Fotografie lässt sich gut zeigen, wie umfassend das Phänomen in den vergangenen Jahrzehnten gewirkt hat. Kodak veränderte die Fotografie Ende des 19. Jahrhunderts grundlegend. Zuvor war Fotografie nur etwas für eine kleine Gruppe von Profis gewesen. Kodak öffnete den Zugang zur Fotografie durch die Einführung der Filmrolle und die Vermarktung einfacher Kameras. So wurde die Fotografie ein Hobby für »Normalmenschen«.[11] Kodak entwickelte in den 1970er-Jahren ebenfalls den Vorreiter einer digitalen Kamera. Das Potenzial wurde jedoch nicht erkannt. Deswegen dauerte es noch bis in die frühen 1990er-Jahre, bis die ersten kommerziellen Kameras erschienen. Diese nutzten fortan nicht mehr einen analogen Film, sondern ein portables, digitales Speichermedium. Ab sofort konnte man eine quasi unbegrenzte Menge an Bildern erzeugen und diese auch im Anschluss sofort löschen, sortieren, vervielfältigen oder drucken. All das war zuvor nicht möglich oder mit sehr viel mehr (zeitlichem) Aufwand sowie Kosten verbunden gewesen. 1999 war das Toshiba Camesse das erste Mobiltelefon in Serienproduktion mit Kamera. Diese hatte die Auflösung von 0,1 Megapixeln. Inzwischen ist eine Kamera – damals als Ausstattungsmerkmal belächelt – zu einer Mindestanforderung im Bereich der Mobiltelefonie geworden. Fotografie und Videoaufzeichnung sind jederzeit und an jedem Ort in teilweise exzellenter Qualität bis hin zur 4K-Auflösung[12] ganz normaler Alltag. Zeit für ein Selfie!

Ein im politischen Diskurs häufig angesprochenes Anwendungsfeld der Digitalisierung ist die »Industrie 4.0«, deren Begrifflichkeit auf eine (vermeintliche) vierte industrielle Revolution verweist. Nach den vorangegangenen industriellen Revolutionen (1. Übergang von der Agrar- zur Industriegesellschaft, 2. Mechanisierung und weitverbreiteter Einsatz der Elektrizität, 3. Einsatz der Mikroelektronik) sind die hervorstechenden Charakteristika der Industrie 4.0 die Informatisierung der Fertigungstechnik und die engere Vernetzung zwischen Produktion und Logistik. Beispiele hier sind Industrieroboter, medizinisches Gerät, Fahrerassistenzsysteme oder »smarte« Anwendungen im heimischen Bereich. Die technologische Grundlage der beschriebenen Entwicklung ist jedoch weiterhin die Mikroelektronik, sodass der Begriff der Industrie 4.0 streitbar ist.

Über den beschriebenen industriellen Einsatz hinaus gibt es eine Vielzahl von persönlichen Geräten im Bereich der Informations- und Kommunikationstechnologie (IKT),[13] die einen großen Anteil der Digitalisierung ausmachen und unseren modernen Alltag intensiv prägen. Zu nennen wären E-Book-

Reader, Media-Player oder Spielekonsolen, Smart Watches, Fitness-Tracker und dergleichen.[14] Abgesehen von diesen Geräten, gibt es eine Vielzahl weiterer Kategorien der Digitalisierung, die sich weniger in Form von Produkten, sondern eher in Form einer Wirkung zeigen. Diese gab es schon immer ausschließlich in digitaler Form, sie existieren überhaupt erst seit dem Eintritt ins digitale Zeitalter: das Internet selbst, digitale Währungen wie der Bitcoin, virtuelle Realität, Computerviren, Big Data, Smart Cities. Bevor Produkte entstehen, existieren diese heute in den meisten Fällen digital. Jedes Fahrzeug, das heute vom Band läuft, war ursprünglich eine Entwicklung in Form einer Simulation. Aber auch in anderen Bereichen ist das Digitale im wahrsten Sinne des Wortes »entscheidend«: Der Aktienmarkt wird zum großen Teil von Rechenleistung, nicht vom menschlichen Hirn gesteuert, und die nordamerikanische Justiz verlässt sich bei Vergabe von Strafen auf Algorithmen, die Auskunft über die Wahrscheinlichkeit einer Rückfälligkeit der Täter*innen geben.

Historisch betrachtet, ist die Digitalisierung die konsequente Fortführung eines Prozesses, den der deutsche Soziologe Max Weber bereits 1917 als »Entzauberung der Welt« bezeichnet hat: eine Technisierung, Rationalisierung unter dem starken Einfluss der Wissenschaft auf unser Dasein.[15] Dabei ist jedoch nicht der »wissenschaftliche Geist« von sich aus ein markanter Treiber der technologischen Entwicklung, sondern – das wird sich auf den folgenden Seiten noch zeigen – die enge Verstrickung zwischen technologischer Entwicklung und ökonomischen Interessenlagen.

Digitalisierung ist als ganzheitlicher, radikaler und lange dauernder gesamtgesellschaftlicher Umbruchsprozess (oder als »soziotechnische Transformation«[16]) zu verstehen. Dieser Prozess ermöglicht viel, stellt uns aber gleichzeitig vor viele Entscheidungen mit weitreichenden Konsequenzen. Man kann sagen, dass hier zwei Gegensätze aufeinanderprallen, die uns dazu zwingen, uns zurückzubesinnen. Denn viele Entscheidungen bedürfen des Rückgriffs auf Ethik, Empathie und andere »weiche« Faktoren, die in der Welt der Maschinen keine Rolle spielen. Und das zeigt sich ganz besonders beim Thema der Nachhaltigkeit.

Was ist Nachhaltigkeit?

Der Begriff »Nachhaltigkeit« ist seit Jahrzehnten ein weithin akzeptiertes Leitbild auf politischer, gesellschaftlicher und ökonomischer Ebene. Der Begriff ist so weit etabliert, dass die Selbstverständlichkeit wirtschaftlichen Wachstums und technischen Fortschritts inzwischen einer quasi impliziten Begründungspflicht unterliegt.[17] Nachhaltigkeit ist als Begriff und Handlungsfeld in der Gesellschaft angekommen.

Spätestens seit Beginn der 1990er-Jahre wurde die internationale Diskussion über eine nachhaltige Entwicklung vom Bewusstsein geprägt, dass wirtschaftlicher Wohlstand meist mit Umweltverbrauch bezahlt werden muss und dass sich infolgedessen Fragen globaler sozialer Ungleichheit stellen. Auch im Bewusstsein der deutschen Bevölkerung haben Fragen des Umwelthandelns und des Umweltbewusstseins erheblich an Bedeutung gewonnen.[18]

Historisch gesehen, existiert eine sehr große Zahl an Versionen, den Begriff umfassend zu beschreiben, wobei sich der Großteil mit der Definition des Brundtland-Berichts der Vereinten Nationen von 1987 überschneidet. Übersetzt steht dort zu lesen: »Nachhaltige Entwicklung[19] ist eine Entwicklung, die gewährt, dass künftige Generationen nicht schlechter gestellt sind, ihre Bedürfnisse zu befriedigen, als gegenwärtig lebende.«[20] Zentral an dieser Definition ist, dass sie sowohl die Bedürfnisse der derzeitigen als auch der zukünftigen Generationen berücksichtigt.

Zu dieser Definition existieren auch Auslegungen aus ökologischen oder ökonomischen Perspektiven, die unterschiedliche Faktoren betonen. Bspw. beinhaltet eine ökonomische Konkretisierung, »[…] nicht Gewinne zu erwirtschaften, die dann in Umwelt- und Sozialprojekte fließen, sondern Gewinne bereits umwelt- und sozialverträglich zu erwirtschaften«.[21]

Aber allgemein beziehen sich Definitionen des Begriffs »Nachhaltigkeit« stets a) auf Gegenwart und Zukunft, b) Ressourcen im weitesten Sinn, die geschützt werden sollen, und c) einen Bezugspunkt, dessen Existenz sichergestellt werden soll. Der deutsche Sozialwissenschaftler Peter Carnau schreibt: »Die Grundidee [der Nachhaltigkeit] basiert also auf der einfachen Einsicht, dass ein System dann nachhaltig ist, wenn es selber überlebt und langfristig Bestand hat.«[22]

Konkreter gefasst, lassen sich aus dem Postulat der Nachhaltigkeit drei grundlegende Maßnahmen ableiten, nämlich Konsistenz, Effizienz und Suffizienz. Konsistenz bedeutet hier, dass Produkte bei Herstellung, Betrieb und Entsorgung nach Ressourcen- und Umweltverträglichkeitsgesichtspunkten zu optimieren sind. Effizienz umfasst allgemein den sparsamen Einsatz eines Mittels (Geld, Zeit, Energie, Rohstoff) zur Herstellung/Erreichung eines Ziels. Suffizienz beinhaltet die Forderung, den Energie- und Rohstoffverbrauch auf ein Mindestmaß einzuschränken und die Gleichsetzung von Lebensqualität und Lebensstandard aufzugeben.[23] Dabei ist besonders zu beachten, dass die Faktoren notwendigerweise jeweils gleichzeitig mit Suffizienz zum Tragen kommen müssen. Nur eine erhöhte Ökoeffizienz und/oder Konsistenz in Kombination mit gleichzeitigem suffizienten Verhalten ist in der Lage, nennenswerte nachhaltige Effekte hinreichend zu bewirken. Konsistenz und Effizienz reichen alleine nicht aus und sind lediglich notwendige Faktoren. In einem späteren Abschnitt wird das Problem beschrieben, das in Zusammenhang mit Effizienz entstehen kann. Durch Effizienz erzeugte Einsparpotenziale erzeugen in vielen Fällen einen Mehrverbrauch, der die Einsparungen zumindest teilweise tilgt – wenn bspw. Energiesparlampen länger angeschaltet sind, da sie aufgrund ihres Energiesparpotenzials weniger Kosten im Unterhalt verursachen. Es handelt sich um »Reboundeffekte«.

Nachhaltigkeit darf nicht nur als ethisches Prinzip in Bezug auf Umweltschutz verstanden werden. Aufgrund der Komplexität der Thematik muss an dieser Stelle der Nachhaltigkeitsbegriff eine Erweiterung erfahren, da es bei dem komplexen Phänomen der Digitalisierung nicht nur um ökologische, sondern auch, wie beschrieben, um ökonomische, politische und gesellschaftliche Aspekte geht.

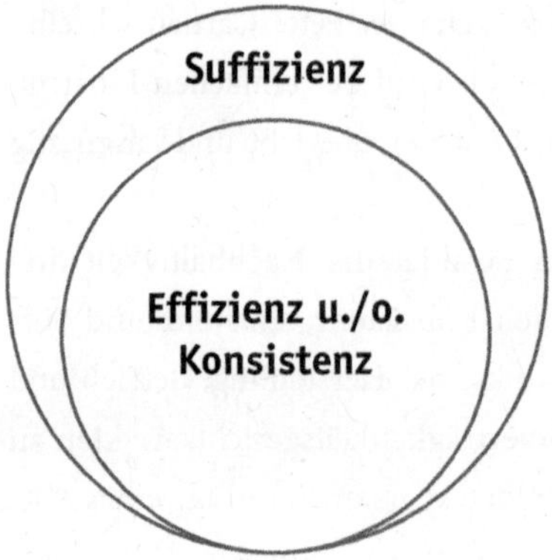

Abbildung 1: Verhältnis der Wichtigkeit zwischen den Nachhaltigkeitsfaktoren Suffizienz, Effizienz und Konsistenz
Hinreichend für Nachhaltigkeit ist Suffizienz – Effizienz und/oder Konsistenz reicht nicht aus.

Abbildung 2: Der erweiterte Nachhaltigkeitsbegriff
Die Erweiterung des Nachhaltigkeitsbegriffs ist aufgrund der Breite der Auswirkungen der Digitalisierung auf die Ebenen von Politik, Gesellschaft und Ökonomie notwendig.

Dass Nachhaltigkeit sich in einer globalisierten und zunehmend pluralisierten Welt nicht nur auf ökologische Gesichtspunkte beziehen kann, ist offensichtlich. Daher beinhaltet die Agenda 2030 der Abteilung für ökonomische und soziale Angelegenheiten der Vereinigten Nationen (UNDESA) auch einen breiten Katalog von 17 zu erreichenden Zielen auf den Feldern Ökonomie, Gesellschaft und Ökologie.[24] Diese Ziele sollen durch wirtschaftliche, politische und zivilgesellschaftliche Kooperation erreicht werden.[25] In Bezug auf Digitalisierung bedeutet Nachhaltigkeit bspw. die Etablierung ethischer Leitbilder für den Umgang mit den Informations- und Kommunikationstechnologien. Und umgekehrt heißt das, dass technologische Strategien für eine nachhaltige Entwicklung scheitern, wenn sie nicht gleichzeitig ökologische, ökonomische, politische und soziale Aspekte berücksichtigen.

Im Folgenden wird sich zeigen, dass die beschriebenen Nachhaltigkeitsdefizite darin bestehen, dass sie insbesondere die intergenerationale und/oder intragenerationale Gerechtigkeit auf ökonomischer, ökologischer, sozialer oder politischer Ebene nicht berücksichtigen.

Warum Digitalisierung und Nachhaltigkeit?

Der Zusammenhang zwischen Digitalisierung und Nachhaltigkeit ist bei näherer Betrachtung durchaus eng. Nachhaltigkeit erscheint als Begriff inzwischen allgegenwärtig und im gesellschaftlichen Bewusstsein mehr oder weniger etabliert. Der Begriff enthält jedoch eine Vielzahl neuer Aspekte, während die Digitalisierung die Welt mit steigender Geschwindigkeit verändert. Digitalisierung scheint viele Möglichkeiten zu mehr Nachhaltigkeit zu eröffnen – doch hier muss differenziert werden. Ein gutes Beispiel ist die Dematerialisierung: Digitales kann materielle Objekte bis zu einer gewissen Grenze ersetzen, kann aufgrund der Umgehung von Herstellung, Nutzung und Entsorgung von Produkten nachhaltig wirken. So weit, so gut. Jedoch ist dies kein automatischer Prozess. Denkt man an das alte Leitbild des »papierlosen Büros«, wissen wir heute, dass sich dieses Ziel ins genaue Gegenteil umgekehrt hat. Trotzdem geht heute mit dem Begriff der Dematerialisierung der Gedanke einher, dass die digitalen Alternativen (eine Videokonferenz statt einer Dienstreise, eine PDF-Datei statt Papier …) grundsätzlich einen Vorteil auf Ebene der Nachhaltigkeit erzeugen. Paradoxerweise findet jedoch weltweit trotz der zunehmenden Etablierung digitaler Technologien nicht weniger, sondern deutlich mehr Material- und Energieverbrauch statt. Denn eine steigende Anzahl digitaler Gerätschaften zieht einen ständig steigenden Abbau von Rohstoffen zur Herstellung dieser Technologien nach sich, die eigentlich das Potenzial zur Dematerialisierung besitzen.[26]

Das bedeutet: Dafür, wann und in welchem Ausmaß Digitalisierung Nachhaltigkeit zu steigern oder zu reduzieren vermag, ist der Kontext entscheidend. Für eine gesteigerte Nachhaltigkeit durch Digitalisierung ist die Einbettung in eine gesteuerte, kontrollierte, politische und kulturelle Form notwendig, die die positiven Aspekte der digitalen Revolution nutzt und die negativen Auswirkungen reduziert bzw. vermeidet.

Ohne Einbettung der technologischen Entwicklung in eine kontrollierte politische und kulturelle Form drohen die Risiken zusätzlichen Ressourcenverbrauchs durch den gesteigerten Bedarf an technischen Geräten und mehr Transport. Auf regionaler, sozialer und sozioökonomischer Ebene kann eine vermehrte digitale Spaltung entstehen. Verminderter direkter Sozialkontakt kann mit Schwierigkeiten auf der Ebene sozialer Bindungsfähigkeit einhergehen. Die erhöhte Flexibilisierung durch neue Formen digitaler Arbeit kann tarifvertraglich gesicherte Rechte aushöhlen. Zusätzlich drohen Arbeitsmarktkrisen durch erhöhte Automatisierung und gleichzeitig mangelhafte Bildungspolitik. Dies wiederum kann in höhere Arbeitslosigkeit und damit im Verlust sozialer Sicherung münden.

Die Nutzung der Digitalisierung für eine gesteigerte Nachhaltigkeit unter Berücksichtigung politischer und kultureller Anforderungen offenbart eine Vielzahl von Chancen, etwa die Möglichkeit weltweiter Vernetzung und infolgedessen kultureller Austausch inklusive interkultureller Verständigungschancen. Auf Ebene der Umwelt zählen dazu die Erfassung und Analyse von Umweltproblemen. Digitalisierung bietet Möglichkeiten zu flexibleren, individuelleren Arbeitsformen mit eventuell erhöhter Familienverträglichkeit und verbesserter Geschlechtergerechtigkeit. Dematerialisierung und reduzierte Materialintensität bieten viele Möglichkeiten, den Umweltverbrauch zu senken. Außerdem besteht hier großes Potenzial für mehr politische Teilhabe und Mitsprache, für mehr demokratischen Austausch und weniger Abkehr vom politischen Geschehen.

Was ist Technik? Definition und Charakterstudie

Digitalisierung ist ein technisches Phänomen. Das vorliegende Buch besitzt jedoch keinen naturwissenschaftlichen oder technischen Hintergrund. Vielmehr wird eine sozialwissenschaftliche Perspektive vertreten. Dabei steht meist die Einwirkung von Technik auf die soziale Sphäre und umgekehrt im Fokus. Dazu gehört auch die Frage, inwieweit eine »Beherrschbarkeit« oder »Steuerung« von Technik möglich ist. Es geht also darum, inwieweit Technik eine eigene, inhärente Logik und ein Eigenleben besitzt und sich daher ohnehin dem menschlichen Eingriff entzieht, sodass sich die soziale Sphäre quasi einer ungesteuerten Übermacht der Technosphäre gegenübersieht. Die folgende Darstellung soll die eingangs erwähnte These theoretisch untermauern, die lautet: Es besteht die Möglichkeit, durch die Werkzeuge und Prozesse, die die Digitalisierung mit sich führt, ihre Nachhaltigkeitsdefizite zumindest aufzuheben oder sogar ein erhöhtes Niveau von Nachhaltigkeit auf verschiedenen Ebenen *durch* Digitalisierung zu erreichen.

Definition

Eine erste Auffälligkeit besteht darin, dass im Deutschen, als Besonderheit gegenüber anderen Sprachen, zwischen »Technik« und »Technologie« unterschieden wird. Dies führt zu einer erhöhten Schwierigkeit, die Anmerkungen von Autor*innen anderer Sprachkreise, in der diese Unterscheidung nicht getroffen wird, zugänglich zu machen. Daher werden die zwei Begriffe »Technik« und »Technologie« im Folgenden synonym verwendet.

Abstrakt könnte man sagen, Technik sei eine Erzählung, eine Fiktion. Bei einer Fiktion geht es darum, sich einen veränderten Zustand der Realität vorzustellen.[27] Ein Nagel in der Wand kann ein Bild halten. Bevor dieses jedoch tatsächlich hängt, ist das eine Fiktion. Diesem Weg folgte bereits Aristoteles. Er erkannte, dass der Kern, der der Technik innewohnt, etwas sein muss, was Realität zu erzeugen vermag. Daher wird in der »Nikomachischen Ethik« das Wort »Techne« – der Stamm sowohl von Technik als auch von Technologie – als eine erzeugende Kunst beschrieben, bei der es darum geht, etwas in Existenz zu bringen.[28] Allerdings ist das natürlich eine weite Definition. Die soziologische Perspektive rückt den Begriff näher an die soziale Sphäre, und dabei werden vier essenzielle Charakterzüge erkennbar: Erstens ist Technik bzw. Technologie ein Artefakt wie eine Glühbirne oder ein Flugzeug. Zweitens beinhaltet sie eine Komponente des Handelns, des Tuns, was bspw. das Mahlen von Kaffee zu einer technischen Handlung werden lässt. Drittens bedarf Technik eines Wissens, was einerseits im zu ihrer Erschaffung notwendigen Wissen, aber auch in Handlungswissen besteht:[29] Wie spitze ich einen Stift? In welche Richtung drehe ich den Deckel einer Flasche auf? Und als Viertes existiert die Komponente der Zielerreichung. Technik wird nicht »nur für sich« verwendet, sondern zu einem bestimmten Zweck eingesetzt.

In der Regel gibt es zwei Arten dieses Zwecks: Entweder a) es soll etwas Neues, Unerreichtes, zuvor nicht Mögliches erreicht werden (Raumfahrt, Nanotechnologie, Quantencomputer …), oder b) ein bereits bekannter Prozess soll effizienter – schneller oder einfacher – durchgeführt werden (Bildbearbeitung, Textverarbeitung, Kryptografie …).[30]

Die Digitalisierung, insbesondere Informations- und Kommunikationstechnologie (IKT), fällt fast ausschließlich in den zweiten Bereich. Dinge, die IKT ermöglicht, sind in aller Regel bekannte Prozesse – etwa das Versenden einer Nachricht, Fotografieren, Herstellung eines Produkts. Durch IKT geschehen diese Dinge nur in aller Regel schneller.

Chance und Gefahr/Kontrollverlust

Technologie besitzt im sozialen Bewusstsein häufig eine janusköpfige Qualität – Risiko und Chance, Bedrohung und Erlösung. Manchen Anteilen der Technologie, die im gesellschaftlichen Bewusstsein besonders negativ geprägt sind, hängt ein Stigma an. Dies betrifft zum Beispiel Atomkraft, Gentechnologie oder Mobilfunkstrahlung. Eine solche Stigmatisierung entsteht, wenn Menschen auf ein Objekt mit Gefühlen großer Angst und Abscheu[31] reagieren. Diesen Technologien wird Unkontrollierbarkeit zugeschrieben.[32] Stigmatisierte Technologien besitzen im gesellschaftlichen Bewusstsein eine Macht, die, einmal erweckt, eigenmächtig und unkontrollierbar Angst verbreitet – Technik als Übel, das der Büchse der Pandora entwichen ist.

Erwartungsdynamiken

Auf der anderen Seite werden andere technologische Bereiche gänzlich ohne Hinterfragung beinahe euphorisch umschwärmt. Beispielhaft sei hier die Elektrifizierung Europas genannt, während der sich besonders das damals erstarkte Bürgertum dafür einsetzte, die als rein und überirdisch besetzte »Naturkraft« der Elektrizität zu verbreiten. Sie wurde als Erlöserin inszeniert, welche die Dampfmaschine, die die schwerfällige und unterjochende Energiequelle der Industrialisierung darstellt, ablösen sollte.[33] Damals wurde die Sage des Prometheus als bildhafter Rahmen häufig bemüht – Technik als göttliche Gewalt, die sich der Mensch angeeignet hat.

Dieses Beispiel unter vielen[34] zeigt, wie Technik, anders wahrgenommen, keineswegs Vermeidung und Angst hervorruft, sondern unhinterfragte Bejahung. Meist hängt das mit Erwartungen zusammen, die auf Technologien projiziert werden. Häufig im Bereich der Wirtschaft – es geht in diesem Buch schließlich auch um Technologieprodukte –, aber auch im Bereich der Politik sind Erwartungen mächtige Phänomene. Erwartungen wirken wie ein Katalysator, der die Vorliebe und die Unterstützung von Akteuren für bestimmte Technologien verstärkt. Das kann sogar noch im Entwicklungsstadium einer neuen Technologie der Fall sein, bevor diese eine wirtschaftliche Größe erreicht hat.[35] Auch im Rahmen der Digitalisierung – sei es nun der allgemeine Prozess oder eine spezielle Komponente wie E-Commerce oder Glasfasernetze – wirken Erwartungen groß und mächtig. Dies beruht auf der weitverbreiteten festen Vorstellung, dass die Digitalisierung immer umfassender und wichtiger werden wird. Betrachtet man den politischen Diskurs und die Einigkeit der Bundestagsfraktionen, was bspw. den Breitbandausbau anbelangt, wird ein solches Szenario nicht hinterfragt. Vielmehr scheint die (wirtschaftliche) Existenz der Bundesrepublik, der Europäischen Union und der restlichen Welt von einer bedingungslosen und völligen Teilnahme an der Transformation zu einer digitalisierten Welt abzuhängen.

Kontrollchancen

Inwieweit besteht jedoch die Möglichkeit einer gesellschaftlichen Kontrolle einer Durchdringung der Gesellschaft mit einem technischen Phänomen? Lässt sich Technik kontrollieren? Jenseits von der Stigmatisierung auf der einen Seite und der kritiklosen Bejahung der Digitalisierung auf der anderen Seite nimmt die sozialwissenschaftliche Perspektive eine Zwischenposition ein. Sie geht von einer gegenseitigen Beeinflussung der Gesellschaft durch die Technologie und umgekehrt aus. Dieser Ansatz bietet eine gedankliche Grundlage für die Chance, sich als Gesellschaft der technologischen Entwicklung nicht willenlos zu unterwerfen, sondern vielmehr auf Augenhöhe im Verbund mit der Technologie diese zu beeinflussen. Technik bzw. Technologie ist eine gleichberechtigte Partnerin in allen sozialen Situationen.

Diese theoretische Perspektive ist wichtig, da sie sowohl die Einflussnahme von Technologie *auf* die Gesellschaft als auch die Steuerbarkeit von Technologie *durch* die Gesellschaft beinhaltet.[36] Empirisch gesehen, existiert weder eine Übermacht der Technik noch eine Übermacht des Sozialen. Gesellschaftliche Evolution basierte nie ausschließlich auf einer technischen Entwicklung. Andererseits finden sich in der Menschheitsgeschichte auch viele technische Entwicklungen, die nicht akzeptiert wurden und nach kurzem Aufkeimen wieder verschwanden. Trotzdem ist Technologie stets ein wichtiger Faktor für die menschliche Evolution, weswegen auch gesellschaftliche Wandlung ohne Einfluss von Technologie nicht hinreichend erklärt werden kann.[37] Es existiert vielmehr ein Miteinander zwischen Mensch und Technologie auf Augenhöhe, ein Annehmen und Verweigern, ein Tanz. Das erzeugt Formbarkeit auf beiden Seiten und lässt sich als Chance für eine gemeinsame Gestaltung begreifen. Die soziotechnische Transformation durch Digitalisierung ist keineswegs etwas Eigenmächtiges, das die Gesellschaft zum machtlosen Zuschauen und zum Hinnehmen der Auswirkungen auf Mensch und Umwelt zwingt.

Endnoten

1 Vgl. t3n.de.

2 Es wurden ca. 1000 Suchanfragen durchgeführt. Vgl. googleblog.blogspot.de.

3 Der Computer wurde über einen Zeitraum von ca. vier Monaten zusammen 350 Stunden verwendet. Vgl. si.cdn.dell.com

4 Vgl. stromauskunft.de.

5 Vgl. bmwi.de/BMWi/.

6 Golem.de.

7 Gleichzeitig wirkt die Debatte der Bundesregierung bspw. zum Thema Leistungsschutzrecht, was erst durch die Nutzung des Internets wieder in den Fokus rückte, recht anachronistisch. Vgl. berlinergazette.de.

8 Vgl. Luhmann 1984: 46.

9 »Internetsucht«, AD(H)S bei Kindern etc.

10 Vgl. Hilbert 2012.

11 Vgl. Munir/Phillips 2005.

12 Entspricht 13 Millionen Pixeln pro Bild, Kinoformat, vierfache High-Definition-Auflösung = »Ultra HD«; vgl. fotomagazin.de.

13 »Unter Informations- und Kommunikationstechnologien (IKT) fassen wir all diejenigen technischen Geräte und Einrichtungen zusammen, die Informationen aller Art digital umsetzen, verarbeiten, speichern und übertragen können. Dazu gehören Sprachtelefonie, Datenkommunikation und Computer (…) und ähnliche Technologien.« Bundesministerium für wirtschaftliche Zusammenarbeit und Entwicklung 2013: 6.

14 Vgl. Brinda 2016.

15 »Die zunehmende Intellektualisierung und Rationalisierung bedeutet also nicht eine zunehmende allgemeine Kenntnis der Lebensbedingungen, unter denen man steht. Sondern sie bedeutet etwas anderes: das Wissen davon oder den Glauben daran: daß man, wenn man nur wollte, es jederzeit erfahren könnte, daß es also prinzipiell keine geheimnisvollen unberechenbaren Mächte gebe, die da hineinspielen, daß man vielmehr alle Dinge – im Prinzip – durch Berechnen beherrschen könne. Das aber bedeutet: die Entzauberung der Welt. Nicht mehr, wie der Wilde, für den es solche Mächte gab, muss man zu magischen Mitteln greifen, um die Geister zu beherrschen oder zu erbitten. Sondern technische Mittel und Berechnung leisten das. Dies vor allem bedeutet die Intellektualisierung als solche.« Weber 1919: 9.

16 Dolata 2011a: 14.

17 Vgl. Beck/Giddens/Lash 1994: 7.

18 Vgl. Bundesministerium für Umwelt, Naturschutz, Bau und Reaktorsicherheit 2015.

19 »Nachhaltige Entwicklung« und »Nachhaltigkeit« werden auf den vorliegenden Seiten synonym verwendet.

20 Un-documents.net/Übersetzt durch den Autor.

21 Pufé 2014: 16.

22 Carnau 2011: 14.

23 Vgl. Zwick 2002: 96, Huber 2000 und Behrendt/Göll/Korte 2016: 3.

24 Vgl. sustainabledevelopment.un.org.

25 U.a. das Ende des Welthungers, die Gleichberechtigung der Geschlechter und die ausschließliche Nutzung erneuerbarer Energie .

26 Vgl. Hilty 2008: 57.

27 Vgl. Nye 2006: 3.

28 Vgl. Aristoteles 349 v. Chr.

29 Vgl. Volti 1995: 6. Vgl. Degele 2002: 19 f.

30 Vgl. Hilty 2008: 80.

31 Vgl. Hillmann 1994: 843.

32 Vgl. Gregory/Flynn/Slovic 1995: 342 f.

33 Vgl. Binder 1999: 143, Steen 1998: 171 ff.

34 Man könnte auch Multimediaanwendungen der frühen 1990er nennen oder die Atomkraft, die Mitte der 1950er Jahre noch als neuer Abschnitt der Menschheitsgeschichte gefeiert wurde. Vgl. Kaminski 2010.

35 Vgl. Konrad 2004: 9 ff.; Borup/Brown/Konrad/van Lente 2006: 285 ff.

36 Vgl. Latour 2007, Belliger/Krieger 2006 und Ruffing 2009.

37 Vgl. Degele 2002: 39.

TEIL 2

ÖKOLOGIE

Nachhaltigkeitsdefizite auf Ebene der Ökologie

Auf den folgenden Seiten werden Nachhaltigkeitsdefizite bzw. die Auswirkungen mangelhafter Nachhaltigkeitsüberlegungen auf die Umwelt betrachtet. Als Erstes werden Energieverbrauch und die damit verbundene Freisetzung von Emissionen durch Rechenzentren beleuchtet. Als Zweites werden die Produktion und Zusammensetzung von Smartphones und als Drittes wird die umweltschädliche Entsorgung elektronischer Komponenten beschrieben.

Energieverbrauch durch IKT, das Internet und Datenzentren

Herstellung von IKT

Noch lange vor der Entsorgung eines PCs erzeugt die Herstellung eines modernen elektronischen Geräts bereits einen erheblichen CO_2-Fußabdruck. Bspw. wird bei der Herstellung eines Desktop PCs zehnmal mehr Energie verbraucht als während dessen durchschnittlicher Nutzungszeit. Und mehr als 98 % der im Produktionsprozess benötigten Materialien sind nicht Teil des fertigen Produkts, sondern Ausschuss, also Müll.[1] Auch die größtenteils hochkomplizierten Lieferketten und damit der Transport der Teile, aus denen Informations- und Kommunikationsgeräte bestehen, erzeugen ein hohes CO_2-Aufkommen. Hinzu kommt die problematische Energieerzeugung in den Regionen, in denen die meisten Teile hergestellt werden. 85 % der Anteile eines iPhones werden bspw. in China gefertigt. In den Ländern des südostasiatischen Raums liegt die Verwendung erneuerbarer Energien in der Regel unter 10 %, und die Verwendung von Kohle ist dort für die Grundlastversorgung unersetzbar.[2] Zum Vergleich:

In Deutschland lag der Anteil erneuerbarer Energien 2016 im Bruttostromverbrauch bei 27,4 %.[3] Aber gerade die Verwendung fossiler Brennstoffe erzeugt den größten Teil der durch den Menschen erzeugten CO_2-Emissionen: 87 %.[4]

Datenzentren

Die Bestandteile des Internets sind (Computer-)Server, deren Aufgabe es ist, Daten und Ressourcen zu verteilen und bereitzustellen. Zusammen bilden diese Servergruppen ein Daten- oder Rechenzentrum. Jeder Internetkauf, jede Suchmaschinenanfrage und jede E-Mail wandern von Datenzentrum zu Datenzentrum und passieren dabei Tausende von Servern.

Darzustellen, wie populär das Internet (das »ubiquitäre Informations-, Kommunikations- und Distributionsmedium«)[5] in den letzten zwei, drei Jahrzehnten geworden ist, wäre banal. Daher soll eine kleine Veranschaulichung reichen: Während 1992 der globale Datendurchsatz bei 100 GB pro Tag lag, erreichte er 1997 100 GB pro Stunde, 2002 dann 100 GB pro Sekunde. Die Prognose für das Jahr 2021 liegt bei knapp 106.000 GB pro Sekunde.[6] Bereits 2010 ergab eine grobe Kalkulation, dass das gesamte Internet einen jährlichen CO_2-Footprint von 300 Millionen Tonnen erzeugt. Diese Menge entspricht dem CO_2-Ausstoß, der erzeugt würde, wenn jede/r Bewohner*in Großbritanniens zweimal nach Nordamerika und wieder zurück flöge.[7] Inzwischen dürfte diese Kalkulation deutlich überholt sein. Jeden Tag gibt es mehr und mehr User*innen, und immer mehr Geräte gehen »ans Netz«. Aktuell sind 3 von 7 Milliarden Erdenbürgern online, das jährliche Wachstum liegt bei ca. 9 %.[8] 2020 werden 4,1 Milliarden Menschen Zugang zum Internet haben – das sind 52 % der Weltbevölkerung.[9]

Mit der Steigerung der User*innen steigt auch – insbesondere durch Smart-Home-Geräte – die Anzahl der Geräte mit Anschluss zum Internet. Infolgedessen wird auch der Energieverbrauch durch diese Geräte weiter steigen, der 2010 in Deutschland noch ca. 1.000 GWh, 2014 bereits 2.500 GWh betrug.[10]

Qualitativ hat sich in den vergangenen Jahren jedoch deutlich verändert, wie sich der Datenstrom zusammensetzt. Aufgrund dessen steigt der Energieverbrauch des Netzes auch deutlich stärker als die Zahl der User*innen.[11] Im Bereich der privaten Internetnutzung ist die audiovisuelle Unterhaltung heute der wichtigste Treiber der Nachfrage nach Bandbreite und erzeugt die größte Menge an Datenverkehr im Internet.[12]

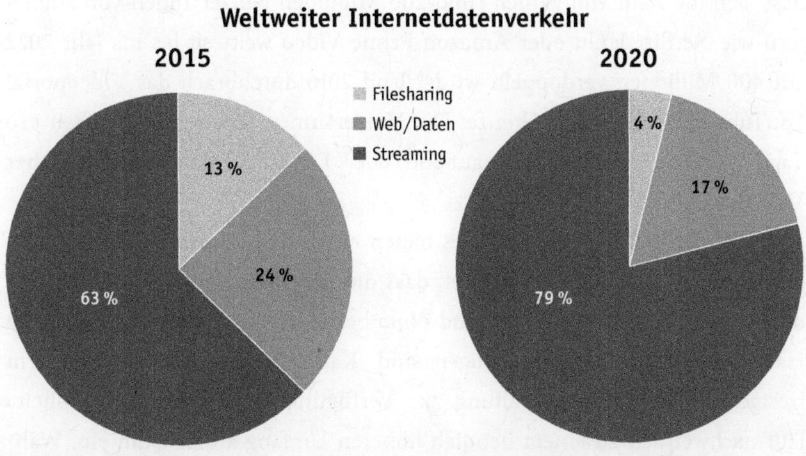

Abbildung 3: Zusammensetzung Datenverkehr 2015

Abbildung 4: Zusammensetzung Datenverkehr 2020 (Prognose)

2015 setzte sich laut Cisco[13] der weltweite Internetdatenverkehr folgendermaßen zusammen: 13 % war Filesharing, ein knappes Viertel war das reguläre »Surfen« sowie der Datenstrom durch Bilder, geteilte Dokumente etc. und knappe zwei Drittel Videostreaming. Für 2020 werden eine Reduktion des Filesharings auf 4 %, eine Reduktion der Datenmenge durch Surfen und reguläre Daten auf unter 20 % prognostiziert, dagegen aber ein Anstieg des Videostreamings auf knapp 80 %.

Wie populär das Streaming geworden ist, zeigt sich auch an folgenden Entwicklungen im Bereich Musik: Seit Februar 2016 ist das Musikstreaming Teil der offiziellen deutschen Albumcharts, die von der GfK ermittelt werden.[14] Das Album »Life of Pablo« von Kanye West wurde seit seiner Veröffentlichung im Februar 2016 bis in den April 2017 über drei Milliarden Mal gestreamt und damit das erste Album, das Platinstatus ausschließlich per Streaming[15] errungen hat. Die Musikindustrie selbst erwirtschaftete das erste Mal 2016 den Großteil ihres Gewinns durch Streaming.

Im Bereich Video-on-Demand (IP-Fernsehen, Web TV …) wird erwartet, dass sich die Zahl von aktuell rund 200 Millionen Nutzer*innen von Anbietern wie Netflix, Hulu oder Amazon Prime Video weltweit bis ins Jahr 2022 auf 400 Millionen verdoppeln wird.[16] Und 2016 durchbrach das Videoportal YouTube eine besondere Grenze: Die Nutzer*innen schauen inzwischen pro Tag 1 Milliarde Stunden Videos auf YouTube.[17] Das sind 100.000 Jahre täglicher Videokonsum.

Die Video-on-Demand-Services bieten eine breite Masse niedrigschwelliger Konsumchancen. Das bedeutet, dass die Mitgliedschaft und die Nutzung dieser Dienste schnell, einfach und ohne besondere technische Fertigkeit im Handumdrehen zu bewerkstelligen sind. Kaum angemeldet, stehen einem riesige Mengen an Unterhaltung zur Verfügung. Und diese »Einfachheit« lädt nachweislich zu einem deutlich höheren Umfang an Konsum ein. Während vor der Existenz der Dienste Filme oder Serien nur zu einer bestimmten Zeit und auf einem bestimmten Sender zu sehen waren, ist die Linearität des Fernsehens inzwischen entkoppelt.[18] Zu jeder Uhrzeit und an jedem Ort lässt sich die Lieblingsserie schauen und auch nicht nur eine einzelne Folge. »Binge Watching«[19] – angelehnt an den Begriff des Binge Eating (Disorder)[20] – heißt der Trend, ganze Staffeln einer Serie am Stück zu schauen.

Der Anbieter Netflix spielt ganz bewusst mit dem Hedonismus der Nutzer*innen bei Twitter. Ein Tweet von Netflix Deutschland vom 18. Mai 2016 lautet »Ins Bett gehen. Laptop öffnen. Netflix gucken. Laptop schließen. Licht ausmachen. Sich umdrehen. Handy rausholen. Noch eine Folge.«

Das Binge Watching ist möglich, da nicht mehr auf die Veröffentlichung einer neuen Folge gewartet oder eine neue DVD erworben werden muss, sondern die Anbieter in der Regel zumindest eine komplette Staffel in ihren Portalen bereitstellen. Das erzeugt jedoch in Bezug auf den Internetverkehr ein deutliches

Problem: Durch die Konsumsteigerung des Streamings benötigen die Datenzentren von Jahr zu Jahr mehr Energie und tragen infolgedessen vermehrt zum menschlich erzeugten CO_2-Ausstoß bei. Ein weiterer Unterschied zum »klassischen« Fernsehschauen ist auch die örtliche Entkopplung: Video-on-Demand wird überwiegend auf mobilen Endgeräten genutzt. Mehr als die Hälfte des Internetverkehrs wurde 2015 alleine durch mobiles Videostreaming erzeugt.

Laut dem Freiburger Öko-Institut liegt der CO_2-Abdruck der weltweiten Informations- und Kommunikationstechnologie (IKT) auf Ebene des Flugverkehrs, also bei 2 % des menschlich erzeugten Gesamtaufkommens.[21] Nach Einschätzungen von Greenpeace ist der CO_2-Ausstoß von Rechenzentren noch vergleichsweise klein, steigt aber pro Jahr um mehr als 10 %. Der Energieverbrauch durch Nutzung und Herstellung von IKT liegt bei ca. 12 Prozent des Gesamtverbrauchs an elektrischer Energie. Die Rechenzentren haben aktuell daran einen Anteil von 21 %, der hauptsächlich durch das Streamen von Videoinhalten erzeugt wird.[22] Nach einer Prognose der TU Dresden wird der Verbrauch elektrischer Energie durch IKT wird im Jahr 2030 so hoch sein wie der aktuelle Stromverbrauch der Weltbevölkerung.[23] Solche Aussagen sind aber aus drei Gründen mit Vorsicht zu genießen. Erstens bezieht sich diese Projektion auf ein extrem dynamisches Feld und ist damit vergleichsweise weit in die Zukunft gerechnet. Zweitens ist diese Aussage ohne Kontext zunächst belanglos – denn was wäre, wenn der erhöhte Elektrizitätsverbrauch bspw. durch Verlagerung eines Großteils von Dienstreisen hin zu vergleichsweise umweltfreundlichen Videokonferenzen entstünde? Und drittens fehlt eine qualitative Bewertung: Stromverbrauch ist nicht gleich Stromverbrauch. Die Quelle der Energie (fossil oder erneuerbar?) ist bei der Kalkulation einer Ökobilanz von großer Bedeutung.

Greenpeace bewertet u. a. Internetplattformen wie Amazon, Google und Apple bezüglich ihrer Energienutzung. Die Bestnote des 100 %igen »Clear Energy Index« erhält zum aktuellen Zeitpunkt der Konzern Apple, der in Produktion und Betrieb vollständig auf erneuerbare Energie setzt – dabei sind Zulieferer natürlich ausgenommen. Neben anderen Faktoren geht hier zusätzlich in den Index mit ein, dass Apple bzgl. des Umgangs mit Energie eine hohe Selbstverpflichtung zur Transparenz gegenüber der Öffentlichkeit pflegt.[24]

Auch wenn die Energie, die für die Datenzentren eingesetzt wird, besonders »grün« ist, wird bei einem solchen Vergleich der Energiequellen großer Internetkonzerne deren Bedarf und Durchsatz an IKT nicht betrachtet. Das Internet wird wachsen und mit ihm auch die Größe und der Energieverbrauch der Datenzentren und der Bedarf an Servern, Leitungen, Kühlung etc. – nicht nur durch das Streaming von Videos, sondern auch durch Pläne von Firmen wie Google, zukünftig Apps nicht mehr notwendigerweise fest auf einem Endgerät installieren zu müssen, sondern diese auch als Stream auf den Geräten nutzen zu können.[25]

Wie in der Einleitung bemerkt, entstehen bei einer einzelnen Suchanfrage bei Google immerhin 0,2 g CO_2.[26] Die meisten Arten, für eine ähnliche Recherche in eine Bibliothek zu gelangen, dürften deutlich mehr CO_2 erzeugen. Daher muss bei all diesen Darstellungen differenziert bewertet werden, wo Digitalisierung einen Beitrag zur Nachhaltigkeit liefert und wo nicht.

Smartphones: Verbreitung und Nutzung

Nur für Deutschland betrachtet, nutzten im Mai 2015 mehr als 41 Millionen Bundesbürger ein Smartphone. Das ist ungefähr jeder zweite Deutsche. Schaut man nur fünf Jahre zurück, waren es lediglich 6,3 Millionen Nutzer*innen.[27] Der weltweite Absatz der Smartphonehersteller lag im vierten Quartal 2016 bei unfassbaren 432 Millionen Smartphones.[28] Davon macht der Absatz in China und Indien 52 % aus.[29]

Wie folgende Darstellung zeigt, sind Mobiltelefone auch die Geräte, die das Internet am meisten nutzen.[30]

Diese enorme Verbreitung basiert auf einem ebenso großen Schwund: Der Lebenszyklus von Smartphones liegt inzwischen unter zwei Jahren. Das hängt hauptsächlich mit drei Faktoren zusammen, die für Smartphones charakteristisch sind: a) Es ist aufwendig, teilweise unmöglich, Einzelkomponenten bzw.

Verschleißteile der Geräte im Schadensfall auszutauschen, b) die Kund*innen der Mobilfunkanbieter werden durch Preisgestaltung animiert, bei Vertragsverlängerung das Gerät zu ersetzen,[31] und c) die geplante oder zumindest bewusst einberechnete Obsoleszenz seitens der Hersteller. Hierzu später mehr im Abschnitt über Nachhaltigkeitsdefizite auf Ebene der Ökonomie.

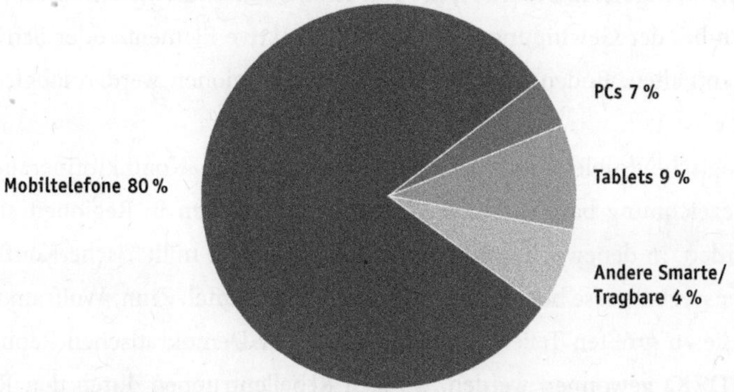

Abbildung 5: Welche Geräte greifen am meisten auf das Internet zu?

Jedes Smartphone besteht aus 50[32] bis 75[33] verschiedenen Elementen des 118 Elemente umfassenden Periodensystems. Und wie bei anderen Geräten, die Halbleiter, Akkumulatoren, Bildschirme etc. besitzen, werden dafür Rohstoffe benötigt, die in Schwellen- und Entwicklungsländern abgebaut werden. Aufgrund der weiten Verbreitung und der kurzen Erstnutzungsphase der Geräte entsteht hier ein starkes Spannungsverhältnis. Denn in den Ländern, die die Rohstoffe für die Smartphones liefern, erzeugt die Gewinnung erhebliche soziale und ökologische Probleme.

So wie Batterien, Hybridfahrzeuge, Windturbinen, Festplatten, Flachbildschirme[34] wird die Funktion einiger Komponenten von Smartphones erst durch seltene Erden ermöglicht. Es handelt sich dabei um 17 Elemente, die im eigentlichen Sinne nicht »selten« vorkommen, jedoch weit verstreut und schwer zu fördern sind.[35] Diese Metalle wie Neodym oder Lanthan werden aus Mineralgestein gewonnen, das mit Säuren ausgewaschen wird. Aufgrund der geringen

Konzentration der Stoffe müssen viele Tonnen Gestein ausgewaschen werden, um wenige Gramm der Metalle zu gewinnen. Es gibt auch keine Alternativen für diese Stoffe, da deren Eigenschaften meist einzigartig sind.[36] Bei der Auswaschung der seltenen Erden aus dem Gestein fallen giftige Schlämme und Rückstände an. Der weltgrößte Tümpel dieses gefährlichen Schlamms befindet sich in der Mongolei mit einer Fläche von zehn Quadratkilometern. Zusätzlich entstehen bei der Gewinnung Stäube, die radioaktive Elemente oder Schwermetalle enthalten. Boden und Luft in den Abbauregionen werden langfristig schwer belastet. [37]

Ökologische Probleme erzeugt auch der Bedarf nach »Konfliktmineralien«. Diese Bezeichnung basiert darauf, dass diese Mineralien in Regionen abgebaut werden, in denen schwerwiegende politische bzw. militärische Konflikte die Lebensverhältnisse bedrohen. Diese Stoffe sind Tantal, Zinn, Wolfram und Gold,[38] die zu größten Teilen in Regionen wie der Demokratischen Republik Kongo (DRK) gewonnen werden, wo sich Rebellentruppen durch den Rohstoffabbau finanzieren.[39]

Die seit Jahrzehnten andauernden Konflikte in der DRK wirken nicht nur auf gesellschaftlicher, sondern auch auf ökologischer Ebene zerstörend: Abholzung, Erosion, Zerstörung von Lebensräumen und die Vergiftung von Land und Wasser sind nur einige der Folgen.[40] Der planlose Raubbau, den manche Rebellentruppen betreiben, hat bspw. den Lebensraum der vom Aussterben bedrohten Gorillas zusätzlich dezimiert.[41]

E-Waste

Wie zuvor beschrieben, können die enorme Verbreitung und der ebenso enorme Absatz an Smartphones nur dadurch entstehen, dass ein gleichzeitiger Schwund stattfindet. Unzählige Smartphones liegen ungenutzt in Schreibtischschubladen – aber viele Geräte werden auch entsorgt. Und dazu gehören selbstverständlich nicht nur Smartphones, sondern ebenso Tablets, PCs, Monitore, Tastaturen und viele andere Produkte aus dem Bereich der Informations- und

Kommunikationstechnologie. Der Fachbegriff für IKT und deren Komponenten nach der Entsorgung lautet »waste electrical and electronic equipment (WEEE)«[42] bzw. E-Schrott oder E-Waste.

Die weltweite Menge an anfallendem E-Waste betrug im Jahr 2017 schätzungsweise über 60 Millionen Tonnen. Das entspricht dem Gewicht des Empire State Building multipliziert mit 200.[43] Computer und Mobiltelefone stellen dabei das größte Problem dar, da diese Geräte einen besonders kurzen Lebenszyklus haben.[44] Sie machen daher den größten Anteil des anfallenden Schrotts aus. Solange die Geräte intakt sind, stellen sie keine direkte ökologische Belastung dar. Als E-Waste sind sie jedoch eine besonders aggressive und schädliche Art Müll. Die Platinen und Akkus von Smartphones enthalten zumindest ein giftiges Metall, meist handelt es sich um Blei, Kadmium oder Beryllium. All diese Stoffe können bei Kontakt schwere organische Erkrankungen erzeugen.[45]

Es existiert quasi kein Weg der Entsorgung elektronischer Komponenten ohne problematische Folgen. Von den Müllkippen aus geraten giftige Chemikalien in Boden und Luft und schädigen Umwelt und Menschen in den umliegenden Kommunen. In Europa ist die Entsorgung auf der Müllkippe verboten, aber u. a. in asiatischen Ländern landen große Anteile des anfallenden E-Waste auf Müllkippen.

Dieselben Probleme der Schädigung von Umwelt und Mensch treten beim Verbrennen und sogar beim Recyceln alter elektronischer Geräte auf. In Europa sind die Sicherheitsauflagen sehr hoch, wenn es um die Verarbeitung und Trennung chemischer Komponenten geht – diese Auflagen existieren jedoch nicht oder nur in sehr reduzierter Form in den Ländern der Dritten Welt.[46]

Vor allem ist Recycling meist nicht das, wofür man es halten könnte. Besonders bei IKT existiert kein Stoffkreislauf, der eine Wiederverwertung verbauter Materialien o. Ä. gewährleisten würde. In den Vereinigten Staaten werden 50 bis 80 Prozent der zu recycelnden Elektrogeräte in die Länder des Fernen Ostens, Indien, Afrika und China exportiert.[47] Dort angekommen, werden die Altgeräte von Hand, meist ohne geeignetes Werkzeug oder Schutzbekleidung, zerlegt. Auch aus anderen Ländern wie den USA, Kanada und China wird E-Waste exportiert, obwohl diese teilweise Konventionen der UN ratifiziert haben, die einen Export verbieten.

Der Handel mit E-Waste entstand in den 1990er-Jahren. Die Regierungen europäischer Staaten, von Japan und den USA initiierten Recyclingsysteme. Viele der Länder hatten jedoch nicht die Möglichkeiten, die riesige Menge gefährlicher Stoffe in geordnete Bahnen zu lenken. Das Problem wurde per Export in Entwicklungsländer verlagert. Vor Ort sind die Auflagen zum Schutz der Arbeitskräfte und der Umwelt deutlich niedriger. Und die Kontrolle dieser Auflagen ist lückenhafter. Daher ist das Recycling vor Ort auch günstiger als in den Industrienationen. In den Entwicklungsländern stieg die Nachfrage nach Elektroschrott, da sich in den Elektrogeräten wertvolle Rohstoffe befinden. Anfang der 2000er-Jahre verbreitete sich der Handel mit E-Waste auch in Westafrika. Zwar ist die Ausfuhr gefährlichen Mülls für europäische Nationen verboten – häufig wird der Elektroschrott aber als Gebrauchtgüterspende für Entwicklungsländer deklariert.[48]

In verschiedenen Orten in Asien und Afrika gibt es zahllose »Hochburgen« des E-Waste: Guiyu in China, Bangalore, Chennai und Neu-Delhi in Indien, Karachi in Pakistan und Lagos in Nigeria.[49] Ein Ort in Ghana, der besonders drastisch vom Gift der alten Elektrogeräte gezeichnet ist, heißt Agbogbloshie und liegt unweit der Hauptstadt Accra. Es handelt sich um einen Schrottmarkt, an dem jedes Jahr ca. 215.000 Tonnen E-Schrott abgeliefert werden.[50] Dort werden hauptsächlich Computer, Monitore und Fernseher per Hand zerlegt. Plastikteile werden verbrannt, um die wertvollen Metalle zu lösen, wertlose Teile werden weggeworfen. Diese Arbeiten werden von teilweise erst fünfjährigen Kindern ohne Schutzbekleidung durchgeführt – mit primitivem Werkzeug und den Händen. Bodenproben zeigen extrem hohe Werte von Blei, gefährlichen Weichmachern und krebserregenden Dioxinen.[51] Dieser Müll hat verheerende Folgen für die Menschen und die Umwelt.[52] Agbogbloshie trägt den traurigen Ruhm, der giftigste Ort der Welt zu sein – noch vor dem ukrainischen Tschernobyl.[53]

ÖKONOMIE

Nachhaltigkeitsdefizite auf Ebene der Ökonomie

Auf den folgenden Seiten werden Nachhaltigkeitsdefizite beschrieben, die auf Basis ökonomischer Strukturen und Interessenlagen entstehen. Da im Kapitel zuvor die Problematik des E-Waste dargelegt wurde, soll es nun zunächst um Recycling gehen. Im Anschluss wird die Produktion von Smartphones aus Perspektive der Arbeitsbedingungen und der Abhängigkeiten der Zulieferfirmen betrachtet. Wie die kurzen Lebenszyklen von Geräten der Informations- und Kommunikationstechnologie durch geplante Obsoleszenz von seiten der Hersteller beeinflusst werden, findet sich im dritten Abschnitt. Zuletzt geht es um das Thema Arbeitswelt und neue Formen der Wirtschaft, die durch die Verbreitung der Digitalisierung entstehen und entstanden sind.

Recycling

	Deutschland		Welt	
	2010	2015	2010	2015
	$n_{Ger,i,2010}$	$n_{Ger,i,2015}$	$n_{world,i,2010}$ ($k_{i,2015}$)	$n_{world,i,2015}$ ($k_{i,2015}$)
Server	1,9	2,2	40,9 (21,3)	53,0 (23,9)
PCs inkl. thin clients	33,2	30,3	1319,0 (39,7)	1127,5 (37,2)
Laptops	33,5	42,5	681,0 (20,3)	1126,4 (26,5)
Smartphones und Tablets	14,7	93,6	419,0 (28,6)	4301,0 (46,0)
TVs	61,1	68,6	2350,0 (38,5)	2570,0 (37,5)

Abbildung 6: Zunahme von IKT zwischen 2010 und 2015 in Deutschland und weltweit (in Millionen)
Hintemann/Clausen 2016

Die Firma Apple stellt ihr Nachhaltigkeitsbestreben u. a. mit »Liam«, einem Recyclingroboter, dar, der iPhones zerlegt und die wertvollen Rohstoffe zur Wiederverwertung extrahiert.[54] Apple besitzt inzwischen zwei dieser Roboter. Nach eigenen Angaben hat der Konzern durch seine Recyclingbemühungen innerhalb des Jahres 2015 u. a. Gold im Wert von 40 Millionen US-Dollar zurückgewonnen.[55] Bei dieser Darstellung werden wichtige Informationen jedoch ausgelassen: Das Gold kann rein rechnerisch nicht aus iPhones stammen. Diese zwei Themen – a) die Existenz der Roboter und b) Rückgewinnung von Gold im Wert eines zweistelligen Millionenbetrags – haben eigentlich nichts miteinander zu tun. Apple bezahlte einige unabhängige Recyclingfirmen dafür, E-Schrott mit Goldanteil im Wert dieser 40 Millionen US-Dollar zu recyceln.[56] Zudem ist der Goldanteil in Smartphones im Allgemeinen extrem gering. Um so viel Gold zurückzugewinnen, wäre das Recycling einer enormen Anzahl von iPhones[57] notwendig gewesen.[58]

Apple besitzt keinerlei Kapazität oder entsprechende Anlagen, die eigenen Produkte zu recyceln – und am Recyling von Apple-Produkten besteht auch kein Interesse. Was mit diesen Produkten in der Regel wirklich passiert, zeigt sich in Recyclingfirmen, die mit Apple einen Vertrag zur Verwertung haben. In den USA besitzen die Hersteller von IKT die Verpflichtung, IKT-Schrott in Höhe einer gewissen Menge ihres Absatzes zu recyceln. Ähnlich dem Emissionshandel[59] steht es Apple und anderen Firmen frei, ihre Verpflichtungen an Recyclingunternehmen abzutreten und eine Menge von E-Schrott recyceln zu lassen, der nicht ein einziges Gerät aus der eigentlichen Produktion des Herstellers enthalten muss. Es handelt sich also eher um eine Art »Ablasshandel«. Apple legt sogar besonderen Wert darauf, dass defekte Apple-Produkte nicht recycelt oder als Ersatzteil verwendet werden. Das würde den Weg zum offiziellen Apple Store und dessen Reparaturpersonal bzw. den Erwerb eines neuen Gerätes umgehen. Aus diesem Grund hat Apple mit Recyclingfirmen ein »must shred«-Abkommen geschlossen. Das bedeutet: Sämtliche Apple-Artikel, die bei dieser Firma ankommen, dürfen nicht recycelt oder für sonstige Zwecke verwendet, sondern müssen geschreddert werden. Um der gesetzlichen Auflage zu entsprechen, bezahlt Apple im Gegenzug diese Firmen dafür, E-Schrott im Namen Apples zu recyceln.[60]

Allgemein ist Recycling im Bereich der IKT aufgrund der Zusammensetzung dieser Produkte eine denkbar schlechte Option. Die seltenen Erden gehen während des Recyclingvorgangs verloren. Daher sind Reparatur und Wiederverwendung grundsätzlich die besten Möglichkeiten, die Ökobilanz dieser Geräte zu verbessern.[61]

Bedarf besteht bei der Frage von Wiederverwertung von IKT bei drei grundsätzlichen Punkten: 1.) Es fehlt an intelligenten Stoffkreisläufen. Recycling von elektronischen Produkten wird offenbar zu keinem Zeitpunkt des Lebenszyklus bedacht, und die Wiederverwertung der genutzten Materialien ist entweder nicht möglich oder wird nicht umgesetzt. Daher fehlt es 2.) an Forschung, die sich speziell mit äquivalenten Stoffen befasst, die nicht nur einmal Verwendung finden, sondern wiederverwertet werden können. Hier besteht 3.) die Notwendigkeit, von ordnungspolitischer Seite auf die Hersteller zuzugehen. Auflagen für eine verbesserte Wiederverwertungsmöglichkeit, bspw. bereits während der Designphase neuer Produkte, wären hier zielführend. Dass Geräte der IKT – speziell Smartphones – auch durch ihre Konstruktion zum aktuellen Zeitpunkt so gut wie nicht reparierbar oder für eine spätere Wiederverwertung auch nur zerlegbar sind, wird im Abschnitt über geplante Obsoleszenz näher beleuchtet.

Smartphones: Hersteller, Zulieferer und Arbeitsbedingungen

Viele Zusammenhänge im folgenden Abschnitt konzentrieren sich auf die Firma Apple. Das hängt damit zusammen, dass sich Apple an einer exponierten Stelle im Bereich Informationselektronik befindet: Auf der Liste der erfolgreichsten Marken des Jahres 2017 des amerikanischen Wirtschaftsmagazins *Forbes* nimmt Apple mit einem Markenwert von 170 Milliarden US-Dollar den ersten Platz ein.[62] Apple erwirtschaftet seit Jahren Gewinnmargen von durchschnittlich 47 %[63] und hat u. a. mit der Präsentation des ersten iPhones im Jahr 2007 den Standard für die heutige Logik und Funktion des Smartphones gesetzt. Da sich aufgrund des Status dieses Konzerns auch eine große Menge von Umweltaktivisten und Nichtregierungsorganisationen mit Apple beschäftigen, sind durch Recherchen dieser Organisationen Informationen über Apple einfacher zugänglich als solche über andere Hersteller. Daher steht Apple hier als Beispiel für grundsätzliche ökonomische Nachhaltigkeitsdefizite. Andere Hersteller sind in gleicher Weise Teil des Problems und sollen nicht ausgeklammert werden, nur ist die Informationslage aus beschriebenen Gründen eine andere.

Ein aktuelles Smartphone ist ein kompliziertes Produkt, und daher ist es nicht verwunderlich, dass die Zulieferketten ähnlich komplizierte Strukturen besitzen. Weltweit gibt es ca. 60 Zulieferer für die 20 bis 30 Sorten an Teilen, die in ein solches Gerät eingebaut sind. Diese Betriebe erwirtschaften minimale Gewinne. In einer globalisierten Wirtschaft operieren IKT-Hersteller nach dem klassischen Modell einer »schlanken Firma«: Zentrale Bestandteile des Markenkerns wie Design, Softwareentwicklung, Produktmanagement und Marketing, die auch den höchsten Profit erzeugen, liegen direkt bei den Herstellern. Herstellung, Konstruktion oder Logistik haben eine schmalere Gewinnspanne und werden daher ausgelagert.

Zwischen den Herstellern und den Zulieferern besteht eine Beziehung, die sich durch hohe Abhängigkeit auszeichnet. Zulieferer erwirtschaften eine minimale Marge und sind daher gezwungen, extrem hohe Stückzahlen zu produzieren. Sie erhalten dabei den Imagegewinn, für einen namhaften Hersteller zu arbeiten. Konkret bedeutet das, dass Apple beim iPhone 4 einen Reingewinn von 58 % des Ladenpreises erwirtschaftete. Bei den Zulieferern lag der Gewinn jeweils bei unter 5 %.[64]

Diese Abhängigkeit führt auch nicht selten zum Bankrott der Zulieferfirmen, wenn sich der Umsatz eines Herstellers reduziert und dadurch der Aktienwert des Zulieferers sinkt oder wenn der Hersteller den Zulieferer wechselt.

Apple und der südkoreanische Technologieriese Samsung nutzen allerdings auch andere Strategien. Sie kaufen Maschinen und Ressourcen für ihre Zulieferer. Die Zulieferer zahlen diese Maschinen ab, indem sie im Rahmen von Exklusivverträgen spezielle Bauteile für die Konzerne fertigen. So »gehören« die Zulieferer den Technologiekonzernen in gewisser Weise, ohne offizielle Eigentümer zu sein. Solche und andere Strategien zur vollen Kontrolle der komplizierten Zuliefererkette haben das Ziel der Marktverdrängung. Durch den Absatz extremer hoher Stückzahlen rentieren sich die hohen Investitionen in die Zulieferer. Diese Dominanz der großen Konzerne macht es kleineren Mitbewerbern zusätzlich schwer. Diese müssen in kleineren Auflagen produzieren, und aufgrund geringerer finanzieller Spielräume haben sie weniger Einfluss auf die Zuliefererketten.

Einer der wichtigsten Zulieferer ist das taiwanesische Unternehmen Foxconn. Das Unternehmen ist Auftragshersteller für Apple und fertigt außerdem u. a. auch für Intel, Dell, Nintendo und Sony. Foxconn produziert bspw. den Großteil aller iPhones. Das Unternehmen beschäftigt über eine Million Mitarbeiter*innen. Dabei handelt es sich fast ausschließlich um ungelernte Chines*innen. Der größte Standort ist »Foxconn City«, wo 135.000 Menschen arbeiten – und in primitiven Mehrpersonen-Schlafräumen für vier bis acht Personen leben. Apple zielt auf besonders hohe Gewinnspannen und zwingt Foxconn, die Kosten möglichst gering zu halten. Gleichzeitig wird der Stress für die Mitarbeiter*innen höher: Apple ordert häufig sehr kurzfristig neue Generationen von iPhones, da an der Entwicklung der Produkte vor der jährlichen Veröffentlichung bis zur letzten Minute gearbeitet wird. Die Zahl der Länder, in denen die neue Generation vom ersten Verkaufstag an erhältlich ist, steigt, und jede Generation iPhones, iPads oder Mac Books wird immer komplexer in seiner Konstruktion.[65]

Trotzdem ist Foxconn, verglichen mit anderen Fertigungsfirmen, ein »menschenfreundlicher« Ort. Andere asiatische Zulieferer vernachlässigen Gesundheitsbestimmungen, Arbeitsschutzauflagen und Arbeiterrechte deutlich mehr, um durch niedrigere Fertigungskosten an Aufträge großer westlicher Konzerne zu kommen. Bei einem anderen Zuliefererbetrieb namens Pegatron in Schanghai, der ebenfalls für Apple fertigt, verdienten die Arbeitskräfte 2014 knapp 1,85 US-Dollar pro Stunde. Apple müsste für einen Basislohn, der den dortigen Lebenskosten angemessen wäre, jährlich 7,6 Milliarden Dollar mehr ausgeben.[66]

Die Kontrolle der großen Konzerne führt nicht nur zu niedrigsten Löhnen, sondern beeinflusst auch die Gesundheit der Belegschaft bei den Zulieferfirmen. Dort arbeiten Montagearbeiter*innen 60 bis 80 Stunden pro Woche. Nach chinesischem Arbeitsrecht sind aber nur 40 bis 45 Arbeitsstunden erlaubt. Die Belegschaft ist von Erschöpfung gezeichnet, Standards bei Schlafunterkünften werden missachtet, Urlaubstage willkürlich abgelehnt.[67] 2010 gab es aufgrund der extremen Arbeitsbelastung während des Verkaufsstarts des iPhone 4 – der erfolgreichste Verkaufsstart eines Apple-Produkts zum damaligen Zeitpunkt! – bei Foxconn eine Serie von Selbstmorden unter den Mitarbeiter*innen.[68]

Auch haben die Angestellten in den Betrieben vielfach Kontakt zu giftigen Chemikalien. Zur Reinigung der Telefone werden Chemikalien wie Benzol eingesetzt, das krebserregend, giftig und leicht entzündlich ist. Die Fabrikarbeiter*innen wissen meist nicht, womit sie es zu tun haben, da die Behälter mit beschönigenden Beschriftungen wie »Reinigungswasser« versehen sind. Die Arbeiter*innen tragen in der Regel außerdem keinen Gehörschutz, keine Handschuhe oder sonstige Schutzbekleidung.[69]

Geplante Obsoleszenz

Obsoleszenz ist Verschleiß. Auf Gegenstände und Geräte bezogen, lässt sich das als Alterungsprozess bezeichnen, der über die Nutzungsdauer die Funktion ermüden lässt und dem Produkt seinen Wert nimmt. Das ist ein natürlicher Prozess. In der Industrienorm DIN 62402:2007 steht: »Obsoleszenz ist unausweichlich und kann nicht verhindert werden.«[70] Geplante Obsoleszenz bzw.

beabsichtigter Verschleiß hingegen nennt sich die Strategie von Herstellern, Güter zu produzieren, die absichtlich mit einer kurzen Nutzungsdauer versehen werden. Das Ziel ist, einen baldigen Neukauf zu motivieren.[71] Der Begriff unterstellt Herstellern, gezielt ein Produkt zu verkaufen, das sich schneller abnutzt, als das unter natürlichen Bedingungen der Fall wäre. Das könnte so aussehen: In einem Mixer greift ein Plastikzahnrad in ein Metallzahnrad. Der Verschleiß ist vorprogrammiert, da das Plastikzahnrad einen deutlich höheren Verschleiß als das Metallzahnrad hat. Durch den Einsatz eines Plastikzahnrades nimmt der Hersteller einen frühen Verschleiß in Kauf und erzeugt die Notwendigkeit eines frühen Neuerwerbs.

Aus rein ökonomischer Sicht ist ein Produkt, das nie seine Funktion verliert oder zumindest eine lange Lebensdauer besitzt, ein Debakel für den Hersteller aus drei Gründen: a) Ein »perfektes« Produkt hätte extreme Entwicklungskosten, b) das Produkt könnte nicht für einen diesen Entwicklungskosten angemessenen, hohen Preis verkauft werden. Es wäre zu teuer, denn andere Hersteller würden versuchen, mit einem qualitativ schlechteren, aber günstigeren Produkt den hohen Preis zu unterbieten; c) Zudem führt der fehlende Verschleiß zum Einbruch der Nachfrage. Das bedroht die Existenz des Herstellers.[72] Daher liegt geplante Obsoleszenz als bewusste Strategie durchaus nahe. »Beweisen« lässt sich geplante Obsoleszenz nicht – tatsächlich wird ihre Existenz häufig infrage gestellt.[73] Ob die Hersteller von Elektro- und Elektronikgeräten ihren Produkten gezielt eine verkürzte Lebensdauer verleihen, konnte eine Untersuchung von 2015 im Auftrag des Umweltbundesamts nicht eindeutig feststellen. Im Segment von IKT und Elektrogeräten ist einer der vielen Faktoren, der die Lebenserwartung der Produkte reduziert, die technische Entwicklung – zum Beispiel bei Fernsehern die Entwicklung von der Bildröhre zu Plasma-, LCD- und LED-Fernsehern. Hier stellt sich jedoch die Frage, inwieweit die häufige Frequenz inkrementell verbesserter Geräte nicht in den Bereich geplanter Obsoleszenz hineinreicht und technisch einwandfreie Geräte gefühlt in Schrott verwandeln.

Der amerikanische Produktdesigner Brooks Stevens war ein Trendsetter seines Fachs, der sich in den 1950er-Jahren darauf spezialisierte, Produkte – hauptsächlich Haushaltsgeräte – nicht funktional zu verbessern, sondern rein äußerlich so zu gestalten, dass sie bei einer weiteren Neuauflage des Produkts im nächsten Jahr veraltet wirkten. Seine Beweggründe brachte er 1958 auf den Punkt: »Our whole economy is based on planned obsolescence and everybody who can read without moving his lips should know it by now. We make good products, we induce people to buy them, and then next year we deliberately introduce something that will make those products old fashioned, out of date, obsolete. We do that for the soundest reason: to make money.«[74]

Im Segment der Smartphones legen verschiedene Beobachtungen nahe, dass die Hersteller die Obsoleszenz ihrer Geräte bewusst einberechnen. Da die Geräte sich im Gegensatz zur Ära der regulären Mobiltelefone auf Basis der Fähigkeiten und des Designs sehr ähnlich sind, gilt es für die Hersteller, sich auf Basis der integrierten Fähigkeiten der Produkte von den Mitbewerbern zu distinguieren. Hier – so wird zumindest suggeriert – kommt es quasi jedes Jahr zu einem massiven »Entwicklungssprung«, der die Gerätegeneration des vergangenen Jahres im Handumdrehen altern lässt. Drei Strategien lassen sich beobachten:

Obsoleszenzstrategie 1: Veröffentlichungsfrequenz bzw. verkürzte Produktzyklen.

Smartphonehersteller bieten inzwischen jährlich mindestens ein neues Modell pro Sparte an. 2015 kamen mehr als 600 neue Smartphonemodelle mit dem Betriebssystem Android auf den Markt.[75] Die Innovationskurve verflacht jedoch seit geraumer Zeit, sodass große Innovationssprünge zunehmend ausbleiben. Neue Modelle bieten daher in der Regel gegenüber dem letztjährigen Modell meist nur minimale, inkrementelle neue Fähigkeiten. Auch zeigt sich in diesem Segment, ähnlich wie in der Fahrzeugbranche, ein starkes Imitationsverhalten zwischen den Herstellern. Neue Eigenschaften der Produkte finden sich schnell auch bei den Modellen der Mitbewerber, was eine Abgrenzung der Hersteller untereinander zunehmend erschwert.

Obsoleszenzstrategie 2: Evolution der Software

Die zwei Betriebssysteme Android (ca. 70 % Marktanteil) und iOS (Apples iPhone, ca. 30 % Marktanteil)[76] werden ständig weiterentwickelt, und neue Updates werden von den Herstellern an die Smartphones gesendet. Updates des Betriebssystems erhöhen die Sicherheit, bringen neue Fähigkeiten und bessern Fehler aus. Mit jedem Update wächst das Betriebssystem aber auch, und damit wächst auch der Anspruch an Speicherkapazität und Rechenleistung des Telefons. Das bedeutet: Je älter die Telefone sind, umso langsamer werden sie mit neuen Systemupdates. Sie stürzen häufiger ab, werden unzuverlässig, und das wiederum legt einen Neuerwerb nahe.

Apple musste Ende 2017 offen zugeben, dass Softwareupdates ältere iPhones sogar absichtlich verlangsamen. Begründung: Damit werde auf den Alterungsprozess des Akkus Rücksicht genommen. Um eine Überlastung gealterer Akkus zu vermeiden, wurde die Rechenleistung des Telefons durch die Software absichtlich verlangsamt. Den Käufer*innen wurde diese »Funktion« (oder »Motivationshilfe« für einen Neuerwerb?) allerdings viele Jahre verschwiegen.[77]

Obsoleszenzstrategie 3: Bauweise

Aktuell gibt es seit geraumer Zeit einen Wettbewerb zwischen den Herstellern, Smartphones immer schlanker und besonders die Displays immer größer zu machen. Dieses Ziel erzwingt Maßnahmen auf Konstruktionsebene, die den Herstellern als Nebenfolge diverse Vorteile bringen: Eine schlankere Konstruktion läuft bspw. der Option zuwider, die Rückseite zu öffnen und einen auswechselbaren Akku, der eigentlich ein Verschleißteil ist, anzubieten. Bis auf wenige Ausnahmen ist die Möglichkeit des einfachen Akkuwechsels bei aktuellen Modellen kaum noch zu finden. Die Telefone kann man seit einigen Jahren – Apple war hier wie so oft ein Trendsetter – nicht mehr durch einen Deckel auf der Rückseite o. Ä. einfach öffnen, die Akkus sind fest verbaut. Allerdings besitzt ein Smartphoneakku eine Lebensdauer von ca. 500 Ladezyklen. Bei täglichem vollständigen Laden bedeutet das, dass der Akku und damit auch das Telefon theoretisch eine durchschnittliche Lebensdauer von ca. anderthalb Jahren besitzen.[78]

Um Höhe zu sparen sind die Telefone auch an vielen Stellen geklebt statt geschraubt. Dort, wo Schrauben eingesetzt sind, handelt es sich um ungewöhnliche Formate.[79] Damit wird eine Reparatur für einen Laien quasi unmöglich. Für die Hersteller bieten diese hermetischen Konstruktionen zweierlei Vorteil: a) Garantieansprüche erlöschen sofort, wenn man versucht, in das Innenleben des Geräts Einblick zu erhalten; b) ist ein Bauteil des Telefons defekt, ist es beinahe immer ein »wirtschaftlicher Totalschaden«, weil es so kompliziert ist, an das betroffene Bauteil überhaupt erst heranzukommen. Die Kosten für Reparaturen sind im Vergleich zur Anschaffung eines neuen Modells häufig unangemessen hoch.

Seit Mai 2017 betreiben in Nordamerika u. a. Apple und der Mobilfunkanbieter Verizon mit viel Spendengeld Lobbyarbeit gegen einen Gesetzesvorschlag.[80] Dieses Gesetz soll die Hersteller dazu verpflichten, Werkzeug und Ersatzteile für deren Produkte anzubieten, damit die Nutzer*innen die Produkte im Schadensfall selbstständig reparieren können.[81]

Diese drei Strategien sind unnachhaltige ökonomische Strategien, um Konsument*innen zu schnellen Neukäufen zu bewegen. Die Nachhaltigkeitsdefizite sind dabei vielfältig: Kurze Lebenszyklen bedeuten mehr Bedarf an Rohstoffen und auch mehr E-Waste, was problematische Folgen für Mensch und Umwelt in zweierlei Hinsicht bedeutet: Betroffen sind sowohl die Herkunftsländer der Rohstoffe als auch die Länder, in die der Elektronikschrott exportiert wird.

Digitalisierung der Arbeitswelt

Bei einer gesellschaftsweiten Transformation wie der Digitalisierung ist automatisch auch der Faktor Arbeit betroffen. Wegfall von Arbeitsplätzen, das Entstehen neuer Berufe und die Art, wie gearbeitet wird, werden von der Digitalisierung deutlich beeinflusst und in Zukunft noch mehr beeinflusst werden. Teil dieser veränderten Arbeitswelt sind auch neue Wirtschaftsformen, die die Digitalisierung überhaupt erst ermöglicht. Im Folgenden werden vier Ebenen betrachtet, auf die sich die Digitalisierung besonders auswirkt. Diese Auswirkungen werden bis dato unnachhaltig gehandhabt.

Erstens erzeugen Automatisierung und die insgesamt wachsende Einbindung von IT in die Arbeitswelt Druck auf den Bereich der Ausbildung. Hier fehlt es – auch durch den demografischen Wandel – an Fachkompetenz und Weiterbildungsmaßnahmen im Bereich der IT-Kompetenz.

Zweitens verweist die Automatisierung auf ein zentrales Problem der Digitalisierung: mangelhafte Resilienz. In diesem Fall betrifft dies soziale Folgen, die der Wegfall eines großen Anteils an Arbeitsbereichen haben wird. Hier muss über Maßnahmen nachgedacht werden, Resilienz aufzubauen.

Drittens ermöglicht Digitalisierung neue Formen der Arbeit, insbesondere in neuen ökonomischen Formen wie der Shared Economy[82] und dem Crowdsourcing. Hier sind Anpassungen des Gesetzgebers vonnöten, um diese Erwerbsmöglichkeiten zugunsten der Arbeitnehmer*innen gedeihen zu lassen.

Viertens wird die Flexibilisierung der Arbeit die Notwendigkeit dauerhaft anwesender Arbeitnehmer*innen zunehmend reduzieren. Hier ist sowohl die Seite des Gesetzgebers wie auch die der Arbeitgeber gefragt, dies als Chance z. B. für eine verbesserte »Life-Work-Balance« der Arbeitnehmer*innen oder als Nachhaltigkeitsmaßnahme zur Reduzierung des arbeitstäglichen Pendelverkehrsaufkommens zu nutzen.

Für die Arbeit der Politik gibt es auf dieser Ebene der Nachhaltigkeit – der Zukunft des Arbeitsmarkts – viel Kritik. U. a. betrifft das den fehlenden Überblick darüber, wie stark die Digitalisierung bereits seit Jahrzehnten die Arbeitswelt beeinflusst.[83] Es scheint so, als sei das politische Handeln eine der größten Hürden für den Prozess einer erfolgreichen Digitalisierung, wo die Chancen der Transformation genutzt und die Risiken erfolgreich bewältigt werden: Die Ressorts werden intern und in ihrer Zusammenarbeit der Geschwindigkeit des Wandels hin zu einer digitalen Gesellschaft nicht gerecht. Diese Probleme werden vermutlich auch innerhalb der nächsten zehn Jahre nicht bewältigt werden. Des Weiteren ist die Ausbildungsqualität in Deutschland zwar allgemein gut, jedoch wird von politischer Seite zu wenig dafür getan, die Inhalte an die Herausforderungen einer Arbeitswelt anzupassen, die zunehmend durch digitale Prozesse gekennzeichnet ist. Kompetenzen im Bereich der IT, interdisziplinäres Denken und besonders jene Fähigkeiten, die den Menschen gegenüber den Maschinen überlegen machen, wie Kreativität und Empathie, werden zu wenig gefördert.[84]

Fachkräftemangel

Manche Arbeitsbereiche werden zukünftig wichtiger werden, andere werden in den Hintergrund treten. Zur Frage, wie bedrohlich die Digitalisierung für den Arbeitsmarkt ist, welche Arbeitsbereiche z. B. bald durch Technologien anstatt durch Menschen besetzt werden, ist von vielen Faktoren abhängig. Schätzungen, wie viele Arbeitsplätze durch die Digitalisierung in Deutschland verloren gehen werden, weisen daher große Differenzen auf. Teilweise ist die Rede davon, dass bis ins Jahr 2025 zwar 1,5 Millionen Jobs verloren gehen (u. a. im landwirtschaftlichen Bereich), dafür aber ähnlich viele Arbeitsplätze durch die wachsende Automatisierung (Programmierung, Konstruktion, Instandhaltung …) in anderen Feldern entstehen. Einige 10.000 Arbeitsplätze werden allerdings ersatzlos verloren gehen.[85] Andere Schätzungen sprechen von mehr als 20 Millionen Arbeitsplätzen bis ins Jahr 2055. Das beträfe dann knapp jeden zweiten Job in Deutschland.[86]

Langwierige Dialoge des Bundesarbeitsministeriums mit Vertretenden von Wirtschaft, Gewerkschaften und Wissenschaft ergeben das Offensichtliche: Von besonderer Bedeutung für die Bewältigung der digitalen Disruption des Arbeitsmarkts sind u. a. die Themenfelder Qualifikation und Weiterbildung.[87] Welche Schritte aber konkret in Angriff genommen werden und wie die Ausbildungsinhalte verändert werden sollen, bleibt meist offen.

Anders wird das in Skandinavien gehandhabt. In Dänemark stehen Fach- und ungelernten Arbeiter*innen Tausende sektorenspezifische Ausbildungsgänge zur Verfügung. Diese Weiterbildungen sind gezielt an die Bedürfnisse der lokalen Wirtschaft angepasst und werden von den Unternehmen inhaltlich gesteuert. Dadurch werden ganz gezielt der Fachkräftemangel adressiert und die Aufwertung von Arbeitnehmer*innenkompetenzen erreicht.[88] Dieses Konzept verfolgt den Gesichtspunkt der Nachhaltigkeit, Fachkräfte an die Prozesse der Digitalisierung angepasst weiterzubilden, und könnte auch in Deutschland, zusammen mit dem breiten Bereich der klein- und mittelständischen Unternehmen, entwickelt werden.

Resilienz

Der Begriff der Resilienz könnte bildhaft auch als »Elastizität« übersetzt werden. Viele gesellschaftliche Bereiche büßen im Prozess der Digitalisierung Resilienz ein. Das hängt u. a. mit einer zunehmenden Abhängigkeit von digitalen Infrastrukturen zusammen. Wie schwerwiegend die Folgen einer großen Welle von Schadsoftware sein können, hat sich in den vergangenen Jahren mehrfach gezeigt. Nicht nur Privatpersonen, sondern auch militärische Einrichtungen, Behörden und Krankenhäuser waren von diesen weltweiten Attacken betroffen.[89] An dieser Stelle soll es aber um soziale Resilienz gehen. Die Digitalisierung erzeugt deutliche Veränderungen in der Arbeitswelt, was auf die soziale Absicherung ebenfalls deutliche Auswirkungen hat. Eine mögliche deutliche Steigerung von Arbeitslosigkeit aufgrund vermehrter Automatisierung stellt den Sozialstaat vor ein Problem: Dessen Existenz speist sich seit langer Zeit – genauer seit den 1950er-Jahren –[90] größtenteils aus Arbeitseinkommen. Arbeitnehmer*innen erwerben ihre Ansprüche auf Renten-, Arbeitslosen-, Kranken- oder Pflegeversicherung durch die Abgabe eines Teils ihres Einkommens und einer Zugabe des Arbeitgebers.[91]

Der Arbeitsplatzabbau im Zuge der Digitalisierung wird sich sehr unterschiedlich auf die verschiedenen Arbeitsgebiete auswirken. Produktion, Verwaltung und Vertrieb sind aber drei Gebiete, die mit hoher Wahrscheinlichkeit deutliche Einbußen erleben werden.[92] Auch andere, qualifizierte Tätigkeiten wie Versicherungsmakeln, das Steuern von Bussen und Bahnen oder gefährliche Arbeiten in Hoch- und Tiefbau, in Schlachtereien oder bei Wachdiensten werden früher oder später von Maschinen übernommen werden.[93]

Oben wurde diskutiert, dass eine Verschiebung stattfinden wird, dass also Arbeitsplätze in den eben erwähnten Gebieten wegfallen, dafür aber in anderen Bereichen Arbeitsplätze entstehen. Doch das ist ein zeitversetzter Prozess, der nicht sofort stattfindet. Es ergibt sich zumindest zeitweise eine erhöhte Arbeitslosigkeit: Ein/e Arbeitnehmer*in, die bspw. Jahrzehnte Fundamente von Häusern gegossen hat, kann nicht im Handumdrehen für die Programmierung oder Instandhaltung von Industrierobotern eingesetzt werden. Hinzu kommt der Einfluss einer überalternden Gesellschaft, wodurch die Zahl der Einzahler*innen in die Sozialkassen zusätzlich sinkt. Es stellt sich die Frage, wovon Menschen, die im Zuge der »Industrialisierung 4.0« und der damit einhergehenden reduzierten Resilienz ihre Arbeit verlieren, leben sollen und wie sich deren Kranken-, Pflege- und Rentenversicherung finanzieren wird.

Hier müssen Lösungsoptionen diskutiert werden, die es bereits seit geraumer Zeit gibt, die aber nie umgesetzt wurden. Doch angesichts einer disruptierten Arbeitswelt und der reduzierten Resilienz des Sozialstaats erscheint deren Umsetzung als dringend notwendig:

A) Eine veränderte Besteuerung. Sämtliche Einkünfte wie Löhne, Zinsen, Dividenden, Einnahmen aus Vermietung etc. müssten mit demselben Steuersatz belegt werden.[94] Die Besteuerung ist aktuell in Deutschland je nach Einkunftsart sehr ungleich verteilt. Und bei regulären Einkommen liegt der Spitzensteuersatz bei 42 %[95] bei einem Bruttoeinkommen von ca. 54.000 Euro pro Jahr – also einem Einkommen mittlerer Höhe. Daher sollten niedrige Erwerbseinkommen steuerliche Ermäßigung erhalten, und der Grenzsteuersatz sollte auf 65 % angehoben werden.[96] Dies dient auch dem Ausgleich der wachsenden[97] sozialen Ungleichheit in den Industrienationen und bietet eine Finanzierungsquelle für ergänzende Modelle wie das bedingungslose Grundeinkommen.

Alternativ wären folgende Veränderungen in der Besteuerung möglich: eine Abschaffung sämtlicher Steuern bis auf eine gestaffelte Mehrwertsteuer. Diese wäre dann bei Luxusgütern sehr hoch und bei Dingen der Grundversorgung sehr niedrig. Damit würde ausschließlich der Konsum, aber nicht mehr das Einkommen besteuert. Oder die Einführung einer »Maschinensteuer«, die Unternehmen dazu verpflichtet, die Sozialkassen als Ausgleich für fehlende zu besteuernde Einkommen aufzufüllen.

B) Modelle eines bedingungslosen Grundeinkommens (BGE). Dieses sollte jedem/r Staatsbürger*in zur Teilhabe am gesellschaftlichen Leben gezahlt werden. Obwohl das Thema häufig sehr kontrovers diskutiert wird, hätte dessen Einführung verschiedene Vorzüge bei einer durch Automatisierung zunehmenden Arbeitslosigkeit. Zunächst ist eine Vollbeschäftigung, also eine minimierte Arbeitslosenzahl, kein erstrebenswertes, geschweige denn ein realistisches Ziel. Einerseits gibt es nicht genügend Arbeitsplätze für alle theoretisch Arbeitsfähigen. Würden diese dennoch angestellt, würden Überproduktion und Ressourcenverbrauch aufgrund des Einsatzes der überschüssigen Arbeitskraft enorm steigen.[98] Die Industrienationen haben bereits jetzt einen extrem hohen Ressourcenverbrauch. Ein Grundeinkommen würde hingegen eine Transformation hin zu einer sozial und ökologisch nachhaltigeren Gesellschaft ermöglichen.

Die Gründe dafür: Wie oben dargestellt, reduziert eine zunehmende Automatisierung die benötigten Arbeitsplätze und damit die Einnahmen der Sozialkassen. Auch werden Arbeitsplätze bei einer ökologischen Umstrukturierung von Industriezweigen bedroht – bspw. in der Automobilindustrie. Beides in Kombination reduziert das Wirtschaftswachstum, was dem Ziel der Entkopplung zwischen Wirtschaftswachstum und Umweltverbrauch dienen würde.[99] Das BGE würde die Frage der sozialen Sicherheit vom Dasein als Arbeitnehmer*in abkoppeln. Die geschlechtsneutrale Ausschüttung reduziert die finanzielle Abhängigkeit von Müttern von einem Partner mit (Voll-)Erwerb und fördert in der Folge die Geschlechtergerechtigkeit.

Aber wie rechtfertigt es sich, dass jemand Geld bekommt, ohne Arbeit dafür zu leisten? Eltern oder Menschen, die Angehörige pflegen, wissen wohl am besten, dass Arbeit nicht nur sinnvoll ist, wenn sie bezahlt wird.

Ein BGE ist auch keine Einladung zur Faulheit. Bei einem BGE von angenommen 1000 bis 1500 Euro werden die Meisten mehr verdienen wollen und folglich arbeiten – Großverdiener sowieso. Nur müssten dann viele Menschen nicht mehr jede Arbeit oder gar mehrere schlecht bezahlte Minijobs annehmen, nur um Grundsätzliches wie die Miete bezahlen zu können.[100] Arbeitgeber*innen mit »niederen« Arbeitsangeboten müssten dann den Arbeitnehmer*innen mehr bieten – inhaltlich oder finanziell.[101] Durch Arbeitszeitverkürzung in Verbindung mit dem BGE könnte auch gemeinnützigen Tätigkeiten, etwa der Förderung der Kultur, und regionaler Arbeit deutlich mehr Zeit gewidmet werden.[102]

»Bedingungslos« ist in der Begrifflichkeit ggf. etwas irreführend, denn es sind – je nach Auslegung des Konzepts – einige Regelungen vonnöten. Um die schwierige Kategorisierung, wem das BGE zusteht und wem nicht, zu vermeiden, sollte es jede/r Bundesbürger*in bekommen. Empfänger*innen von Transferleistungen sollte das BGE ausgezahlt werden. Leute, die oberhalb einer zu definierenden Grenze verdienen, sollten das BGE in Form eines steuerlichen Grundfreibetrags erhalten. Diese Regelung löst auch das von kritischen Stimmen häufig genannte Dilemma, dass ein BGE bei Großverdiener*innen eher einer zynischen Ungerechtigkeit gleicht.[103]

Viele Fragen bleiben dennoch offen: Die Existenz eines BGE hätte einen starke Wirkung auf den Zuzug von Menschen aus anderen Ländern. Hier muss eine Lösung für Zuwandernde gefunden werden, wenn das BGE nur Staatsbürger*innen zugänglich ist.

Ein Mittelweg aus veränderter Besteuerung und einem bedingungslosen Grundeinkommen als vielleicht eleganteste Lösung ist eine negative Einkommenssteuer. Hierbei erhält jede*r Bürger*in ohne Einkommen eine Unterstützungszahlung, die die Grundbedürfnisse deckt. Die Höhe dieser Zahlung sinkt mit zunehmendem Einkommen. Ab einer zu definierenden Armutsgrenze endet diese negative Einkommenssteuer und wird zu einer normalen steuerlichen Belastung. Die Armutsgrenze muss dabei das allgemeine Existenzminimum, Werbepauschalen sowie Freibeträge für Kinder, Weihnachten etc. berücksichtigen.

C) Unabhängig von Innovationen des Steuerrechts und dem Aufbau sozialer Resilienz muss von politischer Seite die technologische Entwicklung in Hinblick auf ihre Sozialverträglichkeit überprüft werden. Technologische Entwicklung entsteht zwar teilweise aus reinem Forschungstrieb und Erfinder*innengeist. Häufig stehen jedoch auch schlicht ökonomische Interessen dahinter. Daher muss hinterfragt werden, wem eine Neuerung nutzt. Welche technischen und vor allem sozialen Nebenfolgen technologische Innovationen mit sich bringen, zum Beispiel die Ersetzung von Berufsgruppen durch günstigere und leistungsfähigere Maschinen, muss antizipiert werden. Die Betrachtung dieser Themen gehört zu den politischen und sozialen Randbedingungen, die die Digitalisierung hin zu einem Mehr oder Weniger an Nachhaltigkeit zu steuern vermögen.

Flexible Arbeit

Eine Chance der Digitalisierung ist die geografische Flexibilisierung des Arbeitens. So ist bspw. beim deutschen Zweig von Microsoft bereits seit einigen Jahren die Anwesenheitspflicht der Arbeitnehmer*innen abgeschafft.[104] Auch bei SAP, der Deutschen Bank und im BMW-Werk Leipzig gibt es sogenannte Freiangestellte.[105] Diese Flexibilität erzeugt auch Extremformen freien Arbeitens: »Digitale Nomaden« sind meist Selbstständige, die um die Welt reisen und von unterwegs per Internet an Projekten arbeiten. Tätigkeiten, die keine speziellen Arbeitsmittel außer der Rechenleistung eines Computers und einen Internetanschluss benötigen, können problemlos von vielen Orten aus erledigt werden.

Gleichzeitig gibt es Aussagen wie die von Bundesarbeitsministerin Andrea Nahles von 2015: »Wir wissen noch nicht, wie die Arbeit der Zukunft aussehen wird. Insofern kann es heute nicht darum gehen, Regeln zur Disposition zu stellen, auf die wir uns als Gesellschaft geeinigt haben und die eine Grundlage unseres wirtschaftlichen Erfolges sind, nur weil jeder Beschäftigte heute ein Smartphone in der Tasche hat.«[106]

Inzwischen stellt das Bundesarbeitsministerium erste Überlegungen an, sich flexibleren Arbeitszeitmodellen zu widmen. In einem »Arbeitszeitdialog« mit Vertreter*innen von Wirtschaft, Gewerkschaften und Kirchen sollen Versuche wie ein Wahlarbeitszeitmodell diskutiert werden.[107] Ein zu langsames Reagieren wird sich hier sehr negativ für die Arbeitnehmer*innen auswirken. Gefragt sind an dieser Stelle allerdings auch die Arbeitgeber, da viele Firmen eher davor zurückschrecken, ihren Mitarbeiter*innen zu viel Freiheit zu schenken und Kontrolle aufzugeben.[108] Gleichzeitig kann eine Entgrenzung zwischen Berufs- und Privatwelt zu einer Doppelbelastung führen. Daher könnte eine Zusammenarbeit zwischen Politik, Wirtschaft und Interessenvertretungen der Arbeitnehmer*innen erfolgreiche Modelle erzeugen, mit der die Wünsche und Bedürfnisse aller Seiten abgedeckt werden.

Neue Arbeitsformen

Insgesamt wird durch die Digitalisierung eine Umschichtung von Berufen stattfinden – hin zu mehr Berufsfeldern, die mit Empathie, Kreativität und persönlichen Beziehungen zu tun haben. Viele Millionen Arbeitsplätze könnten nach und nach verschwinden. Das war jedoch aufgrund gesellschaftlicher und technologischer Entwicklungen zuvor auch schon der Fall.[109] Wie beschrieben, birgt die Digitalisierung allerdings auch hier ein großes Potenzial, neue Arbeitsplätze und -formen zu ermöglichen. Es werden sogar Berufsbilder entstehen, deren Notwendigkeit sich überhaupt erst durch ein hohes Maß an Automatisierung ergibt. Denn in direktem Zusammenhang mit Maschinen besteht eine parallel wachsende Nachfrage nach Programmierung, Konstruktion, Kreation und Instandhaltung. In Firmen werden Aufgaben für Data Scientists (Beauftragte für Datenanalyse und Datenschutz), Data Strategists (Entscheidungsmanagement, welche Art von Daten in welcher Art und Weise analysiert werden) oder Social Media Manager (Marketing und Kommunikation nach außen für Zielgruppen und andere Ansprechpartner)[110] in großer Zahl anfallen.

Wachsen wird auch ein ganz anderer Bereich, in dem Kompetenzen gefragt sind, die uns von den Maschinen stark unterscheiden. Dort sind soziale Fähigkeiten von größter Wichtigkeit. Angesichts der Überalterung der Gesellschaft werden die Pflege und Betreuung von Menschen in Zentren oder zu Hause ein breites Aufgabengebiet werden.[111] Jobs werden auch dort entstehen, wo es gilt, andere Menschen von etwas zu überzeugen, so wie es etwa Verkäufer*innen tun. Verhandeln, führen, erziehen, im Team arbeiten und coachen können Maschinen nicht allzu gut. Auch kreative Aufgaben werden zunehmen, seien dies künstlerisches Schaffen, Unternehmertum, Entwickeln von Apps, Videos oder Musik.[112]

Daher bedroht die Digitalisierung einerseits manche Arbeitsplätze, erzeugt jedoch ebenfalls neue Formen der Arbeit wie die Sharing Economy und das Crowdsourcing.

Die Sharing Economy[113] dreht sich um App-basierte Geschäftsmodelle. Durch die Digitalisierung sind die Transaktionskosten für die Vermittlung von Gütern und Dienstleistungen extrem gesunken. Hier liegen große Potenziale für nachhaltiges Wachstum und Beschäftigung. »Nachhaltig« deswegen, da sich viele Dienstleistungen hier um das Nutzen anstelle des Besitzens drehen. Das reduziert die Energiekosten von Herstellung und Entsorgung einer höheren Anzahl von Gütern und erhöht Lebensdauer und Intensität der Nutzung existenter Güter.

Abgesehen von Anfangsinvestitionen, können solche Geschäftsmodelle – Fahrdienste, Vermietung privaten Wohnraums, Tauschbörsen, Gebrauchtwarenhandel etc. – mit minimalen Kosten, hohen Skalenerträgen und der Option einer weltweiten Verbreitung der Dienste betrieben werden. Probleme entstehen hier jedoch durch die Notwendigkeit, Schutzrechte von Arbeitnehmer*innen und Konsument*innen aufzuweichen.[114] Auch hier ist ein schnelles Reagieren der Tarifpartner und der Politik vonnöten, da sich in diesem Bereich große Beschäftigungschancen bieten, die nicht an bestehenden Regularien scheitern sollten. Ein Beispiel dafür, wie erfolgreich solche Modelle sein können, ist San Francisco. Diese Stadt stellte sich nicht gegen Fahrdienstleister wie Uber und Lyft, um den Beruf des/der Taxifahrer*innen zu schützen. Dort entstanden durch die Fahrdienstleister dreimal mehr Arbeitsplätze in dieser Transportsparte.[115]

Problematisch ist langsames Reagieren, vor allem vonseiten der Politik, ebenfalls in einer anderen neuen Arbeitsform, die wie die Shared Economy erst durch die Digitalisierung ermöglicht wird – dem Crowdsourcing.

Im Bereich der Selbstständigen ist seit ca. zehn Jahren dieser neue Trend in der Arbeitswelt entstanden: das **Crowdworking bzw. Crowdsourcing**. Der US-amerikanische Journalist Jeff Howe prägte den Begriff, indem er die Begriffe »Crowd« und »Outsourcing« zu einem Portmanteauwort zusammenfügte, um diese neue Form der Arbeit zu benennen.[116]

Beim Crowdsourcing unterbreitet eine Firma, Gruppe, Institution oder Einzelperson (Crowdsourcer) einer nicht bestimmten Menge von potenziell Mitwirkenden (Crowdsourcees bzw. Crowd Worker) eine zu erfüllende Aufgabe. Dies geschieht in der Regel über eine zu diesem Zweck eingerichtete Internetseite, die als vermittelnde Plattform dient (z. B. Clickworker.de). Die Auftragnehmenden können ebenfalls Einzelpersonen, Gruppen oder Organisationen sein.[117] Die gestellten Aufgaben können von Produktgestaltung bis Werbetext, Marktforschung bis App-Programmierung, Tests von Elektrogeräten bis zur Häuserplanung reichen. Allein in Deutschland gibt es 750.000 Crowdworker, schätzt der deutsche Crowdsourcingverband.[118] Diese Form der Arbeit beinhaltet drei Kernprinzipien:

A) Es handelt sich nicht um eine direkte Auftragsvergabe, sondern um einen offenen Aufruf, dem prinzipiell auch Tausende von Auftragnehmenden folgen können – bspw. den Aufruf, ein neues Logo für eine Firma zu gestalten.

B) Die Auftragnehmenden entscheiden sich selbstständig zur Annahme des Auftrags.

c) Der Interaktionsprozess selbst erfolgt über IT-gestützte Plattformen.[119]

Die Vorteile für die Auftraggebenden liegen klar auf der Hand: Eine Firma kann sehr viel flexibler auf veränderte Nachfrage reagieren und entsprechend mehr oder weniger Aufträge nach außen vergeben. Gleichzeitig kann aus einer großen Menge an Talenten geschöpft werden. Auch die Auftragnehmenden haben Vorteile, die trotz Digitalisierung in den meisten Firmen in Deutschland nicht möglich sind: Arbeitsort, Art und Weise, wie der Auftrag erfüllt wird, und Arbeitsmenge sind frei bestimmbar. Gleichzeitig treten jedoch die Nachteile zutage, die reguläre Selbstständige ebenfalls haben: Es gibt keinen Mindestlohn, keinen Kündigungsschutz, kein Streikrecht. Rente und Lohnfortzahlung im Krankheitsfall müssen Crowdworker selbst regeln.[120] Das Einkommen reicht allerdings häufig nur für eine freiwillige Krankenversicherung, nicht aber für Arbeitslosen-, Unfall- oder Rentenversicherung.[121]

Der häufig geringe Verdienst entsteht aus dem größten Nachteil überhaupt: Theoretisch ist jede andere Person aus der Crowd Konkurrenz und kann die Preise drücken. Standortvorteile wie günstigere Lebenshaltungskosten in südeuropäischen Ländern, Asien oder Lateinamerika können so die Verdienstmöglichkeiten für Crowdworker aus westlichen Industrienationen deutlich schmälern.[122] Daher leben bspw. deutsche Crowdworker*innen in der Regel prekär. In Schwellenländern gehören die Crowdworker eher zu den Gutverdienenden.[123]

Trotzdem wird Crowdworking vorausichtlich an Bedeutung gewinnen. Wie im Bereich der Shared Economy werden darum Gestaltungsrichtlinien benötigt, die es Auftraggebenden wie Auftragnehmenden ermöglichen, von den Potenzialen des Konzepts zu profitieren.[124]

Vertretende der Gewerkschaften fordern daher Anpassungen: Lohnfestlegungen, eine Anpassung des Sozialversicherungssystems mit der Verpflichtung von Auftraggebenden, Beiträge zu zahlen, vergleichbar mit dem Modell der Künstlersozialkasse. Das deutsche Arbeits- und Sozialversicherungsrecht ist bis jetzt auf die Anforderungen durch eine globale digitale Arbeitswelt noch nicht eingerichtet. In US-Amerika schlagen Arbeitsrechtvertretende vor, einen neuen Status für Crowdworker zwischen Angestellten und Selbstständigen zu definieren – mit eigenen Rechten und Pflichten.

Auch in diesem Fall konnten Dialogprozesse von politischer Seite keine grundlegenden zeitnahen Schritte erwirken. Bzgl. des Crowdsourcings solle der Gesetzgeber die Schutzbedürftigkeit spezifischer Typen von Erwerbstätigen feststellen und sie nach jeweiliger Sachlage in den Schutz des Arbeits- und Sozialrechts einbeziehen.[125] Ggf. dauern die Prozesse an dieser Stelle so lange, dass es bis dahin den Begriff des »Crowdsourcings« nicht mehr geben wird – denkt zumindest Michael Gebert, der Vorsitzende des Deutschen Crowdsourcing Verbandes: »Dann wird das so normal sein, dass es dafür gar kein besonderes Wort mehr braucht.«[126]

Zusammenfassend sieht der Fahrplan einer zukunftsfähigen und damit nachhaltigen Arbeitswelt Folgendes vor: Neue Arbeitsformen, die auf Digitalisierung basieren und im Bereich der Shared Economy oder des Crowdsourcings angesiedelt sind, brauchen arbeitsrechtliche und soziale Absicherung. Hier ist die Zusammenarbeit der Politik mit den Gewerkschaften vonnöten. Für flexibles Arbeiten müssen Vertretende von Arbeitnehmer*inneninteressen, Politik und Unternehmen Modelle schaffen, die einer zu starken Entgrenzung zwischen Job und Privatleben vorbeugen, aber auch mehr Freiheit bezüglich der Anwesenheit am Arbeitsort und mehr Gerechtigkeit bspw. bei alleinerziehenden Eltern gewährleisten, die dann mehr von zu Hause aus arbeiten können. Für Aus- und Weiterbildung bedarf es ebenfalls der Kooperation zwischen Politik und Unternehmen, um praxisnahe Fortbildungen anzubieten, die einen Fachkräftemangel begrenzen und dafür Kompetenzen stärken, die in einer zunehmend digitalisierten Arbeitswelt relevant sind. In der Ausbildung müssen zudem Kompetenzen betont werden, die den Menschen von Maschinen unterscheiden und daher nicht automatisiert werden können: Kreativität, Empathie, Moderation, Mediation usw. sind Inhalte von Berufen mit Zukunft und damit Teil eines nachhaltigen Konzepts für den Arbeitsmarkt in einer digitalen Welt. Konzepte wie das bedingungslose Grundeinkommen müssen geprüft und eingeführt werden. Digitalisierung geht zumindest mit einer zeitweisen Reduzierung von Arbeitsplätzen einher, und die Sozialkassen leeren sich auch aufgrund einer überalternden Gesellschaft.

Insgesamt steht in diesem Bereich eine kulturelle Änderung des Themas Arbeit an – denn die Digitalisierung bringt auch eine Neudefinition von Arbeit mit sich. Atypische Arbeitsverhältnisse, neue Formen der Arbeit, kulturelle und gemeinnützige Tätigkeiten, Pflege und Erziehung sind Felder, die aufgrund der schlechten Verdienstmöglichkeiten stets mit einem schlechten Berufsprestige einhergehen. Eine Chance der Digitalisierung ist es, das Image dieser Berufe aufzuwerten.

POLITIK

Nachhaltigkeitsdefizite auf Ebene der Politik

Bislang wurden Ökologie und Ökonomie beleuchtet und eine Auswahl von Nachhaltigkeitsdefiziten auf diesen Ebenen betrachtet. Nun soll es um die politische Ebene gehen. Auch hier ist eine vollständige Darstellung quasi unmöglich, weswegen einige Themen ausgewählt wurden. Inkonsistenzen auf Ebene des Netzausbaus werden zuerst betrachtet. Danach wird die Problematik der Beeinflussung von Wahlen, der Herrschaftsform Demokratie selbst und anderer politischer Themen, die in sozialen Netzwerken und Suchmaschinen durch Social Bots und Algorithmisierung entstehen, in den Blick genommen. Dort findet sich auch eine Analyse, wie die Politik auf ihre eigene Bedrohung reagiert. Dass junge Menschen nicht optimal auf eine von der Digitalisierung durchwachsene Lebens- und Arbeitswelt vorbereitet werden, findet sich im dritten Abschnitt, der sich mit politischen Entscheidungen auf Ebene der Bildung befasst.

Netzausbau

Bundeskanzlerin Angela Merkel sprach auf der Eröffnung der Computermesse CeBit 2017 davon, dass die Digitalisierung nicht schnell genug vorankomme.[127] Michael Fuchs, stellvertretender Vorsitzender der CDU/CSU-Bundestagsfraktion für den Arbeitsbereich Wirtschaft und Energie, Mittelstand und Tourismus, zitierte in einem Gastbeitrag im Polit-Magazin *Cicero* Auszüge einer Rede von Roman Herzog. In dieser zeichnete Herzog vor 20 Jahren das Bild einer globalen Informationsgesellschaft. Michael Fuchs fordert auf Grundlage dieses Bildes einen »bundesweiten Kraftakt zum Ausbau. Unser Ziel muss es sein, bis

2025 möglichst jeden Haushalt Deutschlands mit einem Zugang zum schnellen Internet auszustatten«. Die Notwendigkeit dieses Ausbaus wird damit begründet, dass ansonsten »ganze Landstriche von der Wertschöpfung der Zukunft abgeschnitten sei[en]«.[128] Auch die Opposition scheint derselben Meinung zu sein, z. B. Herbert Berends, Mitglied der Fraktion der Linken im Bundestag. Er kritisiert die Geschwindigkeit des Breitbandausbaus mit einem Beitrag auf der Homepage seiner Fraktion unter der Überschrift »Dobrindt-Schneckentempo statt Breitband-Rakete«.[129] Dies sind nur drei Beispiele für den Umgang mit dem Thema Digitalisierung auf politischer Ebene, das bereits in der Einleitung anklang: Digitalisierung ist eine absolute Notwendigkeit, es führt quasi kein Weg daran vorbei, und dem Prozess hat sich die Gesellschaft unhinterfragt zu unterwerfen. Sonst droht Schlimmes. An Aussagen und Plänen zum Breitbandausbau lässt sich diese Haltung gut zeigen, da beide Prozesse – Digitalisierung im Allgemeinen und der Ausbau von Breitbandnetzen – in ähnlicher Geschwindigkeit geschehen sollten. Das ist aber eher ein frommer Wunsch als die Wirklichkeit. Die viel kommunizierte dringende Notwendigkeit »mitzudigitalisieren« und das Voranschreiten des Breitbandausbaus klaffen weit auseinander. Dies beleuchten einige Studien zur Ausbaugeschwindigkeit des Glasfaserbreitbands in Deutschland. Die Bundesrepublik lag diesbezüglich im Jahr 2017 auf Platz 28 der 32 OECD-Staaten. In Estland profitieren knapp drei Viertel aller Haushalte von einem Glasfaseranschluss, in Deutschland sind es 6,6 %. In ländlichen Regionen sind es teilweise nur 1,4 %.[130]

Dafür gibt es zwei Gründe: Einerseits sind die Geschwindigkeitsziele zu niedrig angesetzt. Die Digitale Agenda von 2014 gilt unverändert und zielt auf eine »flächendeckende Breitbandinfrastruktur (…) von mindestens 50 Mbit/s«.[131] Selbst diese Geschwindigkeit ist aktuell nur 75 % aller Haushalte im Bundesgebiet zugänglich.[132] Das Problem hierbei ist, dass diese Geschwindigkeit auch per klassischer Kupferleitung erreichbar ist, die Netzbetreiber also nicht zu einer Neuverlegung von Glasfasern gezwungen sind.[133] Eine enge Zusammenarbeit zwischen der Bundesregierung und den Netzbetreibern sowie ein höher gestecktes Geschwindigkeitsziel von 100 Mbit/s wären also notwendig, um den Ausbau effektiver voranzutreiben. 100 Mbit/s ist auch die Geschwindigkeit, die die Europäische Union als Ziel für 50 % aller Haushalte in den Europäischen Mitgliedsländern bis 2020 ausgegeben hat.[134] Der ehemalige Außenminister Sigmar Gabriel forderte 2016 einen deutlich schnelleren Ausbau. Ihm schwebte vor, bis 2025 in Deutschland die »beste digitale Infrastruktur der Welt«[135] aufzubauen mit einer dreistelligen Milliardenfinanzierung durch die EU und Leitungen im Gigabit-Bereich (1000 Mbit/s). Auch das würde den Ausbau des Glasfasernetzes voraussetzen. Die Zuständigkeit liegt im Bundesministerium für Verkehr und digitale Infrastruktur, das den Ausbau in der vergangenen Legislaturperiode mit einer knappen Milliarde Euro gefördert hat. Doch stellt sich angesichts solcher Forderungen und Pläne, der zeitgleich aber stockenden Entwicklung die Frage, ob diese Ansätze nicht in die falsche Richtung gehen. Es scheint doch so, dass der Wille vorhanden ist, eine zielgerichtete Strategie jedoch fehlt.

Das sind die Fakten: Bis 2020 wird rund die Hälfte des weltweiten Datenverkehrs über drahtlose lokale Funknetzwerke (WLAN) fließen. Zeitgleich wird der kabelgebundene Zugang an Wichtigkeit deutlich verlieren.[136] Diese Entwicklung wird auf politischer Ebene in Deutschland offenbar übersehen – auf EU-Ebene aber erkannt. Daher existiert ein Vorstoß der Europäischen Kommission, in den Mitgliedsstaaten möglichst bald 6000 bis 8000 Hotspots aufzustellen.[137] Und dies hat ganz klar Vorteile – nicht zuletzt auf Ebene der Nachhaltigkeit. Finanziell und ökologisch gesehen, könnte der vergleichsweise energieverzehrende, teure und langsame Prozess, Straßen aufzureißen, um Glasfaserkabel an jedes einzelne Haus zu verlegen, reduziert werden.[138] Die Kabel müssten nicht gesondert an jedes Haus geführt werden, sondern nur bis zu einem großen WLAN-Verteilerpunkt. Auf den Energieverbrauch bezogen, ist die Nutzung von WLAN-Netzen deutlich sparsamer als die Nutzung des Mobilfunks.[139] Auch die Anbindung der ländlichen Gebiete, die nur sehr fragmentarisch an Breitbandnetze angeschlossen sind (siehe oben), könnte durch das Aufstellen mobiler Hotspots deutlich schneller erfolgen. In den USA werden ganze Dörfer auf diese Weise teilweise mit Gigabitgeschwindigkeit versorgt.[140]

Hinderungsgründe scheint es keine zu geben, wenn man das Beispiel von Mobilitätsanbietern betrachtet. Die Berliner Verkehrsbetriebe (BVG) bauen seit 2015 kostenlose WLAN-Hotspots an alle 173 BVG-Bahnhöfen aus. Bis Ende 2018 sollen alle Bahnhöfe versorgt sein.[141] Im Laufe des Jahres 2017 sollen alle 256 ICEs der Deutschen Bahn kostenloses WLAN für sämtliche Fahrgäste bieten.[142] Diese Prozesse sind also schnell und mit vergleichsweise geringem Aufwand zu bewerkstelligen.

Die Autor*innen des Jahresberichts des Aktionsrats Bildung fragen angesichts der unentschiedenen Strategie des Netzausbaus: »Wie kann gewährleistet werden, dass digitale Hochgeschwindigkeitsnetze flächendeckend in ganz Deutschland zur Verfügung stehen, damit sich das Gefälle zwischen Metropolregionen und Peripherie, Stadt und Land, Nord und Süd sowie Ost und West nicht weiter verstärkt?«[143]

Besonders Firmen benötigen für ihre Digitalisierung Anbindungen im Gigabitbereich. Doch laut Angela Merkel – bei der Eröffnungsrede des Digitalgipfels 2017 in Ludwigshafen – wird im kommenden Jahr das Ziel der digitalen Agenda erreicht sein: Jedem Haushalt soll dann 50 Mbit zu Verfügung stehen.[144]

Die Bewahrung der Demokratie

Die freiheitlich demokratische Grundordnung der Bundesrepublik Deutschland existiert seit knapp 70 Jahren. Sie besitzt für Deutschland einen besonderen Stellenwert, da sie vor dem Hintergrund »traumatischer Erfahrung[en] mit antidemokratischen Massenbewegungen der Weimarer Republik«[145] und deren verheerenden Folgen entstanden ist.

Diese Erfahrung machte bewusst, dass die Herrschaftsform Demokratie kein Status quo, sondern eine dauerhafte Aufgabe ist. Daher sind auf Basis erwähnter Erfahrungen in der deutschen Verfassung eine Reihe rechtlichadministrativer Handhabungen integriert, die eine Aushebelung dieser Verfassung verhindern. Das ist *eine* Form, die Aufgabe der Integrität und Bewahrung des Systems zu erfüllen. Allerdings beeinflusst die gesamtgesellschaftlich transformierende Digitalisierung auch die Integrität der Grundordnung. Hier ist politische Nachhaltigkeit in Form aktiver Prävention erforderlich: »Wenn (…) künftige Generationen nicht schlechter gestellt [sein sollen] (…), ihre Bedürfnisse zu befriedigen, als gegenwärtig lebende (…)«,[146] dann gehört die intakte, freiheitlich demokratische Grundordnung ebenfalls dazu. Wie die Demokratie in Zeiten von Bots, Fake News[147] und Facebook beeinflusst wird und welche Rolle die Politik zur Abwehr von Gefahren einnimmt oder einnehmen müsste, wird im Folgenden beschrieben.

Ausgangslage

Die Logik und die Prozesse in der Warenwirtschaft haben sich durch die Digitalisierung stark verändert. Das hängt sehr eng mit der Existenz und Nutzung von Big Data[148] zusammen. Persönliche Profile auf Basis der vielen Daten, die User*innen tagtäglich durch Klicks, Likes, Bewegungsdaten oder Nutzung von Apps erzeugen, sind ein Schlüssel dafür, Werbung oder Produktempfehlungen stark auf Vorlieben und Neigungen zugeschnitten individuell personalisiert zu platzieren (Microtargeting). Aufgrund der Verhaltensspuren der Nutzer*innen ist eine große Menge an persönlichen Eigenschaften zu ermitteln, z. B. Standort, Geschlecht, Familienstand, Alter, Musikgeschmack oder politische Präferenzen. Was das bedeutet? Ein fiktives Beispiel könnte so aussehen: Ein/e User*in von Facebook tauscht sich mit Freund*innen über interessante Wanderziele für den nächsten Urlaub aus. Außerdem wird per Suchmaschine nach entsprechenden Stichworten gesucht, und einschlägige Seiten werden besucht. Werbeanzeigen, die dieser Person auf Facebook und Google gezeigt werden, dürften dann günstige Flugreisen von ihrem Standort aus sowie Wanderequipment wie Stiefel und Rucksäcke enthalten. Außerdem werden spezielle nachhaltige Urlaubsreisen angepriesen – denn die Person setzt gerne »Likes« unter Beiträge von Bündnis90/Die Grünen auf Facebook.

Die Nutzung von Big Data geht inzwischen aber auch deutlich über personalisierte Werbung hinaus. Aus den gesammelten Daten lassen sich auch heiklere Informationen wie die Kreditwürdigkeit[149] einer Person ableiten. Onlineshops experimentieren mit personalisierten Preisen auf demselben Weg: Zahlungsbereitschaft und Kaufverhalten einzelner Verbraucher*innen lassen sich aus Big Data zunehmend präzise vorhersagen. Das ermöglicht eine Abschätzung über eine maximal zu fordernde Preisgrenze.[150]

Algorithmisierung

Über die Personalisierung mittels der Daten eines/einer User*in passen auch Suchmaschinen wie Google die Vorschläge in den Suchergebnissen an. Diese orientieren sich an vergangenen Suchen, Cookies und Interessen der/des Suchenden. Dieselbe Logik verfolgt die Algorithmisierung der Feeds[151] sozialer Netzwerke wie Facebook, Instagram oder Twitter. Diese Dienste algorithmisieren ihre Feeds in Abhängigkeit von den Interessen und Suchen der User*innen.[152] Das bedeutet, dass der/die User*in in ihrem Feed die Beiträge der vergangenen 24 Stunden nicht genau in korrekter Reihenfolge sieht. Vielmehr enthält diese Liste einen persönlich zugeschnittenen Feed mit zusätzlichen Werbebotschaften, Nachrichtenmeldungen und Beiträge, die wahrscheinlich für den/die User*in interessant sind. Der Zweck dieser Strategie ist folgender: Mehr interessante Beiträge bedeutet längere Nutzung der Plattform. Und das ist für die Plattform wichtig, da diese sich über Werbung finanziert. Längere Nutzungszeit erlaubt mehr Werbeeinblendungen und höhere Werbeeinnahmen für die sozialen Netzwerke.

Problematische Folgen

Bis hierhin lässt sich das Thema noch als ökonomische Transaktion betrachten. Vielleicht ist dieses Verfahren sogar ein Vorteil aus Perspektive mancher Nutzer*innen – schließlich werden einem recht genau die Konsumchancen präsentiert, die den eigenen Interessen entsprechen. Aber daraus folgt auch, dass der/die User*innen von Social-Media-Plattformen oder Suchmaschinen keineswegs Kund*innen sind. Die Kund*innen der Plattformen sind vielmehr die Firmen, die ihre Werbung schalten. Die User*innen bezahlen hingegen eine »Nutzungsgebühr« in Form der Preisgabe ihrer Daten.[153] In gewisser Weise arbeiten die User*innen der sozialen Medien sogar *für* die sozialen Medien, indem sie die Dienste nutzen und ihre Inhalte verbreiten. Dadurch helfen sie Facebook und Co. zu existieren, weiter zu wachsen und zu monetarisieren.

Nochmals: Weil sich der/die Nutzer*innen von sozialen Medien mittels Preisgabe ihrer Interessen und anderer Daten recht schnell gut analysieren lassen, wird ihnen hauptsächlich das gezeigt, was sie interessiert. Das betrifft aber nicht nur Werbung, sondern auch Nachrichtenmeldungen und politische Inhalte. Dadurch werden politische Einstellungen verstärkt, weil die gezeigten Inhalte die Einstellung der User*innen bestätigen und nicht widerlegen.

Ein lebendiges Beispiel illustrierte das *Wall Street Journal* am 18.05.2017 nach der Wahl von Donald Trump zum Präsidenten der USA.[154] Die Zeitung stellte auf einer Website jeweils einen interaktiven Facebook-Feed von Trump-Wähler*innen und Clinton-Wähler*innen gegenüber. Dies sollte zeigen, wie stark die Positionen zwischen den zwei Lagern auseinanderklaffen, da die jeweilige Berichterstattung aufgrund der Algorithmisierung der Feeds extrem einseitig ist.

Echokammer

Durch die Algorithmisierung steigt die Anfälligkeit der Nutzer*innen für Fehlinformationen und gezielte Manipulationen. Aufgrund der eingeschränkten Auswahl von Nachrichten entsteht eine Art »Echokammer«, in der die Nutzer*innen nur noch ihre eigene Meinung wiederfinden. Viele Meldungen aus privater Quelle sind redaktionell nicht bearbeitet, sind verkürzt oder falsch dargestellt.[155] Sie dienen nur dazu, Meinungen zu verstärken. Und wie könnte es auch anders sein? Die Informationsmenge, die täglich auf uns einprasselt, hat sich allein zwischen Mitte der 1980er-Jahre und 2007 mehr als vervierfacht.[156] Darauf reagieren wir mit einer Verflachung der Informationsverarbeitung und einer Reduktion kritischer Hinterfragung.[157] All das öffnet der Verbreitung von Falschmeldungen Tür und Tor.

Gefahr für die Demokratie

Auf der einen Seite stehen damit Nutzer*innen, die riesige Mengen an verkürzten Informationen aufnehmen und verbreiten. Diese Meldungen sind durch die Algorithmisierung der sozialen Medien vorsortiert und bestätigen die bereits vorgefassten Einstellungen der Nutzenden. Auf der anderen Seite gibt es interessierte Parteien, die sich durch das Streuen von Falschmeldungen und den Einsatz von Social Bots[158] diese Schwachstellen zunutze machen und Fronten zwischen verschiedenen Meinungslagern verfestigen. Das kann zu einer starken Polarisierung innerhalb der Gesellschaft führen, wo separate Gruppen hinter verhärteten Fronten Konflikte schüren.[159] Das Internet, das ein Ort der Gemeinsamkeit und des Austauschs sein kann, wird so eher ein Ort von Ressentiments, Verleumdung und Streit, eine Gemeinschaft des Gegeneinanders statt eine Gemeinschaft des Miteinanders. Im Weiteren trägt das zu einer Fragmentierung der Gesellschaft bei. Demokratie lebt jedoch von Diversität, vom Interessenpluralismus und dessen freier Artikulation.[160] Das setzt einen gesellschaftlichen Diskurs voraus. Dem stehen Verhärtung und Intoleranz gegenüber anderen Meinungen jedoch entgegen. Und die sozialen Medien eignen sich durch oben beschriebene Faktoren in besonderer Weise dazu, subjektive Einstellungen zu verstärken und den Diskurs zu ersticken.

Aktuelle Beispiele für diese Prozesse sind einerseits der Präsidentschaftswahlkampf in den USA und die Volksabstimmung, die den Austritt Großbritanniens aus der EU (»Brexit«) entschied. In beiden Fällen neigte die Diskussionskultur in den sozialen Medien zu drastischer Vehemenz. Verleumdungen, Verschwörungstheorien sowie Fake News wurden von den verfeindeten Seiten des Spektrums instrumentalisiert, um Schmutz auf die jeweils gegnerische Seite zu werfen.

Wie stark Falschmeldungen, Manipulationen und Social Bots den Ausgang der amerikanischen Präsidentschaftswahl 2016 oder den »Brexit« beeinflusst haben, ist allerdings umstritten.[161]

Jedoch versucht die deutsche Bundesregierung, verschiedene Gesetze auf den Weg zu bringen, um das Problem von Hassreden, Social Bots und Fake

News zu bewältigen. Bereits im Nachklang zur amerikanischen Präsidentschaftswahl äußerte sich Bundeskanzlerin Angela Merkel besorgt über den Einfluss von Social Bots auf die Bundestagswahl.[162]

Vorgehen der Politik

Die Justizminister*innen von Hessen, Sachsen-Anhalt und Bayern fordern, User*innen sozialer Netzwerke zu bestrafen, wenn diese Bots einsetzen, die Fehlinformationen verbreiten.[163] Der damalige Bundesjustizminister Heiko Maas legte im März 2017 einen Gesetzesentwurf vor, der u. a. forderte, Meldesysteme in den sozialen Netzwerken zu installieren, um strafrechtlich relevante Inhalte umgehend melden zu können. Inhalte mit bspw. volksverhetzendem Charakter sollen 24 Stunden nach Eingang der Meldung gelöscht werden. Eine Frist von sieben Tagen bis zur Löschung soll für andere strafbare Inhalte gelten. Maas forderte außerdem, Bußgelder in Millionenhöhe zu verhängen, wenn die sozialen Netzwerke diesen Auflagen nicht nachkommen.[164] Inzwischen wurde das Gesetz »Netzwerkdurchsetzungsgesetz«[165] betitelt und ist in Kraft getreten.

Kritik

Solcherlei Vorgehen verkennt aber Zusammenhänge und logische Grundlagen einer zunehmend digitalisierten Gesellschaft. Bspw. könnte je nach Auslegung der Vorschlag der drei Justizminister*innen auch ganz normale User*innen bestrafen. Nicht den eigenen Klarnamen zu verwenden, sondern einen falschen Namen anzugeben, um die persönlichen Daten zu verschleiern, ist weit verbreitet. Besonders nach Skandalen wie dem Abgreifen von 87 Millionen User*innen-Daten von Facebook im Zuge der Präsidentschaftskandidatur von Donald Trump[166] ist das Thema Datenschutz wieder stark ins öffentliche Bewusstsein getreten. Postet eine Person ohne Klarnamen dann bspw. einen falschen Inhalt, ggf. ganz unbeabsichtigt, stünde das schon unter Strafe. Hinzu kommt, dass bislang keine empirischen Belege für die Effektivität von Social Bots existieren.[167]

Das Netzwerkdurchsetzungsgesetz ist ebenfalls fragwürdig. Das Vorgehen wirkt stumpf, im besten Fall als Symbolpolitik und ist den Gegebenheiten des digitalen Zeitalters nicht angemessen. Ein punktueller, unkoordinierter Eingriff in komplexe Zusammenhänge führt zu unabsehbaren Folgen. Denn die Verantwortlichkeiten sind alles andere als einfach aufzuschlüsseln. Die Plattformen selbst verantwortlich zu machen ist sachlich zu hinterfragen. Die Folgen aber sind besonders schwerwiegend: Die Plattformen werden angesichts der hohen Strafen eine breite und willkürliche Zensurpolitik durchsetzen. Jedoch sind soziale Medien inzwischen ein wichtiger Teil der politischen Beteiligung – auch fernab extremer Konflikte – und müssen als Chance, nicht als regulierungsbedürftiger Problemfall begriffen werden. Gleichzeitig ist die Privatisierung der Rechtsdurchsetzung mit der Verschiebung in die Verantwortlichkeit der Plattformen äußerst problematisch.

Die Chance für die Politik

Ein möglichst offenes und freies Internet bietet der Politik eine einmalige Chance, resonierende Themen aufzugreifen. Was die Wähler*innen wünschen, sprich: zivilgesellschaftliche Belange, liegt an keinem Ort so offen zutage wie in den sozialen Medien, und Teilnahme am politischen Prozess ist nirgends sonst so niedrigschwellig möglich. »Die Netzwerke sind eine immer präsente Einladung zur Beteiligung. (…) Mit der Erwartung an das Internet, dass jeder Schmetterling einen Sturm entfachen kann, ist Partizipation zum fast selbstverständlichen Anspruch und tiefen Bedürfnis geworden. Ein Politiksystem, das sich dieser Änderung langfristig verweigert, frustriert die Menschen. Ist das Politiksystem (…) eine Demokratie, die das Versprechen auf Beteiligung als genetischen Kern in sich trägt, dann steigt das Risiko einer schleichenden inneren Abkehr.«[168]

Umsetzung und Durchsetzung kollektiver Regeln und Entscheidungen müssen nach wie vor in einem hierarchischen System und auf politischer Ebene durchgeführt werden. Jedoch sind die Nutzung und ein empathisches Zugehen auf die kollektive Intelligenz in den Diskussionen des Internets heute eine

Notwendigkeit und Chance, um zivilgesellschaftliche Themen und Bedürfnisse verstehen und aufgreifen zu können. Zivilgesellschaft und politisches System müssen miteinander in Resonanz sein. Dafür muss es jedoch ein Umdenken vom »Wir und die anderen« hin zum »uns« geben. Ohne Begegnung auf Augenhöhe kann keine Resonanz entstehen.[169]

Darüber hinaus muss sich die Politik so breit wie möglich in den sozialen Netzwerken beteiligen. Gerade in politischen Konflikten und in verbissenen, verhärteten Diskussionen oder beim Streuen von Unwahrheiten und Verschwörungstheorien gibt es jeweils sehr lautstarke Minderheiten, die diese Themen positionieren.[170] Dazwischen existiert stets eine breite, »stille Menge«, die sich nicht oder kaum an der Diskussion beteiligt, aber mitliest. Die Gefahr besteht, dass hier weitere Befürworter*innen extremistischer Ansichten und falscher Fakten gewonnen werden. Diese »stille Menge« muss daher angesprochen und durch Beteiligung an diesen Diskussionen mit wissenschaftlichen Fakten und Relativierung informiert werden. Dafür braucht die Politik einen großen Stab an User*innen, die diese Aufgabe übernehmen. Das ist langwierig und aufwendig – wirkt aber besser und effektiver als stumpfe Gesetze, die zu Zensur und Abkehr der Wähler*innen führen. Denn die Digitalisierung, in diesem Fall die Nutzung der sozialen Medien, lässt sich nicht zurückdrehen. Die Politik muss die Regeln, die durch Nutzung und Kommunikation innerhalb der sozialen Medien entstanden sind, aufgreifen und als Chance betrachten – wie das Volk die Politik beobachtet, liegt nirgends so offen zutage wie hier. Der Erhalt der Demokratie als Nachhaltigkeitsaufgabe für die kommenden Generationen wird heute zu großen Teilen im World Wide Web betrieben.

Bildung

Einleitung

Digitalisierung – das sollte auf den vergangenen Seiten bereits klar geworden sein – ist ein Prozess, der viele, vielleicht alle gesellschaftlichen Ebenen beeinflusst. Das bedeutet, dass gesellschaftliche Systeme eine Anpassungsleistung zu vollbringen haben, um diese Veränderung entsprechend zu verarbeiten. Gleichzeitig muss auch eine Integrationsfunktion bewältigt werden: Jungen Menschen müssen Kenntnisse und Fertigkeiten vermittelt werden, um sie auf das eigenverantwortliche Leben in einer durch Digitalisierung veränderten Gesellschaft vorzubereiten. Kurz: Kinder und Jugendliche benötigen Bildung, um ein konstruktiver Teil der Gesellschaft zu werden. Sie werden später in verschiedenen Teilbereichen der Gesellschaft verantwortliche Aufgaben übernehmen und Entscheidungen treffen müssen. Zur Vorbereitung dieser späteren Aufgaben gehört basales Humankapital wie Lesen, Schreiben und Rechnen. Jedoch muss das, was Teil des zu vermittelnden Wissens ist, einer stetigen Anpassung an eine sich stetig verändernde Gesellschaft unterliegen. Daher gehört zum Bereich der Bildung inzwischen auch ein gewisser Kanon an Themen zu verschiedenen Teilbereichen der Digitalisierung.

Kohorten, die in den 1980er-Jahren geboren wurden, haben viele technische Entwicklungen noch miterlebt. Spätere Geburtsjahrgänge erleben hingegen einen Status, in dem Internet und mobile Kommunikation selbstverständlich sind. Jedoch endet die Entwicklung nicht an diesem Punkt. Der schwierige Akt besteht darin, junge Menschen auf eine Welt vorzubereiten, die noch nicht existiert, unter Einbeziehung von Technologien, die noch nicht erfunden wurden und die technische und ethische Herausforderungen mit sich bringen, deren wir uns noch nicht bewusst sind.[171]

Nochmals: »(…) künftige Generationen [dürfen] nicht schlechter gestellt [sein] (…), ihre Bedürfnisse zu befriedigen, als gegenwärtig lebende.«[172] In diesem Zusammenhang bedeutet das, dass Bildung junge Menschen u. a. auf eine Arbeitswelt vorbereiten muss, die in den kommenden Jahren z. B. einer starken Automatisierung ausgesetzt sein wird. Genauso müssen diesen Menschen der Umgang mit einer täglich immer mehr technisierten Welt sowie deren Chancen und Risiken vermittelt werden. Es geht darum, die inhärente Logik der Technologie zu verstehen und einen verantwortungsvollen Umgang mit ihr zu lernen.

Das umfassende Stichwort in diesem Zusammenhang ist Medienkompetenz. Dieser Begriff umfasst eine Vielzahl von Fähigkeiten, die notwendig sind, um im persönlichen Umgang mit der Digitalisierung Chancen zu nutzen und Risiken zu vermeiden.

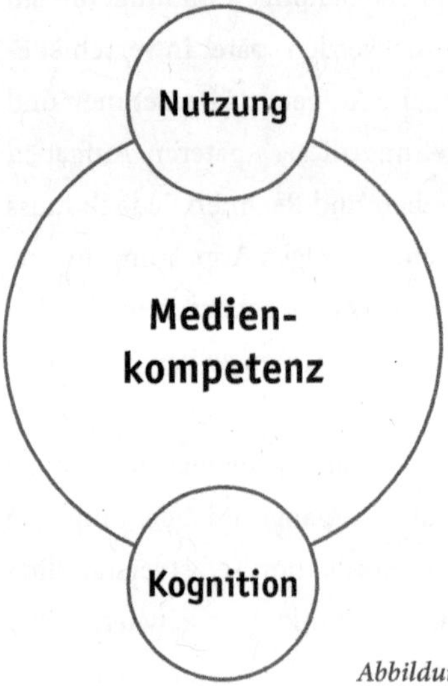

Abbildung 7: Elemente der Medienkompetenz

Medienkompetenz besteht aus zwei Anteilen. Auf kognitiver Ebene müssen Medieninhalte, aber auch die Bedingungen ihrer Produktion und Verbreitung verstanden und bewertet werden können. Dies verweist bspw. auf eine kritische Abschätzung der Vertrauenswürdigkeit und Glaubwürdigkeit von Inhalten. Dies ist auch grundlegend für das formelle und informelle Lernen mit digitalen Medien.

Auf der Nutzungsebene hingegen müssen Kinder und Jugendliche lernen, digitale Medien sinnvoll auszuwählen und zu nutzen.[173] Dazu gehören eine kreative Form und partizipative Nutzung digitaler Medien sowie eine Sensibilisierung für die Konsequenzen des eigenen Handelns (Datenschutz, Cybermobbing und die Vermeidung dessen …). Hinzu kommt, ein gezieltes und »gesundes« Maß Medien auch für emotionale Zwecke wie Ablenkung und Entspannung einzusetzen, ohne schädliche Nutzungsmuster zu entwickeln.[174] Und ganz basal gehört hier der Umgang mit den technischen Geräten dazu: Instandhaltung und Pflege, Installation von Software und deren Nutzung.

Studienlage

Die eben beschriebene Vermittlung findet aktuell in Deutschland nicht in ausreichender Form statt. Eine Vielzahl verschiedener Studien zu diesem Thema kommt zu einem eindeutigen Ergebnis: Deutschland schneidet im Bereich der Medienkompetenz der Schüler*innen im internationalen Vergleich unterdurchschnittlich ab. Einer der wichtigsten Faktoren dabei ist die mangelnde Selbstsicherheit der Lehrkräfte im IT-Bereich. Dadurch werden weniger digitale Medien im Unterricht eingesetzt. Die Folge: Obwohl die befragten Schüler*innen im digitalen Zeitalter aufwachsen und quasi allgegenwärtig von digitalen Medien umgeben sind, gibt es trotzdem im Bereich der Medienkompetenz klare Defizite. Einige Schüler*innen besitzen keine grundlegenden Kenntnisse in Standardsoftwareanwendungen wie Textverarbeitung oder Tabellenkalkulation. Und nur ein winziger Bruchteil hinterfragt Informationen aus dem Internet kritisch.[175]

Gerade im Vergleich zu anderen Bildungssystemen mit einem hohen technischen Durchdringungsgrad (Australien, Dänemark, Norwegen, Niederlande) schnitten die deutschen Schüler deutlich schlechter ab. Wichtig ist in diesem Zusammenhang, dass die schulische Nutzung digitaler Medien und die Unterstützung des Erwerbs computer- und informationsbezogener Kompetenzen in Deutschland noch längst nicht flächendeckend in der Lehrerweiterbildung verankert sind.[176] Daher kommen deutsche Schüler*innen innerhalb des Unterrichts kaum mit digitalen Medien in Berührung[177] und werden im selbstmotivierten Explorieren in diesem Bereich auch nicht fachkundig begleitet.[178] Digitale Medien stellen aber nur einen Baustein in den individuellen Lern- und Förderplänen sowie Unterrichtsprojekten dar, die Lehrer*innen für ihre Schüler entwickeln. Lehrer*innen müssen die Gelegenheit erhalten, entsprechende Kompetenzen durch Fortbildung und gemeinsame Unterrichtsentwicklung zu erwerben.[179] Aber offenbar hofft man darauf, dass sich die Zustände bessern, indem die nachrückenden Generationen an Lehrkräften automatisch einen höheren Kompetenzgrad an Medienkompetenz mitbringen.[180]

Zusammenfassend gibt es zwei grundlegende Probleme: Die Kompetenz der Lehrenden bzw. die mangelhafte Strukturierung der Vermittlung von IT-Kompetenz an die lehrenden Personen ist Problem Nummer eins. Und damit hängt auch das zweite Problem zusammen: In der Folge wird auch den Schüler*innen zu wenig Medienkompetenz vermittelt. Und dabei geht es nicht um theoretische Inhalte. Für Medienkompetenz bedarf es des empirischen Umgangs mit digitalen Medien. Aber mangelhafte Kompetenz zieht weniger Nutzung von IKT im Unterricht nach sich – ein Teufelskreis.

Offenbar fehlt hier eine klare und einheitliche Strukturierung von bildungspolitischer Seite. Bildung ist »Ländersache«, und die Konzepte der Bundesländer weisen deutliche Heterogenität auf. Die verschiedenen Länder verfolgen daher das Thema Medienkompetenz, Ausbildung der Lehrkräfte im digitalen Bereich und Infrastruktur auch mit unterschiedlichem Nachdruck.[181]

Bemühungen von politischer Seite

Bundeskanzlerin Angela Merkel sprach bei der Eröffnung der Elektronikmesse Cebit 2017 in Hannover von »(…) neue[n] Formen der Bildung, zum Beispiel in der Schule – Digitalisierung der Schulen, Zugriff auf Clouds, Ausstattung mit Computern und die Vermittlung der Fähigkeit zu programmieren als eine Grundfähigkeit neben Lesen, Schreiben, Rechnen«.[182] Und tatsächlich wird an diversen Konzepten gearbeitet. Ende April 2016 beschloss die Kultusministerkonferenz (KMK) in ihrem Strategiepapier »Bildung in der digitalen Welt« weitreichende Schritte. Darin finden sich u. a. sechs recht allgemein gehaltene Kernkompetenzen, die den Schüler*innen vermittelt werden sollen: Suche und Verarbeitung von Informationen, Kommunikation mittels digitaler Medien, Präsentation von Inhalten, Umgang mit Datenschutz, Umgang mit technischen Herausforderungen und Algorithmen sowie kritischer Medienkonsum. Darüber hinaus sollen die Aus- und Weiterbildung von Lehrkräften im Bereich digitaler Medien gestärkt sowie alle Schulen ans Breitbandnetz angeschlossen werden. Im Bereich der Geräteausstattung setzt die KMK auf die BYOD[183]-Strategie – die Schüler*innen sollen größtenteils auf ihren eigenen Smartphones arbeiten.[184]

Eine weitere Maßnahme zur Verbesserung der Lage deutscher Schulen, Schüler*innen und Lehrpersonen hinsichtlich Kompetenz und Einbindung von IKT folgte im Herbst 2016. Bildungsministerin Johanna Wanka stellte den »Digitalpakt#D« vor, der vorsieht, die rund 40.000 Schulen in Deutschland bis 2021 mit fünf Milliarden Euro für Computer und WLAN auszustatten.[185] Allerdings scheinen diese Überlegungen nicht schnell in die Tat umgesetzt zu werden. Johanna Wanka erklärte, ihr Vorschlag ziele auf die Koalitionsverhandlungen nach der nächsten Bundestagswahl im Herbst 2017.[186] Inzwischen hieß es im Februar 2018, es sollten immerhin 3,5 der veranschlagten fünf Milliarden Euro in der aktuellen Legislaturperiode investiert werden.[187] Konkrete Pläne wurden erneut nicht genannt.

Kritik

Zunächst stellt sich bzgl. des Digitalpakts die Finanzierungsfrage, die bislang nicht geklärt scheint. Auch sieht es so aus, dass hier wichtige Punkte nicht beachtet wurden, z. B. dass es nicht ausreicht, Geräte anzuschaffen. Sind die Lehrkräfte dann automatisch kompetent, die Peripherie zu nutzen und sinnvoll in die Lehre zu integrieren?[188] Wer kommt, aus welcher Quelle finanziert, für die Wartung und Instandhaltung auf?[189] Außerdem dürften angesichts der Geschwindigkeit technologischer Entwicklung die angeschafften Geräte sehr schnell wieder veraltet sein, sodass diese Initiative offenbar auch ohne Überlegungen zur ökologischen Nachhaltigkeit ergriffen wurde. Vielen deutschen Schulen wäre angesichts teilweise maroder Zustände auch vielmehr mit Unterstützung für die Gebäudesanierung anstatt für die Digitalisierung geholfen.[190] Im Strategiepapier der Kultusministerkonferenz steht erneut die Betonung des Lernens *mit* digitalen Medien im Vordergrund. Eine Gleichgewichtung des Lernens *über* digitale Medien[191] (der kognitiven Komponente der Medienkompetenz) fehlt dagegen. Auch geht es – die zuvor dargestellte Studienlage verrät es – nicht nur darum, Lehrkräften die Fertigkeiten bei der Verwendung digitaler Medien zu vermitteln. Vielmehr müssen diese Fertigkeiten mit professionellem Wissen darüber verbunden werden, in welchen didaktischen Situationen sich welche Vermittlungsformate anbieten und welche digitalen Medien besondere Vorzüge hinsichtlich dieser Vermittlungsformen haben.[192]

Übersehen wird im Strategiepapier auch die Notwendigkeit, das Fach Informatik als Basis für die gesamte technische Entwicklung, der hier begegnet werden soll, in den Unterricht einzubinden.[193] Eine Veränderung auf Ebene des Lehrplans, bspw. die Einführung von Informatik als bundesweites Pflichtfach, zieht das KMK-Strategiepapier nicht in Erwägung. Ganz im Gegenteil wird Informatik an manchen deutschen Schulen sogar wieder aus dem Lehrplan gestrichen.[194] Informatik als Schulfach würde jedoch dem dringenden Bedarf an Medienkompetenz junger Menschen entgegenkommen: die Logik der technischen Grundlagen der Digitalisierung zu verstehen und damit umgehen zu können. Damit wären viele Anforderungen an die Vermittlung von Medienkompetenz bereits abgedeckt. Ggf. ist eine Verankerung des Fachs Informatik auch fächerübergreifend in anderen Schulfächern notwendig.

Im Bereich der Fortbildung für Lehrkräfte bieten inzwischen einige Schulbuchverlage Fortbildungen an, die Konzepte für die Einbindung digitaler Medien wie der Whiteboards in den Unterricht unterschiedlicher Fächer vermitteln. Das geschieht auf Basis des Interesses einer Absatzförderung. Auch Google drängt seit einiger Zeit in den USA und inzwischen auch in Deutschland in den Bildungsbereich, bietet die Google-Laptops (›Chromebooks‹) zu stark vergünstigten Preisen an und berät Lehrkräfte in der Nutzung des Google-Ökosystems für den Unterricht.[195] So werden die Lücken in den Fortbildungsangeboten der Länder von wirtschaftlicher Seite auf Basis ökonomischer Interessen erfolgreich gefüllt.

Zusammenfassung

Viele Fragen bleiben offen. Klar ist, dass im Hinblick auf das Thema Nachhaltigkeit im Bereich der Bildung einerseits jungen Menschen eine Orientierung am aktuellen Istzustand vermitteln muss: Wie funktioniert IKT? Wie gehe ich mit IKT kritisch und ethisch um? Gleichzeitig werden Lehrkräfte mit technischer Kompetenz benötigt, die zugleich differenzieren können, welche digitalen Medien sich für welche Unterrichtsinhalte eignen. Es geht um Lernen über IKT und mit IKT. Die politischen Initiativen entsprechen bislang nicht den Nachhaltigkeitsanforderungen. Das KMK-Strategiepapier entbehrt einer Strategie, die sich an den Anforderungen des Schulalltags und einer Vorbereitung für eine veränderte Arbeitswelt orientiert. Das Papier der KMK und auch Vorstöße wie der Digitalpakt wirken hilflos. Vorschnelle Initiativen mit Gießkannenfinanzierung und ziellosen Strategiepapieren werden die Leistung der Schüler*innen in Deutschland auf Ebene der Medienkompetenz aus dem unteren Mittelfeld nicht herauskatapultieren.

Für die Politik zeigt sich hier ein grundsätzliches Dilemma: Das politische System muss sich legitimieren und ist daher auf Wählerstimmen angewiesen. Damit konzentriert man sich häufig auf Sichtbares wie die Anschaffung von IKT und die Ankündigung großer Vorhaben. Weniger sichtbare, aber viel notwendigere Schritte sind hingegen die Ausbildung von Lehrkräften oder eine strategisch durchdachte, ganzheitliche Vermittlung von Medienkompetenz an Schüler*innen. Denkt man einige Jahre weiter, werden sich große Probleme durch die jetzt bereits bestehenden Bildungslücken bei jungen Menschen ergeben. Es muss verhindert werden, dass digitale Analphabet*innen an den neuen Optionen nicht partizipieren können und ihre Chancen auf Teilhabe an Bildung, Ausbildung und Erwerbsarbeit immer geringer werden.

GESELLSCHAFT

Nachhaltigkeitsdefizite auf gesellschaftlicher Ebene

Um verschiedene Gesichtspunkte der Nachhaltigkeit auf gesellschaftlicher Ebene wird es im Folgenden gehen. Dabei werden unterschiedliche Wirkungsrichtungen betrachtet: unnachhaltige Auswirkungen der Digitalisierung auf die Gesellschaft, Einwirkung der Digitalisierung auf Mechanismen innerhalb der Gesellschaft und unnachhaltiges Handeln der Gesellschaft durch Möglichkeiten, die die Digitalisierung mit sich bringt. Ersteres bezieht sich auf die Auswirkungen des Rohstoffabbaus. Zuvor wurde bereits beleuchtet, welche verheerenden Auswirkungen der Rohstoffabbau auf ökologischer Ebene hat. Auf sozialer Ebene sind die Folgen jedoch nicht minder schlimm. Danach wird das Thema psychologischer Obsoleszenz als Gegenstück zur geplanten Obsoleszenz betrachtet. Während die geplante Obsoleszenz vonseiten der Hersteller (elektronischer) Produkte ausgeht, ist die psychologische Obsoleszenz ein gesellschaftliches und – wie der Name sagt – psychologisches Thema, das ebenfalls Nachhaltigkeitsdefizite u.a. durch hochfrequente Neuanschaffungen von IKT erzeugt. Zuletzt geht es um das Thema E-Commerce. Auch dieser ist erst durch Digitalisierung möglich und lädt zu unnachhaltigem Verhalten durch niedrigschwellige Konsumangebote ein.

Soziale Problemlagen durch Rohstoffabbau

Die Produktion von Smartphones setzt den Abbau von vier seltenen sog. Konfliktmineralien voraus: Tantal, Zinn, Wolfram und Gold. Die Demokratische Republik Kongo (DRK) exportiert alle vier Werkstoffe. Konfliktbehaftet sind diese Mineralien, da der Abbau vor Ort Rebellentruppen finanziert: Bewaffnete Gruppen, die im Konflikt miteinander stehen, haben den Bergbau und/oder Teile des Handels mit den Mineralien an sich gerissen und finanzieren mit dem Gewinn von mehreren hundert Millionen US-Dollar pro Jahr Waffen zur Sicherung ihrer Macht und destabilisieren so die Region.[196] Der Einfluss der bewaffneten Gruppen auf den Rohstoffhandel und -abbau ist vielschichtig und variiert von Gruppe zu Gruppe: gewaltsame Übernahme von Lagern und Minen, Kontrolle der Handelsbeziehungen, Zwangsarbeit, Erpressung von Schutzgeldern, Monopolisierung des Exports.[197] Diese schwierigen Zustände in der DRK erzeugen außerdem Problemlagen auf anderen Ebenen: Die Zahl der registrierten Flüchtlinge aus der DRK beläuft sich aktuell auf eine knappe Dreiviertelmillion Menschen.[198]

Die Rebellentruppen, die größtenteils aus den umliegenden Staaten Burundi, Ruanda, Uganda und Simbabwe stammen, begannen bereits in den 1970er-Jahren, Diamanten, Gold und Hölzer aus dem Land zu schmuggeln. Später kam auch das Erz Coltan dazu, aus dem Tantal gewonnen wird.[199] Der Abbau von Coltan erzeugte in den Jahren 2000 und 2001 sogar eine Art Goldgräberstimmung, da die Preise für das Erz stiegen. Für viele Menschen war die Arbeit in den Mienen daher attraktiver als die Landwirtschaft; dies hatte positive Auswirkungen auf die Beschäftigung in der DRK. Dieser Boom flaute aber schon bald wieder ab, um in den späten 2000er-Jahren wieder einzusetzen. Die DRK war damals der zweitgrößte Produzent von Coltan nach Brasilien. Um das Jahr 2009 brach der Absatz erneut ein, da es u. a. vonseiten der EU eine Initiative gab, den Handel mit Mineralien aus dem Kongo zu stoppen, um die Rebellentruppen nicht zusätzlich zu unterstützen.[200] Die DRK ist seitdem auf Importe von Lebensmitteln angewiesen, obwohl das Land genügend Agrarfelder besitzt, um sich selbst zu versorgen. Aber viele der Agrarflächen liegen brach, weil sich in den Minen mehr Geld verdienen lässt.

Der Coltanabbau erzeugt auch gesundheitliche Probleme für Frauen und Kinder, die in den Minen arbeiten. Wegen des vergleichsweise großen Gewinns arbeiten zunehmend Frauen in den Abbaugebieten und verrichten gefährliche

Arbeiten wie das Zertrümmern von tantalhaltigem Gestein. Teile des Gesteins steigen in die Luft und gelangen so in die Atemwege der Frauen und ihrer Säuglinge, die sie auf dem Rücken tragen. In der Folge zeigen diese Kinder ähnliche gesundheitliche Probleme wie deren Mütter. Zudem ist Kinderarbeit in der DRK weit verbreitet, und unter dem Zwang mancher Rebellengruppen werden diese Kinder auch Soldaten.[201] Die bewaffneten Gruppen begehen dabei zahlreiche Menschenrechtsverletzungen wie Vergewaltigung, Folter und Mord. Insgesamt ist sexualisierte Gewalt ein großes Problem in diesem Land. Im Umfeld der Bergbauanlagen wurden Zwangsprostitution und Kinderprostitution beobachtet. Diese Verhältnisse tragen auch zur Verbreitung von HIV und Aids bei.[202]

Inzwischen gibt es einige Bemühungen, die Konfliktmineralien aus anderen Quellen zu beziehen. Nordamerikanische Firmen haben seit 2010 Dokumentations- und Publizitätsverpflichtungen für den Bezug von Konfliktmineralien aus der DRK oder angrenzenden Ländern.[203] Zudem gibt es europäische und nordamerikanische Initiativen, die Zertifikate für konfliktfreie Schmelzer vergeben. All diese Bemühungen haben den Gewinn der Rebellengruppen seit 2010 um ca. 65 % reduziert; dies übt Druck auf Firmen wie Apple aus. Apple engagiert sich inzwischen finanziell in Initiativen, die konfliktfreie Rohstoffe organisieren.[204] Hier ist der Blick der Öffentlichkeit ein wichtiger Treiber. Trotzdem gibt es Berichte bspw. aus Indonesien, wo Kinder aus ungesicherten Schlammlöchern Zinnerz gewinnen[205] – ebenfalls für Apple.

Psychologische Obsoleszenz und die gefühlte Wichtigkeit des Smartphones

Bei den Überlegungen rund um die geplante Obsoleszenz darf nicht übersehen werden, dass die Strategien der Hersteller auf eine entsprechende Reaktion vonseiten des Markts angewiesen sind. Dem Angebot muss eine Nachfrage entsprechen. Und das Zusammenspiel zwischen Angebot und Nachfrage entsteht durch ein noch wesentlich mächtigeres Werkzeug als die »Frühverrentung« von Geräten auf technischer Ebene. Der Angriffspunkt ist die psychologische

Ebene der Käufer*innen. Während sich die geplante Obsoleszenz vonseiten der Hersteller eher im Verborgenen hält, wird das Gegenstück, die psychologische Obsoleszenz,[206] offen anvisiert.

Psychologische Obsoleszenz ist das Veralten eines Produkts im Bewusstsein der Käufer*innen. Das geschieht, indem Hersteller Maßnahmen ergreifen, z. B. Werbung für ein neues Modell, und in der Folge veraltet das physisch noch funktionstüchtige Produkt im Bewusstsein der Konsument*innen.[207] Mit anderen Worten: »Es wird (...) versucht, den Konsumenten über das Design (...) dazu zu bringen, freiwillig das Neue besitzen zu wollen, weil er selbst das bisherige Produkt als veraltet empfindet. Strategie ist es, den Kunden ohne technischen Grund zum freiwilligen Ersatz zu animieren.«[208]

Im vorigen Abschnitt wurde beschrieben, dass eine Ebene der geplanten Obsoleszenz mit den Materialeigenschaften zusammenhängt. Diese haben auch starken Bezug zur psychologischen Obsoleszenz bei den Käufer*innen. Die Fragilität der Smartphones selbst und ihr kurzlebiges Produktdesign führen dazu, dass die Geräte auf ästhetischer Ebene schnell abgenutzt wirken. Aktuelle Smartphones sind nicht dafür geschaffen, noch nach Jahren frisch und innovativ zu wirken. Dieser Umstand ist auch Basis für die oben angesprochene Marketingstrategie, die den Kauf eines Neugeräts nahelegt. Werbemittel für Smartphones sind vergleichbar mit Werbemitteln für Mode und Kosmetik. Nicht nur, dass auch diese Produkte eng mit Lifestyle, Lebenswelt und Lebensgefühl zusammenhängen – ihre Aktualität ist von vergleichbar kurzer Dauer. Sehr ähnlich ist auch, dass die Werbemittel für Mode und Kosmetik extremer Bildbearbeitung unterzogen werden, um den Anschein des »Überirdischen«, Perfekten hervorzurufen. Werbemittel für Smartphones arbeiten in ähnlicher Weise: Nie wird das Foto eines »echten« Geräts gezeigt, sondern stets ein steriles, perfektes, computergeneriertes Rendering.[209] Das beworbene neue Produkt wirkt damit automatisch reiner, erhabener, transzendenter, schöner und besonders besitzenswert. Die Wirkung dieser »erhabenen« Darstellung überträgt sich auf das Produkt.[210] Das Gerät wird als ebenso rein und perfekt empfunden wie seine Darstellung. Natürlich wirkt dann ein anderes, vielleicht auch nur geringfügig älteres Gerät deutlich weniger attraktiv. Die psychologische Obsoleszenz greift, und auf diese Weise ist auch ein Smartphone, das gerade erst aus der Packung genommen wurde, sofort im Begriff zu veralten.

Das erweiterte Selbst

Damit erklärt sich aber noch nicht, warum gerade im Bereich der Smartphones der Zusammenhang zwischen geplanter und psychologischer Obsoleszenz so eng ist und der Markt einer solch extremen Dynamik und Schnelllebigkeit unterliegt – warum geschieht das z. B. nicht bei Flachbildfernsehern oder Computern? Diese Geräte haben eine deutlich längere Erstnutzungsphase als Smartphones und sind in ähnlichen Preissegmenten zu finden.

Wichtig ist der emotionale Bezug, der bei Smartphones ganz besonderen Stellenwert besitzt. Die Antwort liegt darin, dass Besitztümer die Möglichkeit bieten, das Konstrukt unseres Selbst aufrechtzuerhalten. Besitztümer machen uns für uns selbst und für andere sichtbar, erlebbar und fühlbar. Besitztümer sind die Erweiterung unseres Selbst.[211] Weiter gedacht, bedeutet das: Besitztümer sind in letzter Konsequenz ein erweitertes Selbst: Geht es den Besitztümern »gut«, geht es den Besitzer*innen ebenfalls gut und umgekehrt.[212] Und das Smartphone ist ein erweitertes Selbst in mehrfacher Hinsicht: Einerseits ist es ein weiterer materieller Besitz. Andererseits ist das Smartphone auch eine Schnittstelle zu einem immateriellen Besitz, es ist ein Teil von uns: Es enthält die Musik, die wir lieben, die Bilder unserer Erlebnisse, die Videos der letzten Feier. Es ist die Schnittstelle zu unserer sozialen Umwelt, die uns in ständigem Kontakt mit Freunden, Verwandten oder vollkommen Fremden hält. Das Smartphone ist ein externalisiertes Selbst.

Geltungskonsum, Distinktion, Statuswirkung

Zum materiellen Faktor kommt zusätzlich die Ebene des Statussymbols hinzu. Ein schimmerndes, neues Smartphone im Preissegment ab 700 Euro aufwärts ist ohne Frage ein Signal nach außen und eignet sich hervorragend für die soziale Disziplin des »Geltungskonsums«. Dieser Begriff steht in der Soziologie für eine demonstrative aufwendige Form des gebrauchenden und verbrauchenden Verhaltens von Gütern. Dieses Verhalten dient der Zurschaustellung gegenüber anderen Menschen und stellt den finanziellen Status dar. Produkte, die sich zum Geltungskonsum eignen, müssen daher einem Gegenüber ihre Hochwertigkeit und Überflüssigkeit demonstrieren können. Das Ziel ist soziale Abgrenzung.[213] Damit hat der Geltungskonsum nicht nur eine Außenseite, sondern ist auch für den Konsumenten selbst bedeutend: Die bloße Funktion und der monetäre Wert sind natürlich wichtig. Viel wichtiger aber ist die Fähigkeit, durch Produkte kulturelle Inhalte zu transportieren und zu kommunizieren.[214] In anderen Worten: Produkte »bringen zum Ausdruck, wer man sein und als was man gelten möchte«.[215] Daher werden beim Kauf nicht nur die technische Funktion, sondern auch eine »Identitäts- und Symbolfunktion«[216] erworben. Damit dient der Geltungskonsum auch der Selbstwerterhöhung. Und hierzu eignet sich das Smartphone ganz hervorragend: allgegenwärtiges Anfertigen von Selfies, das Smartphone beim Kaffeetrinken sichtbar und in Reichweite platziert, Straßen voller Menschen mit gesenktem Haupt, den Blick stets auf den Bildschirm gerichtet …

Die Digitalisierung hat eine wichtige Veränderung mit sich gebracht. Viele persönliche Dinge, die uns wichtig sind, sind inzwischen dematerialisiert. Sie sind irgendwo auf Speichermedien hinterlegt, deren Standort wir nicht kennen. Lediglich die ständige Verfügbarkeit, der stetige Zugriff darauf, ist inzwischen wichtig:[217] Kontakte, Bilder, Musik, Videos … und zu all dem ist das Smartphone der Schlüssel. Auch die direkte Interaktion ist ein wichtiger Faktor: dieser spezielle Umgang, das Wischen, Blättern, Schieben auf dem Touchscreen, das Apple 2007 mit dem ersten iPhone etablierte. Dieses Berühren von Unberührbarem lässt den/die Anwender*in glauben, nicht mit einer Oberfläche aus Glas, sondern mit der Welt außerhalb auf beinahe magische Weise direkt zu interagieren.[218] Virtuelle Assistenten, künstliche Intelligenzen, die unser Verhalten beobachten und antizipieren (sollen), wie Siri, Google Assistant, Alexa oder Cortana tun ein Übriges, damit das Smartphone für uns viel mehr ist als ein technisches Spielzeug. Eine kurze Zusammenfassung:

Für die Käufer*innen erfüllt das Smartphone viele sozialen Funktionen. Es

- ist ein materieller Besitz zur Erweiterung des Selbst. Geht es unserem Besitz gut, geht es uns gut.
- erweitert unser Selbst auf immaterieller Ebene und ist ein externalisiertes Selbst.
- ist ein Statussymbol.
- ist eine Möglichkeit, sich sozial abzugrenzen mittels Geltungskonsum.
- altert durch psychologische Obsoleszenz.
- altert durch die kurze Zeitspanne der Aktualität der äußeren Gestaltung.
- altert durch die tägliche Abnutzung der fragilen Materialien.
- ist der Zugang zu den inzwischen dematerialisierten Dingen, die uns wichtig sind.
- ist selbst eine Entität und besitzt ein scheinbares Eigenleben.

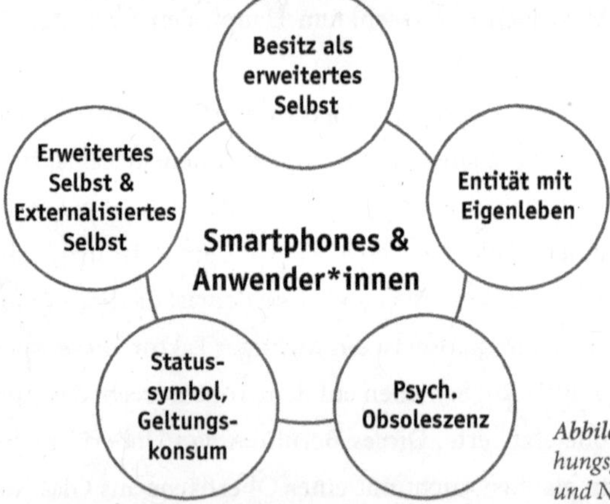

*Abbildung 8: Das komplexe Beziehungsgeflecht zwischen Smartphone und Nutzer*in*

Aus diesen Gründen ist die Nachfrage nach Smartphones so hoch und die Erstnutzungsphase so kurz. Das Smartphone ist eine materielle Hülle, die als unser erweitertes Selbst stets neu und attraktiv sein soll. Das erzeugt ein Wohlgefühl.

Denn mit welchem anderen Besitz sind Nutzer*innen häufiger in Kontakt und sehen hundertmal täglich jede Schramme und jeden Kratzer? Und schließlich fühlt es sich an wie ein Teil der Nutzer*innen selbst. Andererseits ist es ein Schlüssel, eine Nabelschnur zu den dematerialisierten Kostbarkeiten, die nahtlos von Gerät zu Gerät transportierbar sind: Bilder, Videos, Musik, Kontakte, Nachrichten sind stets nur einen Benutzernamen und ein Passwort weit entfernt – unabhängig von der Hülle.

Konsumchancen, E-Commerce und Güterverkehr

Der bequeme Einkauf von zu Hause aus oder mobil per Smartphone wirkt sich auf den Güterverkehr aus wie kein anderer Trend in den vergangenen Jahren. Digitalisierung hat hier auf verschiedenen Ebenen einen klaren Einfluss: einerseits durch die Erhöhung des Logistikaufkommens, andererseits wird auch die Logistikbranche selbst durch die technischen Möglichkeiten der Digitalisierung revolutioniert.

Inzwischen werden aktuell innerhalb der EU ca. 800 Milliarden Euro pro Jahr für Logistik ausgegeben.[219] Der ungebrochene Trend des E-Commerce und die zunehmende Nutzung von Plattformen wie Amazon auch für tägliche Besorgungen wie Lebensmittel verstärken den lokalen und globalen Warenstrom.[220] Neben dem Gesundheitswesen und der Automobilindustrie ist die Logistik inzwischen zur drittstärksten Branche in Deutschland herangewachsen. Die Digitalisierung hat die Anforderungen an den Wirtschaftsverkehr extrem verändert. Steigende Produktvielfalt und dadurch sinkende Versandgrößen, zeitkritische Anlieferungen, sinkende Produktlebenszeit und dadurch eine steigende Bestellfrequenz lassen die Transportnachfrage massiv steigen. Im Jahr 2014 ist der Straßengüterverkehr in Deutschland auf 465,7 Mrd. Tonnenkilometer gewachsen und wird nach Prognose des Bundesverkehrsministeriums bis 2030 noch um weitere 30 % zulegen.[221] Dieses Wachstum der Branche zieht Probleme nach sich, denn es erzeugt keine Innovationsleistung auf struktureller oder systemischer Ebene. Es entstehen einfach mehr Verkehr und

Belastung auf denselben Ebenen: die einseitige Ausrichtung auf den Verkehrsträger Straße, ein Aktionsgebiet meist in sensiblen Innenstadtbereichen[222] und der Einsatz von großen Fahrzeugen. Aktuell fallen auf den LKW 73 Prozent der Verkehrsleistung des Güterverkehrs,[223] und diese Fahrzeugart erzeugt 1/3 des städtischen Verkehrsaufkommens. Das geht mit deutlichen Folgen für Mensch und Umwelt einher: Emissionen in Form von Abgasen, Lärm und Erschütterungen, hoher Flächenbedarf sowie die Behinderung anderer Verkehrsteilnehmer und -träger. Ab einem LKW-Anteil von 10 % wird die Lärmemission einer Straße nur durch diese Fahrzeugart bestimmt. Außerdem erzeugt ein einzelner LKW eine Fahrbahnabnutzung wie ca. 60.000 PKW.[224]

Wie eingangs beschrieben, erzeugt die Digitalisierung einerseits die hohe Logistiknachfrage durch den E-Commerce, andererseits unterstützt sie die Logistikbranche in Form effizienzsteigernder Maßnahmen,[225] z. B. im Bereich des Ortungs- und Flottenmanagements.[226] Trotzdem zeigen Studien, dass die zeit- und kostensparenden Maßnahmen via Informations- und Kommunikationstechnologie im Transportsektor durch eine erhöhte Nachfrage kompensiert werden[227] – erneut handelt es sich um einen Reboundeffekt.

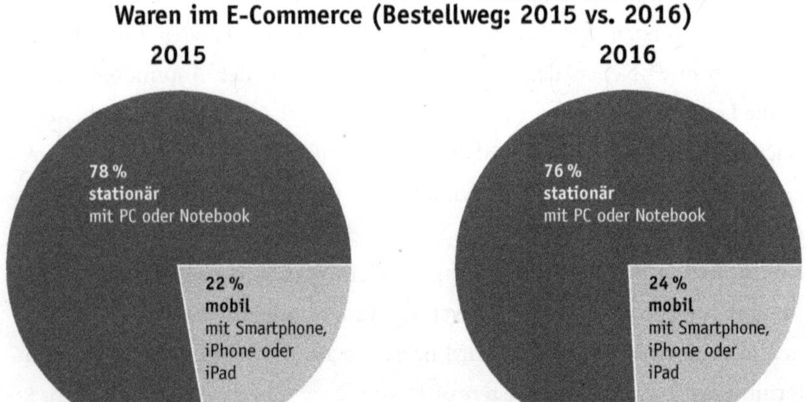

Abbildung 9: Wachsende E-Commercenutzung per mobilen Endgeräten. Onlineshopping wird vermehrt mit mobilen Endgeräten durchgeführt. Quelle: bevh.org

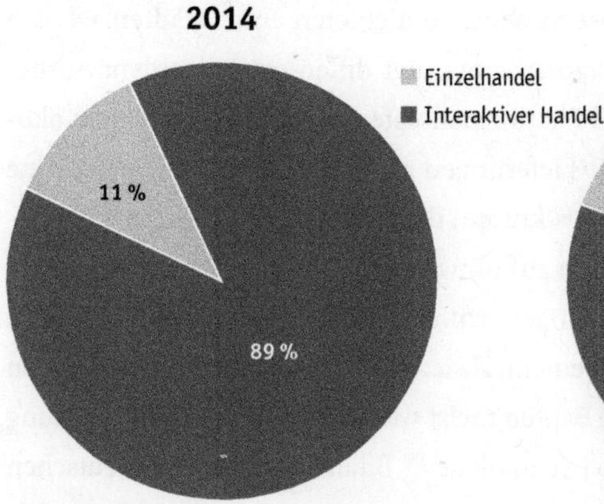

Abbildung 10: Verhältnis Einzelhandel zu E-Commerce in Deutschland 2014
Quelle: bevh.org

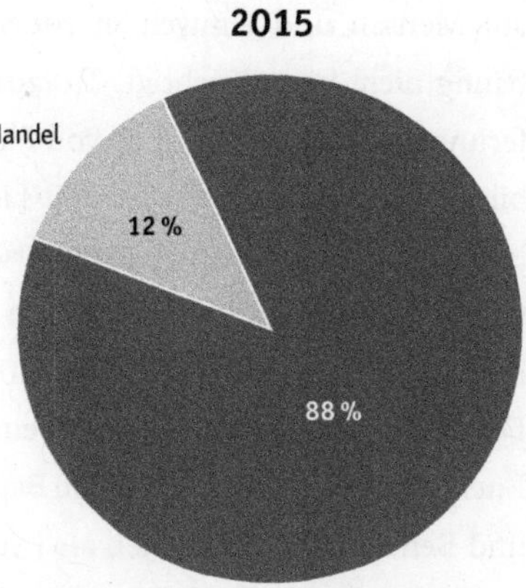

Abbildung 11: Verhältnis Einzelhandel zu E-Commerce in Deutschland 2015
Quelle: bevh.org

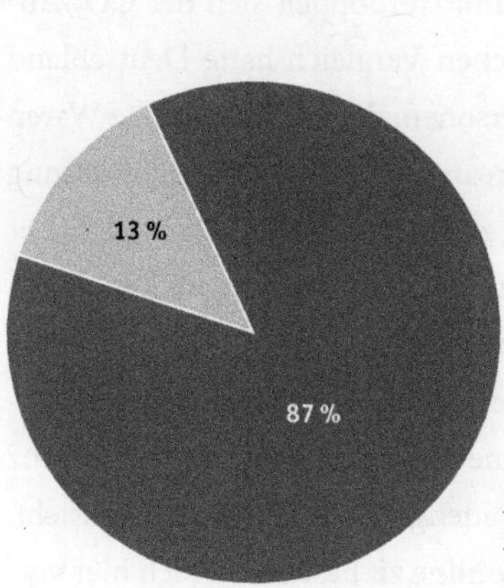

Abbildung 12: Verhältnis Einzelhandel zu E-Commerce in Deutschland 2016
Quelle: bevh.org

Ähnlich anderen Konsumchancen wie etwa dem Streaming erzeugt die Digitalisierung beim E-Commerce durch den niedrigschwelligen Zugang und Kundenbindungsstrategien in Form kostenloser Schnelllieferungen o.Ä. ein sehr unnachhaltiges Verhalten bei den Konsument*innen. Der zusätzliche Energieaufwand durch kleine Liefermengen, die steigenden Emissionen, Auswirkung auf Mensch und Umwelt in zunehmend verdichteten Innenstädten werden häufig nicht berücksichtigt. Trotzdem muss hier differenziert werden: Auslieferungen aus großen Lagern von Plattformanbietern wie Amazon müssen ökobilanziell verglichen werden mit Lieferungen an kleine, verteilte Supermärkte und Ladenlokale. Auslieferungsstrukturen, die sich weg von fossilen Energieträgern entwickeln und stattdessen auf umweltfreundlichere Strategien setzen, könnten hier längerfristig nachhaltiger sein. Aktuell zeigen Studien Folgendes: Die kompakte Lagerhaltung in einem Zwischenlager weist Vorteile für den Energieverbrauch auf, da solche Bauten meist weniger Energie für Beleuchtung und Beheizung verbrauchen als Ladenlokale.[228] Bilanzierungen der Deutschen Post geben an, dass ein Paket vom Zwischenlager bis zur Haustür ca. 500 g CO_2 erzeugt. Eine private PKW-Fahrt von nur vier Kilometern erzeugt ungefähr dieselbe Menge. Aber: Jede 10. Sendung geht wieder zum Händler zurück – im Modebereich sogar jedes zweite Paket.[229] Damit verdoppelt sich der CO_2-Abdruck einer Retourensendung. Im europäischen Vergleich hatte Deutschland im Jahr 2016 sogar den größten Anteil an Personen, die online bestellte Waren retourniert haben.[230] Die Ähnlichkeit zum Streaming bleibt: Die Digitalisierung ermöglicht einen niedrigschwelligen Zugang zu einer großen Menge möglicher Konsumchancen. Nachhaltig kann die Digitalisierung hier nur wirken, wenn sich der mögliche Konsum nicht erhöht, nur weil es so einfach geht. Vor der Bestellung sollte darüber nachgedacht werden, ob man sich das bestellte Produkt auch in einem Laden kaufen würde. Eine besonders schlechte Ökobilanz entsteht auch, wenn man sich zunächst im Ladengeschäft ein Produkt ansieht, um es hinterher für ein paar Euro günstiger online zu bestellen. Auch hier verdoppelt sich der CO_2-Abdruck ungefähr, da das gleiche Produkt an zwei verschiedene Standorte geliefert wurde.

Endnoten

1 Vgl. Hilty 2008: 36.

2 Vgl. gtai.de.

3 Vgl. umweltbundesamt.de/daten/energiebereitstellung-verbrauch/.

4 Vgl. Le Quéré et. al 2012.

5 Dolata 2011a: 128.

6 Vgl. cisco.com/c/en/us/solutions/collateral/service-provider/.

7 Vgl. O. V. 2010; www.theguardian.com/environment/.

8 Vgl. Meeker 2016: 5.

9 Vgl. cisco.com/c/dam/assets/sol/service-provider/.

10 Vgl. Stobbe/Proske/Zedel et al. 2015: 64.

11 Vgl. lowtechmagazine.com.

12 Vgl. Lohmann/Hilty/Behrendt et al. 2015: 23.

13 Vgl. cisco.com ebd.

14 Vgl. gfk-entertainment.com.

15 Vgl. pitchfork.com.

16 Vgl. de.statista.com/outlook/.

17 Vgl. McCormick 2017.

18 Vgl. Lohmann/Hilty/Behrendt et al. 2015: 23.

19 Auch »Komaglotzen«, »Serien-Marathon« …

20 »Binge Eating Disorder« ist eine Essstörung, in der in wiederholten Episoden signifikant größere Mengen Nahrungsmittel in einem bestimmten Zeitrahmen konsumiert werden, als das die meisten Menschen in vergleichbarem Kontext tun würden. Während dieser Episoden besteht bei den Betroffenen das Gefühl von Kontrollverlust. Häufig einhergehend sind Schuldgefühle und Selbstekel, weswegen die Handlung alleine vollzogen wird. Diese Störung ist meist eine Reaktion auf Belastung und zeigt sich durchschnittlich einmal pro Woche über zumindest drei Monate. Vgl. dsm5.org.

21 Vgl. oeko.de.

22 Vgl. Finley 2015.

23 Vgl. Clauß 2011.

24 Vgl. Cook/Pomerantz/Rohrbach et al. 2015.

25 Vgl. Fedewa 2016.

26 Vgl. googleblog.blogspot.de.

27 Vgl. de.statista.com/statistik/.

28 Vgl. gartner.com.

29 Vgl. Meeker 2016: 10.

30 Vgl. cisco.com/c/en/us/solutions/collateral/service-provider/.

31 Vgl. Lohmann/Hilty/Behrendt et al. 2015: 23.
32 Vgl. Koebler 2015.
33 Vgl. Margolin 2016.
34 Vgl. Streitmayer 2011.
35 Vgl. UNCTAD 2014.
36 Vgl. Dennehy 2013.
37 Vgl. Wübbeke 2012 und Martin-Jung 2015.
38 Vgl. Woyke 2014: 119.
39 Ausführlicher im Kapitel »Soziale Problemlagen durch Rohstoffabbau«.
40 Vgl. McNeely 2003.
41 Vgl. Koesch/Magdanz/Stadler 2008.
42 Vgl. Sepulveda/Schluep/Hagelüken et al. 2010.
43 Vgl. unu.edu.
44 Vgl. greenpeace.org/international/en/campaigns/detox/.
45 Vgl. Woyke 2014: 163.
46 Vgl. greenpeace.org/international/en/campaigns/detox/.
47 Vgl. Kuper/Hojsik 2008.
48 Vgl. Kuper/Hojsik 2008.
49 Vgl. Woyke 2014: 167.
50 Vgl. Shibata 2015.
51 Vgl. Kuper/Hojsik 2008.
52 Vgl. Sepulveda/Schluep/Hagelüken et al. 2010.
53 Vgl. scientificamerican.com.
54 Vgl. Wiens 2016.
55 Vgl. Singleton 2016.
56 Vgl. Koebler 2016a.
57 33,3 Millionen Stück, um genau zu sein. Die zwei Roboter können allerdings innerhalb von 365 Tagen mit 24 Arbeitsstunden pro Tag lediglich 2,4 Millionen iPhones zerlegen.
58 Vgl. Koebler 2017.
59 Vgl. Mersmann/Braun 2013.
60 Vgl. Koebler 2017.
61 Vgl. Koebler 2017a.
62 Platz zwei und drei nehmen Google und Microsoft ein. Vgl. forbes.com.
63 Vgl. Luchtmann 2016.
64 Vgl. Woyke 2014: 115 f.
65 Vgl. Woyke 2014: 128.
66 Vgl. Luchtmann 2016.

67 Vgl. O. V. 2014a.
68 Vgl. O. V. 2015a.
69 Vgl. Woyke 2014: 135.
70 Vgl. DIN EN 62402:2008-1.
71 Vgl. Bulow 1986.
72 Vgl. ders. ebd.
73 Vgl. Rampell 2013.
74 Prentiss 1958.
75 Vgl. King 2016.
76 Vgl. Gombert 2016.
77 Vgl. Patel 2017. Vgl.Apple 2017.
78 Vgl. Villas-Boas 201.
79 Vgl. Koebler 2016b.
80 Vgl. nysenate.gov.
81 Vgl. Koebler 2017b.
82 Auch: Share Economy, Sharing Economy.
83 Vgl. Von Gagern 2015.
84 Vgl. Münchner Kreis e. V. 2014: 42 ff.
85 Vgl. Wolter/Mönning/Hummel et al. 2016.
86 Vgl. Manyika/Chui/Miremadi et al. 2017.
87 Vgl. arbeitenviernull.de.
88 Vgl. Lorenz 2017.
89 Vgl. Palmer 2017 und Reynolds 2017.
90 Vgl. Straubhaar 2017.
91 Vgl. Exner/Rätz/Zenker 2007.
92 Vgl. Werner/Weik/Friedrich 2017.
93 Vgl. Straubhaar ebd.
94 Vgl. Straubhaar 2017.
95 Vgl. Werner/Weik/Friedrich 2017.
96 Vgl. Atkinson 2016.
97 Vgl. ders. ebd.
98 Vgl. Exner/Rätz/Zenker 2007.
99 Siehe »Was ist der Reboundeffekt?«.
100 Vgl. Werner/Weik/Friedrich 2017.
101 Vgl. Molitor 2012.
102 Vgl. Exner/Rätz/Zenker 2007.

103 Vgl. Butterwege 2015.

104 Vgl. O. V. 2014b.

105 Vgl. Albers 2008.

106 Xing Spielraum 2015.

107 Vgl. O. V. 2016b.

108 Vgl. Ryan 2017.

109 Vgl. Metzler 2016.

110 Vgl. Pfliegl 2017 und Breit 2017.

111 Vgl. Klassen 2015.

112 Vgl. Metzler 2016.

113 Sharing Economy ist eine Wirtschaftsform, in der sich Individuen und Gruppen in Form von Distributionsnetzwerken organisieren. Siehe unten.

114 Vgl. Eichorst/Spermann 2015.

115 Vgl. Faltenbacher/Litschel 2016.

116 Vgl. Howe 2006.

117 Vgl. Leimeister 2015.

118 Vgl. Baurmann/Rudzio 2016.

119 Vgl. Leimeister/Durward/Zogaj 2016.

120 Ebd.; vgl. Sorge 2017.

121 Ebd.

122 Vgl. Reiter 2014.

123 Vgl. Sorge 2017.

124 Vgl. Leimeister/Durward/Zogaj 2016.

125 Vgl. arbeitenviernull.de.

126 Vgl. Baurmann/Rudzio 2016.

127 Vgl. bundeskanzlerin.de/Content/DE/Rede/2017/03/.

128 cicero.de.

129 linksfraktion.de.

130 Vgl. Beckert 2017.

131 bundestag.de.

132 Vgl. Kuhn 2017.

133 Vgl. netzoekonom.de.

134 Vgl. europarl.europa.eu.

135 Sigmar Gabriel zitiert in Afhüppe 2016.

136 Vgl. cisco.com/c/dam/assets/sol/service-provider/vni-complete-forecast.

137 Vgl. ec.europa.eu.

138 Vgl. Laufer 2017.

139 Vgl. Centre for Energy-Efficient Telecommunications, University of Melbourne 2013a.

140 Vgl. Rogers 2017.

141 Vgl. bvg.de.

142 Vgl. inside.bahn.de.

143 Vgl. Blossfeld/Bos/Daniel et al. 2017.

144 Vgl. bundeskanzlerin.de/Content/DE/Rede/2017/06/.

145 Rudzio 2003: 49.

146 un-documents.net.

147 Auch »disinformation campaigns, cyber propaganda, cognitive hacking, information warfare« – Gu/Kropolov/Yarockkin 2017.

148 »Mit ›Big Data‹ werden große Mengen an Daten bezeichnet, die u.a. aus Bereichen wie Internet und Mobilfunk, Finanzindustrie, Energiewirtschaft, Gesundheitswesen und Verkehr und aus Quellen wie intelligenten Agenten, sozialen Medien, Kredit- und Kundenkarten, Smart-Metering-Systemen, Assistenzgeräten, Überwachungskameras sowie Flug- und Fahrzeugen stammen und die mit speziellen Lösungen gespeichert, verarbeitet und ausgewertet werden.« Gabler Wirtschaftslexikon, Stichwort: Big Data.

149 Vgl. Helbing/Frey/Gigerenzer et al. 2015.

150 Verbraucherzentrale Bundesverband 2016.

151 Timeline, Nachrichtenliste.

152 Vgl. Elmer/Langlois/Redden 2015.

153 Vgl. Laufer 2017.

154 graphics.wsj.com.

155 Vgl. Groshak/Bronda 2016.

156 Vgl. Hilbert 2012.

157 Vgl. Kuttner 2017.

158 Social Bots sind von Menschen programmierte Softwareroboter, die ihre Identität hinter gefälschten Profilen verstecken. Diese mischen sich anhand von Stichwortanalysen automatisch in öffentliche Diskussionen in sozialen Medien ein und färben das Meinungsbild zugunsten derjenigen Gruppe, die die Bots aussenden. Vgl. Hegelich 2016.

159 Vgl. Helbing/Frey/Gigerenzer et al. 2015.

160 Vgl. Rudzio 2003.

161 Vgl. Jakat 2017, Allcott/Gentzkow 2017 und Könneker 2016.

162 Vgl. reuters.com.

163 Vgl. Rosenbach/Traufetter 2017.

164 Vgl. o. V. Spiegel Online 2017.

165 Vgl. Referentenentwurf des Netzwerkdurchsetzungsgesetzes, abgerufen über netzpolitik.org.

166 Vgl. Lapowsky 2018.

167 Vgl. Kind/Bovenschulte/Ehrenberg-Silies et al. 2017 und Hegelich 2016.

168 Kruse 2009c.

169 o. V. 2012.

170 Vgl. Lapowsky 2016.

171 Vgl. Computing at School Working Group 2012.

172 un-documents.net.

173 Hier findet sich auch der Begriff der »Medienmündigkeit«: »Medienmündigkeit ist zuvorderst die Fähigkeit eines Menschen, selbst darüber zu entscheiden, welchen Anteil seiner Zeit er zum Erreichen seiner Ziele und zur Befriedigung seiner Bedürfnisse überhaupt mit Bildschirmmedien verbringen und damit anderen Tätigkeiten entziehen möchte. Zugleich ist mit Medienmündigkeit die Fähigkeit gemeint, aktiv, dosiert, kritisch reflektierend und technisch versiert Medien nutzen zu können. Kurz: Medienmündigkeit bedeutet, dass ein Mensch die Medien beherrscht, und nicht umgekehrt. Der Begriff beinhaltet Souveränität und Autonomie.« Bleckmann 2014.

174 Vgl. Schaumburg 2015.

175 Vgl. Fraillon/Ainley/Schulz et al. 2014 und Bos/Eickelmann/Gerick et al. 2014.

176 Vgl. Bos/Eickelmann/Gerick et al. 2014.

177 Vgl. Initiative D21 2016.

178 Vgl. Bauer 2016.

179 Vgl. Schaumburg 2015.

180 Vgl. Heinen/Kerres 2015.

181 Vgl. Bos/Eickelmann/Gerick et al. 2014.

182 bundeskanzlerin.de/Content/DE/Rede/2017/03/.

183 »Bring your own Device«.

184 Vgl. kmk.org.

185 Vgl. bmbf.de.

186 Vgl. Burchard/Vieth-Entus/Warnecke 2016.

187 o. V. 2018.

188 Vgl. Thüringer Lehrerverband 2016.

189 Vgl. Van Laak 2017.

190 Vgl. o. V. 2016a.

191 Vgl. Gesellschaft für Medienpädagogik und Kommunikationskultur 2016.

192 Vgl. Blossfeld/Bos/Daniel et al. 2017.

193 Vgl. Brinda 2016.

194 Vgl. Füller/Greiner 2016.

195 Vgl. Hulverscheidt 2017.

196 Vgl. Woyke 2014: 120.

197 Vgl. Usanov/De Ridder/Auping et al. 2013.

198 Vgl. data2.unhcr.org und Sutherland 2001.

199 Vgl. Usanov/De Ridder/Auping et al. 2013.

200 Vgl. Schlindwein/Johnson 2009.

201 Vgl. Hayes/Burge 2003.

202 Vgl. Peterman/Palermo/Bredenkamp 2001.

203 Vgl. Usanov/De Ridder/Auping et al. 2013.

204 Vgl. Woyke 2014: 123.

205 Vgl. o. V. 2014a.

206 Dieser Begriff wird in der Literatur uneinheitlich als »psychische« oder »psychologische« Obsoleszenz benannt. Die Bedeutung ist identisch.

207 Vgl. Raffée/Wiedmann 1980.

208 Vgl. Klinke 2011.

209 Vgl. ebd.

210 Vgl. Williamson 1978: 12.

211 Vgl. Belk 1988.

212 Vgl. Belk 1988: 139.

213 Vgl. Veblen 1958; Funder 2011.

214 Vgl. McCracken 1986.

215 Schultz/Orland/Reusswig/Werth 1992: 63.

216 Vgl. dies. 63 ff.

217 Vgl. Belk 2013.

218 Vgl. Pierce 2016.

219 Vgl. gate4logistics.de.

220 Vgl. Deutsche Post 2009.

221 Vgl. vda.de.

222 Vgl. Arndt 2012.

223 Vgl. vda.de.

224 Vgl. Arndt 2012.

225 Vgl. Burmeister 2007.

226 Vgl. Sonntag 2015.

227 Vgl. Hilty/Arnfalk/Erdmann et al. 2006.

228 Vgl. Mottschall 2015.

229 Vgl. Kontio 2013.

230 Vgl. de.statista.com/themen/.

TEIL 3

Zwischenfazit

Die Popularität der Nutzung und der Energieverbrauch des Internets – v. a. von Datenzentren – werden stetig steigen. Der CO_2-Footprint des Internet beträgt jährlich mehrere 100 Millionen Tonnen. Streaming ist ein Megatrend und führt zu einem Mehrkonsum audiovisueller Medien. Dies trägt als größter Faktor zum Energieverbrauch des Internets und damit zum CO_2-Ausstoß bei. Vor allem der Datenverkehr, der durch mobile Geräte erzeugt wird, steigt dabei enorm. Wichtig ist eine Verpflichtung v. a. der großen Internetkonzerne zum Einsatz erneuerbarer Energien.

Nur ein weiteres Beispiel für den enormen Einfluss der Digitalisierung ist das Wachstum der Logistikbranche durch die Popularität des E-Commerce. Digitalisierung ist hier ein Treiber für das Marktwachstum der Logistik, andererseits aber auch ein Innovationstreiber für Effizienz- und Synergieeffekte, die die negativen Folgen des steigenden Güterverkehrs (Emissionen, Verkehrsaufkommen, Straßenabnutzung …) längerfristig ggf. nachhaltiger zu gestalten vermögen.

Die beschriebenen Themen sind alle Gesichter der Digitalisierung, die eines gemeinsam haben: Sie laufen zumindest zum aktuellen Zeitpunkt dem Grundsatz der Nachhaltigkeit zuwider. Die drei Säulen der Nachhaltigkeit – Konsistenz, Effizienz und Suffizienz – werden bei den Themen Rohstoffgewinnung und Elektroschrott (E-Waste) besonders stark missachtet. Die Welt produziert aktuell pro Jahr über 60 Millionen Tonnen E-Waste. Dieser ist besonders gefährlich, da die Komponenten der Geräte aus teilweise giftigen und ätzenden Materialien bestehen. Der anfallende E-Waste wird von westlichen Ländern – teilweise illegal und daher absichtlich falsch deklariert – in Drittweltländer exportiert und vergiftet vor Ort Menschen und Umwelt. Die Existenz dieser Menge an Elektroschrott ist einem gänzlichen Mangel an Stoffkreisläufen und der häufig kurzen Nutzungsphase von elektrischen Geräten geschuldet. Kurze Lebenszyklen – vor allem bei Smartphones – erzeugen beträchtliche Nachfrage nach Rohstoffen. Die resultierende Umweltverschmutzung durch E-Waste oder giftige Schlammtümpel aufgrund der Gewinnung seltener Erden beeinflussen vor Ort aktuelle und folgende Generationen im höchsten Maße negativ.

Die Verbreitung des Smartphones ist immens. Trotz der aktuellen Stagnation des Markts betrug der weltweite Absatz der Hersteller im ersten Quartal 2016 über 300 Millionen Stück. Die große Verbreitung erzeugt zusammen mit den kurzen Lebenszyklen der Smartphones von durchschnittlich unter zwei Jahren eine starke Nachfrage nach den benötigten Rohstoffen. In den Ländern, aus denen diese gewonnen werden, entstehen massive ökologische und soziale Probleme. Teilweise werden diese Länder auf politischer Ebene destabilisiert, wenn Rebellentruppen den Rohstoffabbau zum Zweck der Finanzierung ihrer Waffen an sich reißen.

Die Gewinnmargen der großen Smartphonehersteller – allen voran Apple – sind beträchtlich. Die Zulieferkette ist lang und komplex und wird von den großen Konzernen durch ein deutliches Machtgefälle kontrolliert. Gewinne sind bei den Zulieferern minimal, und ein ökonomisches Überleben gewährleistet den Zulieferern nur die Fertigung extrem großer Stückzahlen. Die Beziehung der Zulieferer zu den Herstellern ist durch große Abhängigkeit gekennzeichnet, was auch auf Kosten der Angestellten geht. Die Arbeiter*innen in den meist asiatischen Firmen arbeiten unter menschenunwürdigen Bedingungen. Die Arbeitszeiten sind deutlich zu lange, hygienische Standards und Sicherheitsvorschriften werden kaum beachtet, und die Arbeiter*innen haben vielfach Kontakt zu hochgiftigen Chemikalien.

Die Existenz geplanter Obsoleszenz ist umstritten. Jedoch sprechen Beobachtungen von Absatzzahlen, ökonomische Überlegungen und Dynamiken eine klare Sprache. Vor allem im Smartphonesegment floriert der Markt für die Geräte u. a. deswegen so stark, da einige Eigenschaften der Geräte eine frühzeitige Neuanschaffung nahelegen. Drei Faktoren, die dies bedingen, sind Veröffentlichungsfrequenz bzw. Verkürzung von Produktzyklen (jeder Hersteller bringt jedes Jahr zumindest ein marginal verbessertes Gerät auf den Markt), Softwareentwicklung (neue Versionen der Betriebssysteme erzeugen Leistungsengpässe bei älteren Geräten) und Konstruktion (u. a. sind defekte Bauteile inzwischen kaum zu ersetzen, die fragile Bauweise erzeugt schnell Abnutzungsspuren). Obsoleszenz hat aber auch noch eine zweite Seite: die psychologische Obsoleszenz der Käufer*innen. Durch die hohe (wenn auch geringe) Innovationsrate und die Marketingbemühungen der Hersteller wirkt auch ein neues Gerät schnell veraltet. Das Smartphone spielt für die Besitzer*innen viele wichtigen Rollen. Es dient u. a. der sozialen Distinktion und ist ein Schlüssel zu den dematerialisierten Dingen, die persönliche Wichtigkeit besitzen: Bilder, Videos, Musik, Freunde und Bekannte. Das Smartphone ist aber auch ein materieller Besitz, und dieser ist eine Erweiterung des Selbst: Wohlergehen steht und fällt mit dem Wohlergehen von Besitztümern. Und da das Smartphone so nah und so wichtig ist, gleichzeitig aber auch so schnell altert, ist die Austauschrate hoch.

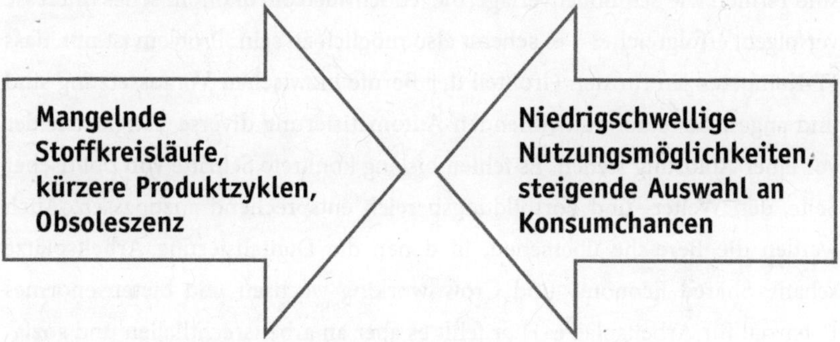

Abbildung 13: Gesellschaftliche und ökonomische Einflüsse erschweren Nachhaltigkeitsbemühungen

Die offene und verdeckte Strategie der Hersteller, die Geräte im Handumdrehen altern zu lassen, sowie die hohe Nachfrage der Nutzer*innen sind enorm unnachhaltig. Die Herstellung der vielen Geräte (wie zuvor beschrieben, wechselten im ersten Quartal 2016 über 300 Millionen Einheiten ihre/n Besitzer*in) zieht die Verschrottung vieler Geräte oder ihr Verschwinden in Schreibtischschubladen nach sich, wo sie wertlos herumliegen. Das Ergebnis: extremer Verbrauch von Rohstoffen, soziale Probleme in den Herkunftsländern, extreme

Mengen an Elektroschrott, Probleme auf ökologischer Ebene. Von der Herstellerseite aus wäre mehr Effizienz vonnöten. Die Geräte sollten deutlich länger nutzbar und einfacher zu reparieren sein. Suffizienz wäre vonseiten der Nutzer*innen nötig, nämlich die Geräte länger zu nutzen.

Auch auf politischer Ebene sind verschiedene Punkte zu finden, die für mehr Nachhaltigkeit im Hinblick auf intergenerationale und intragenerationale Gerechtigkeit deutlicher Veränderung bedürfen. Bildungskonzepte für den schulischen Bereich sind diffus, bestehen aus Worthülsen oder bewegen sich lediglich auf Ebene von Symbolpolitik. Deutschland nimmt im Bereich der IT-Kompetenz von Schüler*innen einen Platz im unteren Mittelfeld ein. Woran es fehlt, ist die Stärkung dieser Kompetenz bei den Lehrkräften, damit diese den Schüler*innen weitergegeben werden kann. In der Vermittlung dieser Inhalte sind Firmen wie Schulbuchverlage, die jedoch auch ein ökonomisches Interesse verfolgen, erfolgreicher – es scheint also möglich zu sein. Problem ist nur, dass IT-Kompetenzen für den Großteil der Berufe inzwischen Voraussetzung sind und angesichts einer zunehmenden Automatisierung diverse Tätigkeitsfelder vor einer Ablösung stehen. Es fehlen bislang konkrete Schritte von politischer Seite, den Weiter- und Fortbildungsbereich entsprechend anzupassen. Auch werden die Bereiche übersehen, in denen die Digitalisierung Arbeitsplätze schafft: Shared Economy und Crowdworking wachsen und bieten enormes Potenzial für Arbeitsplätze. Hier fehlt es aber an arbeitsrechtlichen und sozialen Grundlagen für die Absicherung der Arbeitnehmer*innen, sie wurden bislang den neuen Erfordernissen nicht angepasst.

Nachhaltigkeitsdefizite entstehen durch die Digitalisierung also auf vielen Ebenen. Der Problematik, die entsteht aufgrund einer der hervorstechendsten Charaktereigenschaften der Digitalisierung, nämlich Effizienztreiber zu sein, widmet sich der folgende Teil. Dieser dreht sich um Reboundeffekte. Anschließend folgen Handlungsempfehlungen. Eine Darstellung der Potenziale der Digitalisierung, große Vorteile für die Nachhaltigkeit zu erzeugen, sowie Fazit und Ausblick schließen diese Studie ab.

Was ist der Reboundeffekt?

Der Reboundeffekt ist ein Feedbackmechanismus, der dazu führt, dass Einsparpotenziale von Effizienzsteigerungen nicht oder nur teilweise verwirklicht werden.[1] Eine der frühesten Beobachtungen zu diesem Thema lieferte der britische Ökonom William Stanley Jevons 1865 in seinem Buch »The Coal Question«. Darin kritisierte er die starke Abhängigkeit Großbritanniens vom endlichen Energieträger Kohle. Eine neue Technologie hatte im Vorfeld die Nutzung der Kohle effizienter gemacht. Doch das erzeugte einen Mehrkonsum, was den neu erreichten Effizienzvorteil tilgte. Er schreibt in diesem Buch:

> *»It is wholly a confusion of ideas to suppose that the economical use of fuel is equivalent to a diminished consumption. The very contrary is the truth. As a rule, new modes of economy will lead to an increase of consumption according to a principle recognized in many parallel instances.«*[2]

Daher wird der Reboundeffekt auch als »Jevons-Paradox« bezeichnet: Eine Einsparung von Faktoren wie Energie geht nicht mit einem geringeren Verbrauch einher – der Verbrauch steigt im Gegenteil häufig sogar an. Wird die Einsparung zu mehr als 100 % überkompensiert, wird dieser Vorgang als »Backfire«[3] bezeichnet. Faktoren, die eingespart werden können und zur Erzeugung eines Rebounds tendieren, sind neben Energie auch Zeit, Geld, Raum und Technologie als typische Produktions- oder Verbrauchsfaktoren.[4]

Häufig werden direkte, indirekte und ökonomieweite Reboundeffekte unterschieden. Ein direkter Effekt entsteht, wenn z. B. ein neuer Kühlschrank im Energieverbrauch effizienter ist, aber wegen der geringeren Energiekosten ein größeres Gerät angeschafft wird, welches langfristig mehr Energie verbraucht. Die Einsparung des Energieaufwands wird durch den Gesamtverbrauch getilgt. Hier ist der Rebound-Effekt auf derselben Ebene wirksam.[5]

Ein indirekter Effekt entsteht, wenn die eingesparten Energiekosten eines energieeffizienteren Kühlschranks in andere Dienstleistungen oder Produkte,

z. B. zusätzliche Elektrogeräte, investiert werden. Hier wird die Einsparung auf einer anderen Ebene reinvestiert. Ein ökonomieweiter Reboundeffekt kommt dann zum Tragen, wenn eine erhöhte Energieeffizienz einen allgemeinen Rückgang des Energieverbrauchs erzeugt. Die sinkenden Energiepreise bewirken in der Folge ein gesamtwirtschaftliches Wachstum, welches den Energie- und Ressourcenverbrauch wieder erhöht. Reboundeffekte führen allgemein je nach Zeit, Ort und Technologie zu einer Vernichtung von 10 bis 80 Prozent des Energiesparpotenzials.[6]

Der Zusammenhang der Nachhaltigkeit

Wie eingangs beschrieben, basiert Nachhaltigkeit auf den Faktoren Konsistenz, Effizienz und Suffizienz. Wie soeben gezeigt, ist die Krux von Effizienz, dass diese wegen der Reboundeffekte nicht allein ausreicht, um Nachhaltigkeit zu erzeugen – Effizienzsteigerungen führen meist zu Expansion. Für Nachhaltigkeit ist daher parallele Suffizienz unabdingbar. Das benannte Beispiel – Anschaffung des Kühlschranks – bezieht sich auf eine einzelne Haushaltsgröße und die Anschaffung eines einzelnen Elektrogeräts. Derselbe Zusammenhang besteht jedoch auch höher skaliert: Auf struktureller, wirtschaftsweiter Ebene stellt sich dieses Phänomen entsprechend raumgreifender und problematischer dar: Ein erhöhtes Bruttoinlandsprodukt (BIP) führt zu steigenden Einkommen, zu mehr Nachfrage und steigendem Wirtschaftswachstum. Das Problem des (Wirtschafts-)Wachstums ist die Kopplung an den Umweltverbrauch – Wachstum geht Hand in Hand mit einer Steigerung von Energienachfrage, welche zu mehr Emissionen, Nutzung von Landflächen, Verschmutzung etc. führt. Eine relative Entkopplung von BIP und Umweltverbrauch ist möglich, wenn die Summe aller Reboundeffekte unter 100 % liegt. Angesichts von zu erreichenden Klimazielen und der Vielfältigkeit der Reboundeffekte auf unterschiedlichsten Ebenen stellt sich jedoch die Frage, ob eine relative Entkopplung rasch genug erfolgen kann.[7]

Effizienzmaschine Digitalisierung: Moore's Law

Im vorigen Abschnitt wurde gezeigt, inwieweit sich ein Gewinn an Effizienz ohne zeitgleiche Suffizienz problematisch auswirkt. Verschiedentlich wurde auf den vergangenen Seiten behauptet, dass die Digitalisierung ein Effizienztreiber sei. Worin begründet sich das? Die Digitalisierung ist ein technisches Phänomen. Technik besitzt eine Tendenz zur Selbststeigerung auf Ebenen wie Rationalisierung und Effizienzsteigerung.[8] Für die Digitalisierung bedeutet das Folgendes: Digitalisierung beruht auf den Errungenschaften, die die dritte industrielle Revolution – die Mikroelektronik – mit sich gebracht hat. Stetig steigende Effizienz ist ein organischer, grundlegender Faktor der Digitalisierung, da die technische Entwicklung in den Bereichen der Mikroelektronik genau darauf abzielt: Steigerung von Rechenkapazität und damit Rechengeschwindigkeit. Das darin wirkende Prinzip bzw. »Gesetz« beschrieb der Intel-Mitbegründer Gordon Moore in den 1960er-Jahren. Laut dem »Moor'schen Gesetz« verdoppelt sich die Rechenkapazität von Computern (eigentlich: die Zahl der Halbleiter pro integrierter Schaltung) alle ca. zwölf Monate. Das bedeutet, dass jeweils die doppelte Menge an Halbleitern auf demselben Raum Platz findet – gleicher Platzbedarf bei doppelter Rechenkapazität. Später wurde diese Zeitspanne auf ungefähr 18 bis 24 Monate angesetzt.[9]

Diese Beobachtung galt über sechs Jahrzehnte[10] lang, sogar schon vor der Aussage von Gordon Moore und bevor Computer mit Mikroprozessoren arbeiteten. Moores Gesetz hatte zu seiner Zeit einen hohen Stellenwert, da Computer – besonders in der Ära von Moores Wirken – sehr viel mehr Platzbedarf hatten und extrem teuer waren. Computer sind heute jedoch allgegenwärtig.

Mit Moore's Law lässt sich veranschaulichen, wie tief Effizienzprozesse in das Prinzip der Digitalisierung verwoben sind. Damit ist ein Reboundeffekt unumstößlicher Teil des Einsatzes und der Existenz von Informations- und Kommunikationstechnologie. Empirisch führen steigende Fähigkeiten der Technologie nicht zur Verschlankung von Betriebssystemen, Software und peripheren Hardwarekomponenten – das Gegenteil ist der Fall. Auch hier steigen die Fähigkeiten der Technologie und die Ansprüche der Anwender*innen, sodass Effizienzgewinne zu keinem Zeitpunkt einen echten »Gewinn«, eine echte Einsparung bedeuten.

Am deutlichsten zeigt sich die Überkompensation des Effiziensgewinns auf Ebene der Rohstoffflüsse. Digitalisierung könnte aufgrund des stetigen Gewinns an Raum, Energieverbrauch und Miniaturisierung zur Dematerialisierung führen. Das findet jedoch nur in bestimmten Bereichen statt – z. B. bei der Betrachtung, welche Funktionen ein Smartphone abdecken kann: Kamera, Laptop, tragbares Telefon, Taschenrechner, MP3-Player, Spielekonsole etc. Doch tragen eben die steigende Digitalisierung und die Dematerialisierung paradoxerweise dazu bei, dass eine steigende Vielzahl von Rohstoffen und Materialien bewegt werden. Während die Dematerialisierung stetig zunimmt, wird diese stetig kompensiert durch gleichzeitig steigenden Rohstoffabbau und -transport aufgrund erhöhter Nachfrage.[11]

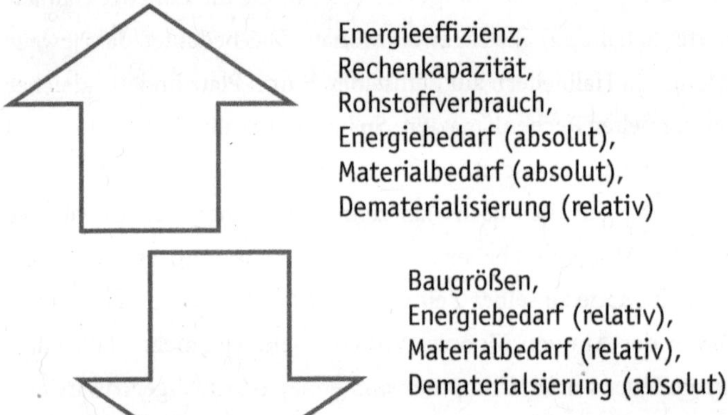

Abbildung 14: Reboundeffekte auf Basis von Moore's Law

Reboundeffekte auf gesellschaftlicher Ebene

Reboundeffekte zeigen sich keineswegs ausschließlich auf technologischer Ebene als Auswirkungen, z. B. auf Energieeinsparungen, bzw. einem Mehrverbrauch an Energie. Ein ganz ähnliches Phänomen zeigt sich in Bezug auf den Menschen. In vielen Bereichen verhilft uns Technologie zur Einsparung von Zeit und Mühe. Aber Menschen sind nicht wie Maschinen dazu fähig, eingesparte Zeit oder Energie zu reinvestieren und in Summe mehr Arbeit zu leisten. Eine häufige Folge ist vielmehr Überforderung. Durch den Einsatz von Informations- und Kommunikationstechnologie bspw. am Arbeitsplatz, muss sich nicht automatisch ein Rückgang der Belastung der Angestellten einstellen. Die Belastung kann, absolut betrachtet, sogar zunehmen.[12] Der Einsatz von IKT geht nicht mit einer Reinvestition der eingesparten Zeit in angenehme Tätigkeiten und weniger Stress einher. Eine Folge ist vielmehr die Steigerung von Erwartungen an die Leistungsfähigkeit von Mitarbeiter*innen.[13] Das Phänomen »ständige Erreichbarkeit« und sein Anwachsen läuft zwar parallel zur Verbreitung von IKT, hier handelt es sich aber keineswegs um eine einfache Kausalität. Der Zusammenhang ist komplexer. Denn zu beobachten ist insgesamt auch eine gesellschaftliche Veränderung hin zur Flexibilisierung und Entgrenzung von Arbeitsverhältnissen – das Ineinandergreifen von Arbeits- und Privatleben zusammen mit einer Arbeitsverdichtung. Die moderne Lebensführung ist von einer grundsätzlichen Steigerungslogik gekennzeichnet. Zusammen mit den sich ebenfalls steigernden technischen Möglichkeiten führt dies zu einer allgemeinen Beschleunigung des (Berufs-)Lebens.[14] Man könnte sagen, dass sich die menschliche Existenz ihrer technologischen Umwelt annähert und die Logik der Technologie – Steigerungsmechanismus, Beschleunigung, Perfektionismus – sich in unsere Lebenswelt eingeschrieben hat.

»Steigerung« bzw. »Beschleunigung« beschreiben in diesem Zusammenhang Folgendes: Der moderne Mensch empfindet ein hohes Maß an Schwierigkeiten, sich zu orientieren. Ausgelöst wird dieses Problem durch ständigen Wandel aufgrund der Fortschritte der Technik.[15] Im Rahmen der Informationsgesellschaft treten ständig neue Entwicklungen und Erfindungen zutage, die zu einer ständigen Entwertung der Dinge führen, die davor existierten.[16] Damit gibt es keinen verlässlichen Status quo mehr. In älteren Gesellschaften wurde tradiertes

Wissen gehütet, es war eine verlässliche Grundlage für den Einzelnen, sich in seiner persönlichen Welt zu orientieren. Das Vertrauen in das tradierte Wissen ist jedoch in den Hintergrund getreten und wurde durch das Vertrauen in den technologischen Fortschritt eingetauscht.[17] Dieser Tausch fand im Zuge der Orientierung der okzidentalen Kultur an rational-empirischem Erkennen und einer Rationalisierung durch Wissenschaft statt.[18] Der kollektive Glaube und die kollektiven Wünsche nach einem besseren Leben richten sich inzwischen nicht mehr an unberechenbare Mächte, sondern an den menschlich geschaffenen technologischen Fortschritt. Dessen Fortentwicklung schiebt jedoch die Möglichkeitshorizonte immer weiter hinaus. Der Tausch des Glaubens an unberechenbare Mächte gegen den Glauben an den technologischen Fortschritt beinhaltet gleichzeitig auch den Tausch der Verlässlichkeit zyklischer Prozesse gegen Steigerung und Beschleunigung. Zyklische Prozesse waren in früheren Gesellschaften essenziell, wenn man bspw. an die Bedeutung von Jahreszeiten für Agrarwirtschaft denkt. Solche ehemals gültigen Kreisläufe sind heute dauerhafte Möglichkeitshorizonte, die nach dem Erreichen wieder durch neue Horizonte ersetzt werden. Nichts kann festgehalten werden, da es umgehend ersetzt wird, und es gibt auch nicht die Wiederkehr wie bei einem zyklischen Prozess. Die Beschleunigung auf technischer Ebene wirkt sich auch auf die soziale Ebene (sinkende Halbwertszeiten von Kleidermoden, Musikstilen, Beschäftigungsstrukturen …) und auf die empfundene Beschleunigung des Lebenstempos aus. Um einen konkreten Bezug zu wählen: Eine E-Mail zu schreiben braucht halb so viel Zeit wie ein Brief, aber durch eine zigfache Menge an eintrudelnden und zu beantwortenden E-Mails wird der Zeitgewinn durch den Charakter des moderneren Mediums aufgefressen. Das Ergebnis ist Zeitnot.

Diese drei Beschleunigungskategorien greifen nun ineinander und verstärken sich: Die empfundene Beschleunigung des Lebenstempos ruft nach technischen Lösungen zum Gewinnen von mehr Zeit. Diese tragen weiter zur technischen Beschleunigung bei, und diese wirkt wiederum steigernd auf die Beschleunigung des sozialen Wandels, da technische Errungenschaften sich auf soziale Praktiken, Kommunikationsformen, Wahrnehmungsmuster etc. auswirken. Eine erneute Beschleunigung des Lebenstempos ist die Folge.[19]

Kurz: Die starke Orientierung der Industrienationen am technischen Fortschritt führt zu einer Veränderung des Charakters der Gesellschaft. Die Logik der Technologie überträgt sich auf die gesellschaftliche Kultur und löst dort Symptome aus, die sich sonst auf technologischer Ebene abspielen – z. B. den Reboundeffekt: Durch den Umgang mit Technologie und eine ständige Steigerung der Effizienz beschleunigen sich auch gesellschaftliche Prozesse, und die gewonnene Zeit wird umgehend reinvestiert in mehr Arbeit oder mehr Umgang mit Technologie.

Der Reboundeffekt des Streamings

Wie soeben beschrieben, sind Reboundeffekte keineswegs auf die Ebene von Produktion und Ökonomie begrenzt. Sie treten auch in sozialen Zusammenhängen auf sowie im alltäglichen individuellen Handeln.

Im Abschnitt über den Energieverbrauch des Internets, der Datenzentren und des Streamings wurde beschrieben, dass die niedrige Hemmschwelle zu mehr Konsum verleitet. Die Nutzer*innen von Streamingdiensten wie z. B. Netflix etc. schauen also mehr fern als Nichtnutzer*innen.[20] Auch hier besteht ein Zusammenhang zu Reboundeffekten.

Theoretisch erzeugt Streaming zunächst eine globale Energieeinsparung durch folgende Eigenschaften: Die Nutzer*innen von Video-on-Demand-Diensten (VOD) müssen nicht zur Videothek fahren, die Herstellung von Datenträgern wird ausgespart, ebenso deren Lagerung, Versand etc. Es gibt also eine tatsächliche Energieeinsparung und geringere Umweltbelastung bei der Nutzung von VOD im Vergleich zur DVD. Den ausschlaggebenden Unterschied machen die Emissionen und der Energieverbrauch aus, die bei Lagerung, Vertrieb und Transport der DVD entstehen.[21]

Nun führt das Streaming aber – wie im Kapitel zum Stromverbrauch des Internets beschrieben wurde – zu einem erhöhten Konsum. Die zunächst eingesparte Energie wird durch mehr Streamingkonsum zumindest teilweise kompensiert. Ausschlaggebend für den Mehrkonsum dürfte die Niedrigschwelligkeit des Angebots der Streamingdienste sein. Typischerweise handelt es sich um ein Flatrateangebot, das bei monatlicher Bezahlung den Nutzer*innen unendliches Streaming unüberschaubarer Mengen an Serien, Dokumentationen und Filmen erlaubt. Das ist ein inzwischen klassisches Modell der Digitalisierung. Spieltheoretisch betrachtet, ist es sogar rational, möglichst viel zu konsumieren. Aber dahinter steckt vermutlich etwas anderes: Die Menge an Konsum hat keine »fühlbare« Konsequenz. Keine DVDs, die jedes Mal eine Investition darstellen, müssen gekauft oder geliehen werden. Alles, was beim Streaming außer einer relativ geringen monatlichen Gebühr vonnöten ist, ist das Sitzenbleiben: In wenigen Sekunden beginnt die nächste Episode. Die Niedrigschwelligkeit des Angebots, der einfache Zugang, die Auswahl von Musik oder Film per Smartphone, die insgesamt niedrigen Transaktionskosten ermöglichen ein Maximum an Konsum. Problematisch ist das erst bei eingehenderer Betrachtung: Zwar ist – wie gezeigt wurde – Streaming nachhaltiger als der Kauf von DVDs, da diese u. a. durch den Faktor Transport einen höheren Energieverbrauch erzeugen. Das stimmt aber nur bis zu einem gewissen Umfang der Streamingnutzung. Der Energieverbrauch der Datenzentren, die die audiovisuellen Medien zur Verfügung stellen, erzeugt – wie bereits dargestellt – eine stetig wachsende Menge an CO_2-Emissionen. Der Nachhaltigkeitsvorteil des Streamings wird kompensiert. Gleichzeitig erfolgt aber durch den Überkonsum auch auf anderer Ebene keine fühlbare Konsequenz: Die Emissionen der Datenzentren entstehen irgendwo – aber nicht in unmittelbarer Umgebung. Und die Auswirkung der Emissionen auf die Ozonschicht und das Klima? Hier ist der eigene Beitrag quasi minimal.

Quasi.

Das digitale Fernsehen – Beispiel für Obsoleszenz, Reboundeffekte und Nachhaltigkeitsdefizite im Rahmen der Digitalisierung

Dies sind die vier üblichen Möglichkeiten, um Fernsehen in Deutschland zu empfangen:

A) Kabelfernsehen, verbunden mit monatlichen Kosten zusätzlich zu den Rundfunkgebühren

B) Satellitenschüssel und ein passender Decoder

C) Internet

D) Haus- bzw. Zimmerantenne; über die Antenne lassen sich die terrestrisch, von Sendeantennen, ausgestrahlten Sender empfangen.

Während der Kabelempfang noch analog und digital erfolgen kann, ist der Satellitenempfang seit 2012 ausschließlich digital.[22]

Inzwischen ist auch die terrestrische Methode per Antenne, ehemals analog, durch digitale Technik ersetzt worden. 2002 wurde nach und nach DVB T (Digital Video Broadcasting Terrestrial) in Deutschland eingeführt, was den Antennenempfang eines nun digitalen terrestrischen Fernsehens mit besserer Ton- und Bildqualität im Vergleich zum analogen ermöglichte.[23] Zum Empfang war für ältere Fernsehgeräte der Erwerb eines Decoders nötig, um das digitale Signal für das Fernsehgerät zu wandeln.[24] Neuere Fernsehgeräte besaßen zum damaligen Zeitpunkt bereits einen eingebauten DVB-T-Empfänger.

Dieser Standard wurde vor Kurzem wieder abgelöst:[25] DVB T wurde durch DVB T2 HD (T2 = Zweite Generation) ersetzt. Dessen Ausstrahlung begann in großen Ballungsräumen Ende Mai 2016.[26] Die nunmehr »alten« Decoder zum Empfang von DVB T sind nicht »aufwärtskompatibel«, können also DVB T2 nicht verarbeiten.

Damals schrieb das offizielle Internetportal: »Die zeitliche Begrenzung dieser gleichzeitigen Ausstrahlung von DVB-T und DVB-T2 HD in bestimmten

Regionen ist allerdings nicht exakt festgelegt. Es ist so durchaus möglich, dass das alte DVB-T-Signal in Gebieten, in denen DVB-T2 HD schon verbreitet ist, nach und nach bereits in 2017/2018 abgeschaltet wird.«[27] Ende März 2017 erfolgte für ca. 60 % des Bundesgebiets die Umstellung auf DVB T2.[28] Notwendig hierfür war eine Entscheidung des Bundeskabinetts.

Der Hintergrund der Entscheidung ist, dass die ehemaligen DVB-T-Frequenzen für schnelleres mobiles Internet genutzt werden.[29] Für DVB T2 werden weniger Frequenzen benötigt: »Der technische Vorteil von DVB T2 besteht darin, dass die Bandbreitenfrequenzen effizienter genutzt und so höhere Datenübertragungsraten realisiert werden können.«[30] Hinzu kommt, dass auch mehr Sender ausgestrahlt werden.

Dies hört sich zunächst vorteilhaft an. Jedoch hat das Bundeskabinett mit dieser Entscheidung alte Decoder zum Empfang von DVB T in wertlosen Elektroschrott gewandelt und den Erwerb neuer Geräte quasi aufgezwungen. Hinzu kommt, dass auch der Kabelempfang ab Frühjahr 2017 nach und nach komplett digitalisiert wird und Zuschauer*innen mit Fernsehgeräten, die nur analoge Signale verarbeiten können, hierfür nun auch einen Decoder erwerben müssen. Für DVB T2 (ab Frühjahr 2017[31]) und Kabel (ab 2022[32]) gilt dann auch, was schon lange für den Empfang von Privatsendern per Satellit gilt: Die Ausstrahlung des digitalen Privatfernsehens in HD erfolgt verschlüsselt, kann also nicht mehr kostenlos empfangen werden und kostet nach aktuellem Stand 69 Euro pro Jahr[33] – zusätzlich zur regulären Haushaltsabgabe (ehemals GEZ).

In diesem Zusammenhang stellt sich die Frage, wie lange DVB T2 HD als Standard bestehen bleibt. Die nächste Qualitätsstufe 4K (Ultra High Definition) wird sich zukünftig mehr und mehr etablieren: Ein Viertel der im ersten Halbjahr 2016 verkauften TV-Geräte sind 4K-fähig.[34] Videostreamingdienste wie Netflix bieten inzwischen einen Teil ihres Angebots in Ultra-HD-Qualität an, und die Fähigkeit, Videos in dieser Qualität aufzunehmen, ist bei Smartphones inzwischen Standard. Diese wachsenden Ansprüche an Qualität gehen einher mit einem deutlichen Anstieg von Datenmenge und Energieverbrauch:

Ultra HD entspricht der doppelten Höhe und Breite von HD, also einer vierfachen Datenmenge.

Zusammenfassend zeigt sich, dass der beschriebene Vorgang gleich mehrere Nachhaltigkeitsdefizite im Zuge der Digitalisierung aufweist:

- Erzeugung von Elektroschrott, Verschwendung von Rohstoffen: Die DVB-T-Decoder des erst wenige Jahre alten Standards sind zu nichts mehr nutze und werden entsorgt.
- Obsoleszenz: Für den Empfang des neuen Standards ist ein Neuerwerb notwendig.
- Reboundeffekt: Die eingesparte Bandbreite (und in der Folge auch Sendeleistung und ihr Energieverbrauch) wird durch eine größere Datenmenge kompensiert.

Private und geschäftliche Nutzung von Datenzentren

Wichtig im Zusammenhang mit der Internetnutzung ist nicht nur der private Konsum des Streamings. Auch im geschäftlichen Bereich hat sich die Nutzung des Internets verändert. Zunächst ist die Nutzung von Software und IT-Infrastruktur »On Premise« und per »Cloud« zu unterscheiden. Ersteres bedeutet, dass Software individuell von einer Firma meist auf einer eigenen Infrastruktur von Servern genutzt wird. Ein deutlicher Trend geht aber hin zur Nutzung einer Cloud. Hier wird Software nicht hausintern genutzt, sondern durch einen Zugang in eine fremde Infrastruktur in der Cloud. Das Prinzip ist dasselbe wie beim Streaming.

Dieses Vorgehen ist vom Energieverbrauch her deutlich nachhaltiger, da große Datenzentren eine deutlich höhere Energieeffizienz als »On-Premise«-Lösungen haben. Dazu kommt, dass die Nutzung von Cloud-Diensten einfachere, ebenfalls energiesparendere Geräte aufseiten der Endnutzer*innen benötigen. Gleichzeitig unterliegen diese Einsparungen jedoch durch den zunehmenden Einsatz des Cloud-Computings einem Reboundeffekt, da die Energieeinsparungen durch vermehrte Nutzung getilgt werden.[35]

Dieser Zusammenhang trifft auch auf die Nutzung von IKT im Privaten zu. Insgesamt ist der Bedarf an elektrischer Energie der IKT in der letzten Dekade kontinuierlich angestiegen. Er entsprach im Jahr 2007 bereits mehr als zehn Prozent des bundesweiten Energiebedarfs. Zwischenzeitlich ergab sich ein leicht sinkender Trend, da der Energieverbrauch der IKT in Deutschland zwischen 2010 bis 2015 um etwa 15 Prozent gesunken ist. Aktuellen Prognosen nach wird sich dieser Trend aber bis 2025 umkehren und wieder steigen.

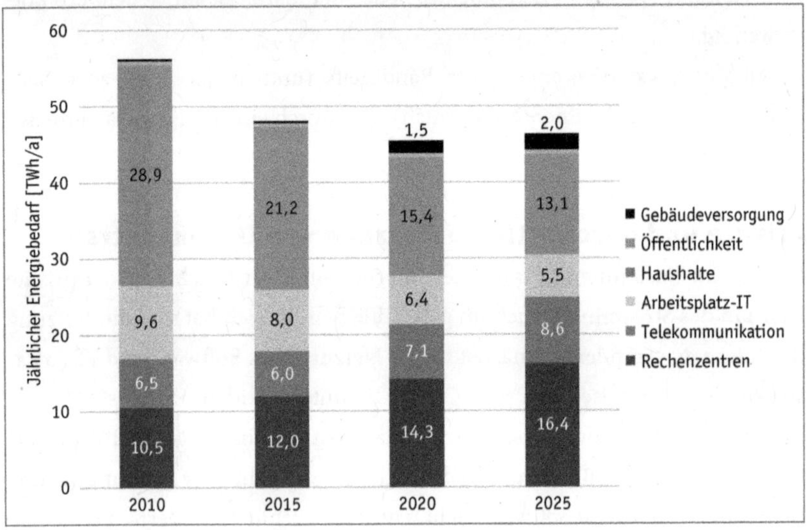

***Abbildung 15:** Prognose: Energiebedarf von Rechenzentren in Deutschland wird steigen*
Quelle: Stobbe/Proske/Zedel et al. 2015: 23

Die Darstellung zeigt, dass die IKT zwar weniger Energie verbrauchen wird, der Energieverbrauch durch Telekommunikation und Rechenzentren jedoch steigen wird. Der Hintergrund ist der kontinuierlich steigende Datenverkehr. Mit der weiteren Vernetzung von Sensoren und Steuerelementen auf Ebenen wie Smart Home und Connected Driving in den Bereichen Landwirtschaft und Industrie sowie anderen Anteilen des Internet of Things wird ein erhöhtes Maß an Netzwerktechnik und Rechenleistung benötigt. Hier werden immer mehr

Daten automatisch erzeugt, übertragen, verarbeitet und gespeichert. Von Einfluss ist weiterhin die Nutzung rechenintensiver Prozesse wie Spracherkennung und Navigation, die zur Maximierung der Akkudauer mobiler Endgeräte ebenfalls an Rechenzentren ausgelagert werden. Für den Übertragungsweg steigt auch der energieintensive Datenverkehr über Mobilfunknetze an.[36]

Wieder zeigt sich, dass gewonnene Einsparpotenziale durch erhöhte Nutzung getilgt werden. In diesem Fall liegt ein Wachstum im Gesamtsystem vor: Obwohl die Verlagerung in Rechenzentren energieeffizienter ist, werden diese Datenzentren durch eine steigende Anzahl von Geräten im Bereich Smart Home oder komfortable Nutzung von Anwendungen wie Sprachsteuerung mehr genutzt und verbrauchen damit insgesamt mehr Energie als weniger.

Endnoten

1 Vgl. Fichter/Hintemann/Behrendt et al. 2012.
2 Jevons 1865:75.
3 Santarius 2015: 42.
4 Vgl. Weidema 2008.
5 Vgl. Tröltzsch 2012.
6 Vgl. ebd.
7 Vgl. Santarius 2015: 285.
8 Vgl. Degele 2002: 17 f.
9 Vgl. itwissen.info.
10 Vgl. Koomey/Berard/Sanchez/et. al 2011.
11 Vgl. Hilty 2008: 93 f.
12 Vgl. Behrendt/Erdmann 2003.
13 vgl. Hilty 2008: 66.
14 Vgl. Strobel 2013.

15 Vgl. Schulze 2003.

16 Vgl. Hilty 2008: 24.

17 Vgl. Schulze 2003.

18 Vgl. Hillmann 1994, Stichwort Entzauberung der Welt; vgl. ebenfalls Kapitel »Was ist Digitalisierung?«

19 Vgl. Rosa 2005 und Rosa 2008.

20 Vgl. Finley 2015.

21 Vgl. Shehabi/Walker/Masanet 2014.

22 Vgl. chip.de.

23 Vgl. dvb-t-portal.de/Fragen/.

24 Vgl. dvb-t-portal.de/Empfangsgeraete/.

25 Vgl. o. V. 2015b.

26 Vgl. dvb-t2-portal.de.

27 Vgl. dvb-t2-portal.de/Fragen-und-Antworten.

28 Vgl. dvb-t2hd.de.

29 Vgl. o. V. 2015b.

30 Vgl. dvb-t2-portal.de/DVB-T2-HD-Empfangsgebiete.

31 Vgl. Heuzeroth 2016.

32 Vgl. ebd.

33 Vgl. Richter 2017.

34 Vgl. o. V. 2016c.

35 Vgl. Hintemann/Clausen 2016.

36 Vgl. Stobbe/Proske/Zedel et al. 2015.

TEIL 4

Handlungsempfehlungen

Im Folgenden wird Forschungsfrage 2 eingeschränkt beantwortet. Eingeschränkt deswegen, da auch hier, wie in der Einleitung beschrieben, eine umfassende Antwort aufgrund der Breite und der Komplexität des Themas Digitalisierung nicht gegeben werden kann. Zusätzlich kann diese wegen des stetigen technischen Fortschritts auch nur für eine beschränkte raum-zeitliche Reichweite gelten. Die Forschungsfrage 2, welche Maßnahmen es für die Ebenen Politik, Ökonomie und Gesellschaft zu ergreifen gilt, um die erzeugten Nachhaltigkeitsdefizite auszugleichen, wird trotz erwähnter Reduzierung im Folgenden beantwortet. Zusätzlich werden Möglichkeiten vorgeschlagen, wie ein Mehr an Nachhaltigkeit in den vier Feldern Ökologie, Ökonomie, Politik und Soziales durch die Mittel der Digitalisierung erzeugt werden kann.

Handlungsempfehlungen für private Anwender*innen

Die beschriebenen Handlungsempfehlungen richten sich hauptsächlich an die Politik und wirtschaftliche Interessenvertreter. Wichtig ist aber auch zu beachten, was auf privater Haushaltsebene getan werden kann, um die individuelle Nachhaltigkeit bei der Nutzung von Informations- und Kommunikationstechnologie, z. B. der täglichen Internetnutzung, zu verbessern. Nachhaltigkeit fängt bei jedem einzelnen Menschen an. Sich zurückzulehnen und auf politische Maßnahmen zu warten verschiebt die Verantwortung. Und selbst kleine Maßnahmen helfen.

Mobiles Internet: Wie lässt sich mobil energiesparend surfen?

Wie beschrieben, geht der größte Anteil des Internetverkehrs inzwischen von mobilen Geräten (Smartphones, Tablets, Laptops …)aus.[1] Wichtig hierbei ist, dass mobile Internetnutzung mit höherer Energieintensität (Energie pro Datenmenge) verbunden ist als ein Zugang per Kabel.[2] Zudem besitzen die verschiedenen Methoden des mobilen Internetzugangs unterschiedliche Energieintensitäten. So ist der mobile Zugang über WLAN mit einer deutlich geringeren Energieintensität als der über Mobilfunk verbunden.[3]

Sinnvoll ist es daher, im Alltag die meist kostenlosen WIFI-Hotspots zum mobilen Surfen zu nutzen, die in Zügen, Bahnhöfen, Flughäfen, Cafés etc. zur Verfügung stehen, anstatt den Zugang über den Mobilfunk zu nutzen. Das spart Energie für die Bereitstellung, aber auch Energie in den Geräten (längere Akkulaufzeit) und reduziert je nach Vertragsmodell die monatliche Mobilfunkrechnung.

Mobilfunk: Wie spare ich Kosten und verhalte mich nachhaltiger?

Bei Mobiltelefonen wird der/die Kund*in von Mobilfunkanbietern in der Regel durch die Preisgestaltung animiert, bei Vertragsverlängerung das Gerät zu ersetzen.[4] Mobilfunkverträge, die den Kund*innen gegen Einwilligung in die Verlängerung vor Vertragsende ein neues Smartphone anbieten, sind schon lange Standard. Dabei übersehen die Vertragsnehmer*innen meist mehrere Dinge:

Das neue Telefon ist keineswegs günstig oder sogar kostenlos. Verträge mit einem Smartphone kosten mehr als ohne, obwohl das Gerät im Angebot teilweise für »nur 1 €« zu haben ist. Die Kund*innen zahlen das Gerät im Rahmen der monatlichen Mobilfunkrechnung ab. Ein regulärer Mobilfunkvertrag läuft in der Regel 24 Monate. Innerhalb dieser zwei Jahre verliert das Mobiltelefon immens an Wert – vor allem in den ersten Monaten nach Markteinführung. So verlor bspw. das Samsung Galaxy S9 innerhalb der ersten zwei Monate nach Markteinführung ca. 35 % des Einführungspreises.[5] Entscheidet sich der/die Kund*in jedoch, einen Mobilfunkvertrag mit einem Smartphone abzuschließen, wird das Telefon 24 Monate lang auf Höhe des Einführungspreises abbezahlt. Daher lohnt es sich aus zwei Gründen, ein Mobiltelefon – vorzugsweise längere Zeit nach der Markteinführung – ohne Verbindung mit einem Mobilfunkvertrag zu kaufen: Der Preis ist günstiger und der Mobilfunkvertrag ebenfalls.

Das ist auch in Sachen Nachhaltigkeit relevant: Viele Mobilfunkkund*innen denken, dass die Kosten für das Mobiltelefon, das sie mit einem Vertrag zusammen kaufen, nur bei der ersten Zahlung bei Abschluss des Vertrags eine geringe Summe ausmachen,[6] obwohl es tatsächlich über die gesamte Vertragslaufzeit abbezahlt wird. Daher fristen unzählige Mobiltelefone nach der Erstnutzungsphase ihr Dasein in der Schreibtischschublade – meist deswegen, weil die Mobilfunkanbieter vor Vertragsende ein neues Telefon anbieten als Anreiz für die Verlängerung des Vertrags. Zum Beispiel gibt es in Großbritannien ca. 85 Millionen ungenutzte Mobiltelefone. Und die Herstellung ist der CO_2-intensivste Anteil eines Smartphonelebenszyklus.[7] Die genannten 85 Millionen ungenutzten Geräte enthalten ca. 4,5 Tonnen Gold. Dieser Rohstoff könnte an anderer Stelle gebraucht werden. Zwar wurde im Abschnitt über Recycling von Smartphones beschrieben, dass viele seltene Erden nicht recycelt werden können und unwiederbringlich bei der Herstellung eines Geräts verloren gehen.[8] Aber Gold und andere Mineralien können aus Altgeräten extrahiert werden.

Es gibt daher drei Möglichkeit für den Umgang mit einem alten Smartphone: Die am wenigsten nachhaltige Option ist das Recycling. Deutlich nachhaltiger ist es, das Telefon für Länder der Dritten Welt zu spenden. Drittens ist es grundsätzlich sinnvoll, Telefone länger zu nutzen, da deren Ökobilanz während der Nutzungsphase am günstigsten ist. Zu diesem Zweck kann das Telefon natürlich auch verkauft oder verschenkt werden. Das verlängert die Lebenszeit und erspart die Herstellung eines neuen Geräts.

Smartphones und Laptops länger nutzen für mehr Nachhaltigkeit

Die technische Entwicklung von Smartphones – wie im Kapitel über Obsoleszenz beschrieben – verlangsamt sich. Die Steigerungsraten auf Ebene von Prozessorgeschwindigkeit, RAM-Größen, Displayauflösung etc. sind lange nicht mehr so groß wie vor einigen Jahren. Dasselbe gilt für Laptops und andere Computer. Aktuell steigt die Rechenkapazität von Computern sehr langsam.[9] Das bedeutet, dass sich Smartphones und PCs aus technischer Sicht deutlich länger nutzen lassen können als früher. Denn obwohl sich die Software und die Betriebssysteme weiterentwickeln, ist auch ältere Hardware noch einige Zeit fähig, jüngste Software zu betreiben.

Um die jeweils neueste Version des Betriebssystems zu nutzen, steigen jedoch viele Smartphoneuser*innen auf ein neues Gerät um.[10] Eine jüngere Version der zwei dominanten Betriebssysteme Android und iOS bietet neue Fähigkeiten und eine höhere Sicherheit. Auf älteren Geräten können die neuen Versionen meist schon nach kurzer Zeit nicht mehr genutzt werden. Die Pixeltelefone von Google haben bspw. eine vergleichsweise lange Updategarantie von zwei Jahren nach Markteinführung.[11] Andere Hersteller lassen die Käufer*innen meist im Unklaren darüber, wie lange neue Softwareversionen für ihr Gerät geliefert werden. In der Regel ist das jedoch lediglich ein bis anderthalb Jahre der Fall.

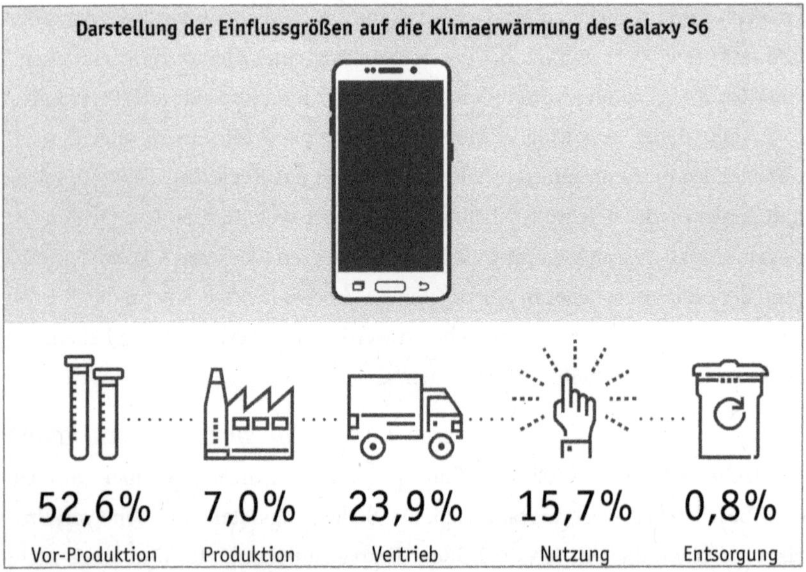

Abbildung 16: *Stufen der Produktion des Galaxy S6 und deren Einwirkung auf das Erdklima*

Samsung Sustainability Report 2016
*Die Firma Samsung stellt in ihrem Nachhaltigkeitsbericht von 2016 dar, zu welchem Zeitpunkt der Existenz ihres damaligen Flaggschiffgeräts Galaxy S6 der größte Einfluss auf das Erdklima (= der größte Energieverbrauch) besteht. Hier ist klar ersichtlich, dass Vorproduktion (Auswahl der Materialien und Zulieferer, Herstellung von Prototypen in kleiner Auflage etc.), Endproduktion und Transport der Geräte fast 85 % des Energieaufwands eines Smartphones ausmachen – schon bevor das Gerät das erste Mal durch den/die Endverbraucher*in angeschaltet worden ist.*

Zumindest für Android-User*innen gibt es einfache Möglichkeiten, auch auf einem alten Gerät eine neue Version eines Betriebssystems zu nutzen, ohne vom Hersteller abhängig zu sein. Da Android ein »Open-Source«-Betriebssystem ist, ist es kostenlos erhältlich, auch in der neuesten Version. Eine Gemeinschaft von Programmierer*innen passt neue Versionen des Betriebssystems für eine Vielzahl von Android-Smartphones an und bietet diese ebenfalls kostenlos oder gegen eine freiwillige Spende zum Download und zum Aufspielen auf das eigene Gerät an. In Entwicklerforen wie xda-developers.com kann man diese sogenannten Custom-Roms beziehen und findet Unterstützung und Hilfe bei Fragen und Problemen.

Dasselbe gilt auch für alte Computer. Da hier jedoch vor allem die Betriebssysteme wie Windows von Generation zu Generation auf Ebene der Ressourcen wie Prozessorgeschwindigkeit und Arbeitsspeicher deutlich anspruchsvoller werden,[12] ist der Zeitraum für Updates begrenzt. Doch es gibt eine andere Möglichkeit, teilweise auch zehn Jahre alte Laptops weiter zu benutzen: Chromium OS. Hierbei handelt es sich ebenfalls um ein Open-Source-Betriebssystem, das minimale Ansprüche an die Kapazität des Geräts stellt. Es lässt sich kostenlos beziehen und auf sehr einfache Art und Weise installieren.[13] Auf diese Art kann auch ein alter Computer nach wie vor sinnvoll genutzt werden.

Nebenbei: Bei diesen alternativen Betriebssystemen zeigt sich die Stärke der Shared Economy bzw. des Non-Profit-Sektors. Gemeinschaftlich erzeugt, genutzt und millionenfach geteilt, werden die Open-Source-Betriebssysteme Chromium OS und Android in Form von Custom Roms von einer kleinen Gemeinde von Entwickler*innen frei zur Verfügung gestellt – jede*r kann beitragen und sich beteiligen. Das Einzige, was investiert werden muss, ist Zeit – und man braucht einen Internetanschluss.

Modulare Geräte und »Faire« Geräte

Ein neuer Trend in der Smartphoneindustrie sind modulare Geräte, die quasi eine ständige Aktualität des technischen Standards ermöglichen, allerdings stets auf derselben Plattform. Das einstmals von Motorola erdachte Projekt

»Ara« (inzwischen eingestellt) befasste sich mit der Problematik der großen Menge ungenutzter Telefone, die aufgrund einer Neuentwicklung der Hardware gegen ein neues Gerät getauscht wurden. Ara sollte die Möglichkeit bieten, Hardwareteile wie Kamera, Ram-Speicher, Prozessor etc. einzeln auszubauen und ähnlich einem Lego-Stein durch ein anderes Bauteil zu ersetzen.[14] Ähnliche Konzepte verfolgen die Moto-Z-Reihe von Motorola oder das G5 von LG: Hier können an dem bzw. in dem Gerät Erweiterungen vorgenommen werden, die z. B. die Akkulaufzeit verbessern.[15]

Der beschriebenen Problematik, dass sich in modernen Smartphones defekte Teile – vor allem Verschleißteile wie der Akku – nicht oder nur mit hohem Aufwand tauschen lassen, nimmt sich das »Fairphone« an. Der Hersteller bietet einen Extrashop für Ersatzteile an, und das Gerät lässt sich mit wenig Aufwand öffnen, um defekte Einzelteile auszuwechseln. Das Gerät ist auch auf anderen Ebenen in Hinblick auf Nachhaltigkeit konzipiert: Zur Herstellung wurde auf die Verwendung von konfliktfreien Mineralien geachtet, und es ist besonders robust gebaut.[16]

Bookmarks und die History des Browsers nutzen

Wie im Kapitel über den Stromverbrauch des Internets beschrieben, erzeugen auch Anfragen bei Suchdiensten CO_2. Denn die Anfrage wird durch ein Rechenzentrum bearbeitet, das Energie benötigt für seine Server und deren Kühlung. Bei Google-Suchanfragen entstehen pro Anfrage ca. 0,2 g CO_2. Das mag wenig sein, aber wenn man sich vor Augen hält, dass Google innerhalb einer Minute weltweit ca. 3,5 Millionen Suchanfragen bearbeitet, entstehen auf diese Art über fünf Milliarden Anfragen pro Tag und damit über eine Tonne CO_2. Viele Suchanfragen entstehen dadurch, dass Seiten gesucht werden, die bereits besucht wurden. In solch einem Fall lässt sich die persönliche Nachhaltigkeit dadurch verbessern, indem man zunächst in der »History« des genutzten Browsers nach der Seite sucht oder interessante Webseiten jeweils mit einem Lesezeichen (Bookmark) versieht, um sie später wiederzufinden. Lesezeichen lassen sich mit einem Klick setzen und in Ordnern und Unterordnern sehr differenziert und organisiert aufbewahren. So lassen sich unnötige Suchanfragen und damit zusätzlicher CO_2-Ausstoß reduzieren.

Datensparsamkeit

Allgemein ist eine einfache Form der Suffizienz die Datensparsamkeit. Der Begriff bezieht sich meist darauf, dass Firmen, Behörden etc. aus Gründen des Datenschutzes nur jeweils die persönlichen Daten erfassen sollten, die für die jeweilige Transaktion wirklich notwendig sind. Datensparsamkeit kann aber auch die Überlegung beinhalten, beim Versenden von Fotos oder Videos die Qualität zu begrenzen, sodass weniger Kapazität verbraucht wird. Auch bei Streamingdiensten lässt sich meist eine Qualitätsbegrenzung einstellen. Reduzierte Qualität – sei es nun bei einem Bild oder bei Audiodaten – bedeutet stets weniger Energieverbrauch und damit auch weniger Emissionen.

Psychologische und geplante Obsoleszenz vermeiden

In den Kapiteln über Obsoleszenz wurde beschrieben, mittels welcher Strategien die Hersteller von Informations- und Kommunikationstechnologie um Kund*innen werben z.B. durch die Abbildung von computergenerierten Bildern statt eines echten Geräts für die perfekte Optik. Um die eigene Nachhaltigkeit als Konsument*in zu verbessern, sind, wenn das neue Gerät eine längere Nutzungsphase und damit eine bessere Ökobilanz besitzen soll, beim Kauf folgende Punkte zu beachten:

- hohe Qualität kaufen. Anstatt beim Preis Kompromisse zu machen, besser zu einem hochwertigen, aber ggf. teureren Produkt greifen, das länger hält. Ein Beispiel aus dem Bereich Smartphone: Die besonders günstigen Modelle enthalten bspw. Kupferverbindungen statt Leitungen aus Gold. Kupfer altert sehr viel schneller, und dadurch sinkt die Geschwindigkeit des Geräts auch deutlich schneller, und es wird weniger zuverlässig. Informieren Sie sich ggf. beim Hersteller über solche Details.
- Anerkennen der eigenen Verantwortung. Als Käufer*in sollte das Bewusstsein herrschen, dass ein Kauf eine Botschaft an Hersteller und Anbieter

sendet. Vergleichbar mit der eigenen einzelnen Stimme an der Wahlurne, hat das Individuum an dieser Stelle die Option, Verantwortung zu übernehmen. Als Konsument*in besteht stets die Möglichkeit, Geräte eines Herstellers zu wählen, der bspw. nachweislich nachhaltiger produziert oder sich um die Verbesserung der sozialen Verhältnisse in den Ländern kümmert, aus denen die Rohstoffe stammen. Zum verantwortungsvollen Konsum gehört auch, sich in (unabhängigen) Medien über ein Produkt zu informieren, z. B. bei Organen der Verbraucherzentralen, Stiftung Warentest etc.

- extreme Designs vermeiden. »Klassische« Designs von Produkten sind nicht ohne Grund klassisch. Sie haben meist diverse Zeitepisoden überlebt, in denen andere Stilrichtungen populär waren, die es inzwischen nicht mehr sind. Das bedeutet, dass man beim Kauf eines Produkts danach schauen sollte, dass dieses nicht extrem dem aktuellen Stilbewusstsein entspricht, um bereits nach sehr kurzer Zeit wieder ein Anachronismus zu sein.
- »Insellösungen« vermeiden: Geräte aus dem Bereich der IKT passen sich häufig in eine Peripherie ein: Ein Bluetooth-Lautsprecher benötigt ein Gerät zur Kopplung, das denselben Bluetooth-Standard besitzt. Anschlusskabel eines alten Geräts können auch für ein neues Gerät weiter genutzt werden. Peripherie von Apple funktioniert häufig nur mit anderen Apple-Produkten zusammen. Hier ist auf Kompatibilität zu achten, um nicht beim Kauf eines neuen Geräts die vielen Kabel oder andere Peripheriegeräte überflüssig zu machen.

Der Umgang mit Fake News

Nutzer*innen der sozialen Netzwerke haben die beste Möglichkeit, die Gefahr von Falschmeldungen einzudämmen. Hier sind einige Punkte, die dabei helfen, Fake News schnell zu erkennen, um sie nicht weiter zu teilen oder melden zu können:[17]

- Extreme Überschriften meiden
  In den seltensten Fällen besitzt ein ernst zu nehmender Artikel eine Überschrift, die eine undifferenzierte Aussage macht wie »Studie belegt: Alle Fuß-

ballfans sind Hooligans«. Auch muss überdacht werden, wie wahrscheinlich eine Überschrift einen fundierten Artikel enthält, die bspw. »Polizei verhaftet Merkel« lautet. Im günstigsten Fall handelt es sich um »Clickbait« – also den Versuch, User*innen nicht auf eine Nachrichtenseite, sondern z. B. auf eine Seite zu locken, die sich über Werbung finanziert. Im ungünstigsten Fall ist es eine fingierte Meldung.

- Überprüfung: Wie heißt die Domain, von der der Artikel stammt? Handelt es sich um eine bekannte, vertrauenswürdige Quelle? Oder handelt es sich bspw. um eine Domain, die absichtlich bekannte Nachrichtensender oder Zeitungen verunglimpft oder imitiert?
- Enthält eine Meldung Grammatik- oder orthografische Fehler?
- Werden offensichtlich gefälschte Fotos gezeigt?
- Fehlen wichtige Angaben wie Veröffentlichungsdatum, Autor*in, Quellenangaben etc.?

Des Weiteren helfen folgende Strategien, um Falschmeldungen nicht weiterzuverbreiten:

- Artikel sollten nicht nur auf Basis ihrer Überschriften geteilt werden. Wenn etwas geteilt wird, sollte es vorher auch gelesen werden.
- Inhalte gegenprüfen: Melden auch andere Medien eine Nachricht, ggf. mit der Berufung auf andere Quellen?
- Quellen der Meldung überprüfen: Ist die Quelle verlässlich oder dafür bekannt, Fehlinformationen zu verbreiten?
- Autor*in überprüfen: Wo veröffentlicht sie/er außerdem? Gibt es diese Person überhaupt?
- Bildersuche: Abbildungen per Bildersuche verifizieren, um eine Manipulation festzustellen
- Blick über den Tellerrand und raus aus der »Filterblase«: Wie schreiben andere Medien über das Thema?
- Allgemein: Meldungen, die nicht mit der eigenen Meinung übereinstimmen, sind nicht unbedingt falsch.

Zusammenarbeit zwischen Politik und Wirtschaft

Digitalisierung ist ein Gebiet, wo die Zusammenarbeit zwischen Politik und Wirtschaft besonders wichtig ist. Die Politik muss u. a. darauf achten, dass technische Entwicklungen in verantwortlicher und nachhaltiger Art und Weise in die Gesellschaft Eingang finden; sie muss Rücksicht auf Befürchtungen der Zivilgesellschaft nehmen. Ebenen, auf denen Politik und ökonomische Stakeholder sich im Namen der Nachhaltigkeit besser vernetzen müssen, sind Arbeit und ökologische Maßnahmen. Auch ordnungspolitische Maßnahmen müssen nach Gesichtspunkten der Nachhaltigkeit durchgesetzt werden. Auf diesen Feldern sind Kooperation und ordnungspolitische Maßnahmen dringend notwendig:
A) Bildung: Wie im gleichnamigen Abschnitt beschrieben, drängen u. a. Internetriesen wie Google inzwischen auch in den deutschen Schulbereich. Für die Ausstattung der Schulen mit Endgeräten und den Weiterbildungsbereich der Lehrer*innen hat das deutlich Vorteile, da hier die Finanzierungsfrage geklärt ist. Eine Kooperation mit der Politik muss hier jedoch klare Randbedingungen festlegen, die eine Mitwirkung großer Konzerne nicht ausschließlich zu einem ökonomischen Vorteil der Konzerne, sondern zu einem pädagogischen Vorteil für die Schüler*innen werden lässt.

B) Netzausbau: Eine Kooperation zwischen den Netzbetreibern in Deutschland und der Politik ist notwendig, um die Pläne der Bundesregierung für den Ausbau von schnellen Internetanschlüssen schneller und effizienter umzusetzen. Eine Forderung von 50 Mbit/s für alle Haushalte Deutschlands ist auch über bereits existierende Kupferleitungen zu realisieren. Höhere Geschwindigkeiten lassen sich nur mittels Glasfaserausbau und Nutzung von WLAN-Technologie erzielen, die die Verlegung von Glasfaserleitungen an jeden einzelnen Verteilerkasten durch Hotspots überflüssig macht. Für Betriebe, die in Sachen Digitalisierung vorankommen wollen, sind Gigabitleitungen unabdingbar.

C) Rohstoffe: IKT-Hersteller und Politik müssen Vereinbarungen über die Nutzung von Rohstoffen, insbesondere der Konfliktmineralien, finden. Zertifizierungen hinsichtlich Herkunft und Unbedenklichkeit müssen nach und nach Pflicht innerhalb der EU werden. Da viele zur Herstellung von Geräten der IKT eingesetzte seltene Erden bislang als einzigartig gelten, muss hier mit der Forschung kooperiert werden, um alternative Werkstoffe bzw. technische Lösungen zum Einsatz von alternativen Werkstoffen zu finden.

D) Recycling und Konstruktion: Die Komplexität der Zusammensetzung von elektrischen und elektronischen Produkten gestaltet das Recycling und die Reparatur dieser Geräte besonders schwierig. Die Verbindungen zwischen den einzelnen Elementen sind häufig schwer zu trennen. Beim Recycling sind häufig konfligierende Interessen am Werk: Die Rückgewinnung mancher Substanzen kann zum Verlust anderer führen.[18] Die komplexe Konstruktion, große logistische Herausforderungen und die suboptimale Organisation in der Reihenfolge der Recyclingarbeitsschritte macht Recycling ökonomisch unattraktiv. Daher werden viele elektrische und elektronische Geräte als illegaler E-Waste in Länder der Dritten Welt exportiert. Auch hier müssen Auflagen vonseiten der Gesetzgeber die Hersteller zur Optimierung der Recyclingprozeduren zwingen. Die Endgeräte müssen so konstruiert werden, dass eine Reparatur schnell und einfach möglich ist. Zusätzlich muss das grundsätzlich mögliche Wechseln von Verschleißteilen zur Auflage gemacht werden.

E) Europäische Ökodesignrichtlinie und Energieeffizienzlabel: Beides muss kontinuierlich weiterentwickelt werden und für neue Produktbereiche Anwendung finden. Wegen der stetigen und zukünftig noch wachsenden Verbreitung von neuen Produktbereichen muss das im Bereich der Smart-Home-Geräte, bei Netzwerktechnik im Heim- und Bürobereich sowie auf dem Gebiet der Rechenzentren und deren Technik geschehen.

F) Verbraucherinformationen: Diese gilt es ebenfalls aufgrund der schnellen Technikentwicklung regelmäßig anzupassen und potenziellen Missverständnisse bspw. durch Energieeffizienzklassen einzudämmen.

Handlungsempfehlungen für die Wirtschaft, insb. IKT-Unternehmen

2005 wurden die Manager*innen großer deutscher Unternehmen der IKT-Branche über Nachhaltigkeitsaspekte befragt. Insgesamt war das Ergebnis recht positiv. Das Leitbild der Nachhaltigkeit spielt bei großen Unternehmen dieser Branche bereits eine wichtige Rolle und nimmt an Bedeutung weiter zu. Trotzdem bestehen auch in dieser Branche noch erhebliche Umweltentlastungspotenziale, vorrangig bei umweltverträglicher Produktgestaltung und Systemlösungen zu einer umweltschonenden Produktnutzung. Wenn es um gesellschaftspolitische Fragen geht, entscheidet man sich hier eher zugunsten anderer Faktoren wie Arbeitsplätze, Sicherheit oder Standortsicherung als in Hinblick auf Nachhaltigkeit.[19]

Es ist eine gesellschaftliche Aufgabe – vor allem eine Aufgabe der Konsument*innen –, Firmen der IKT-Branche zu einer proaktiven Entwicklung zu zwingen. Folglich sollte es ein »Pflichtenheft« für IKT-Unternehmen geben, um das Thema Nachhaltigkeit weiter in den Fokus des Tagesgeschäfts zu rücken. Oberste Priorität ist die Transparenz der Unternehmen gegenüber der Öffentlichkeit. Transparenz bezieht sich auf verschiedene Ebenen und schließt auch das Thema Energie mit ein. Eine Offenlegung, wie hoch der Anteil erneuerbarer Energien für die Versorgung des Unternehmens ist, muss für die Kund*innen einfach ersichtlich sein. Inwieweit besteht eine Verpflichtung zur Nutzung erneuerbarer Energien? Gibt es hier einen klaren, messbaren Plan, in welchem Zeitraum das Unternehmen vollständig auf fossile Energie verzichtet? Welche Maßnahmen werden ergriffen, um Energie einzusparen? Was wird dafür getan, um die Emission von Treibhausgasen zu reduzieren?[20]

So wie es heute im Lebensmittelbereich schnell und einfach ersichtlich ist, ob ein Produkt »bio« ist oder gentechnisch veränderte Komponenten enthält, muss der Umgang mit Energie eines Unternehmens ebenfalls durch einen »moralischen Filter« betrachtet werden – so, wie es auch bei Arbeitsbedingungen von Angestellten oder Investitionen im Ausland inzwischen der Fall ist.[21]

Die US-amerikanische Journalistin Elisabeth Woyke fordert ebenfalls mehr Transparenz von den Unternehmen – vor allem bei den Smartphoneherstellern. Ihr schwebt, analog zur amerikanischen »Bill of Rights« von 1789,[22] eine »Smartphone Bill of Rights« vor. Sie soll den Kund*innen die grundsätzlichen Rechte dazu einräumen, Informationen über die Preispolitik, die Lohnpolitik für Arbeiter*innen in der Zuliefererkette und den Umgang mit dem Datenschutz zu erhalten.[23]

Die erhöhte Transparenz verschiebt das Machtgefälle zwischen Unternehmen und Kund*innen hin zu einer demokratischeren Beziehung auf dem Markt. Das erfüllt jedoch seinen Zweck nur, wenn die Kund*innen auch Gebrauch von ihren Rechten machen – so, wie das im Rahmen einer Demokratie auch sonst der Fall ist.

Angesichts der teilweise verheerenden Folgen, die der Rohstoffabbau an sozialen Verwerfungen und Umweltschäden mit sich bringt, müssen IKT-Unternehmen auch mehr Verantwortung übernehmen. Hersteller müssen deutlich mehr Sorgfalt walten lassen bei der Frage, woher sie die Rohstoffe beziehen. Wird dies dem/den Kund*innen proaktiv kommuniziert, ist das einerseits eine Marketingchance, andererseits schafft dies auch bei den Konsument*innen ein Bewusstsein für gänzlich unbekannte Problemlagen.

Optimierungspotenziale von Rechenzentren und mehr

Nachdem es im vorangegangenen Teil um die Transparenz von IKT-Unternehmen gegenüber der Öffentlichkeit ging, folgt nun ein sehr konkreter Abschnitt darüber, auf welcher Ebene eine Selbstverpflichtung zur Nachhaltigkeit große Vorteile für den Energieverbrauch eines Unternehmens bewirken kann.

Zentraler Teil der Digitalisierung ist Software, und auf diesem Gebiet gibt es einen großen Optimierungsbedarf in Sachen Nachhaltigkeit. Die Funktion von Software liegt teilweise in ihrer vermittelnden Position, indem sie bspw. regelt, wie viel elektrische Energie in Endgeräten, Netzwerken und Rechenzentren verbraucht wird.[24] Wie zuvor beschrieben, ist der Energieverbrauch durch die Nutzung des Internets im Allgemeinen und der zugehörigen Rechenzentren im Besonderen immens. Daher liegt die Überlegung nahe, dass ein kleineres Rechenzentrum auf zwei Ebenen Vorteile hinsichtlich der Nachhaltigkeit besitzt: weniger Energieverbrauch und weniger Hardware – und damit auch weniger Rohstoffverbrauch und weniger Elektroschrott. Rechenzentren sind nur dann ökonomisch effizient, wenn sie rund um die Uhr sehr gleichmäßig ausgelastet sind. Bei Unterkapazität ist die verbaute Hardware nutzlos und eine ungenutzte Investition, trotzdem erzeugt sie Kosten durch Wartung o. Ä. Der Auslastungsgrad ist ein Treiber, der das Wachstum eines Rechenzentrums auf Ebene der Hardware bestimmen kann: Wird ein suboptimaler Auslastungsgrad erreicht, kann Software, die flexibel auf große Amplituden zwischen hoher und niedriger Auslastung steuernd reagiert, als moderierender Faktor die Notwendigkeit eines Ausbaus wegen Überlastung ggf. verhindern. Folglich reduziert sich der Bedarf an Energie und Rohstoffen für die Herstellung weiterer Servereinheiten. Operative Maßnahmen zur Verbesserung der Auslastung und der Lastadaptivität aller Bereiche des Rechenzentrums versprechen verhältnismäßig große Einsparpotenziale.[25]

Es besteht also die Notwendigkeit aufseiten der Betreiber von großen Rechenzentren, ggf. höhere Investitionen in komplexere Software zu akzeptieren, um längerfristig nachhaltiger operieren zu können.
Wichtig in diesem Zusammenhang ist aber auch die Optimierung von Software, die auf Rechenzentren und Mobilfunknetze zugreift. Bspw. nutzen viele Smartphone-Apps Push- und Pull-Dienste zur Aktualisierung von Informationen.[26] Hier muss das Thema Energieeffizienz verankert werden, da diese Dienste in den Mobilfunknetzen zu sehr ineffizientem Signalisierungsverkehr führt, der weitere Energiesparmechanismen der Netze einschränkt.[27]

Für Rechenzentren in Deutschland gilt, dass hier aufgrund des vergleichsweise hohen Strompreises der Energieeffizienz eine besonders attraktive Rolle für den wirtschaftlichen Betrieb zukommt. Hier bieten sich viele Möglichkeiten, Kooperationen mit Softwareentwickler*innen, Forschung und Unternehmen anzustoßen, um Potenziale zu nutzen, was die Standortgestaltung oder die Nutzung natürlicher Ressourcen angeht (Windkraft, Strömung, Nähe zu Pumpkraftwerken etc.). Und selbstverständlich muss das Thema Energieeffizienz in der Ausbildung und in den Arbeitsfeldern der Softwareentwickler*innen eine besondere Beachtung finden. Speziell im Bereich der Industrie 4.0 und dem Internet der Dinge versteckt sich eine große Menge an Energiesparpotenzialen, welche bislang kaum beachtet und genutzt werden.

Empfehlungen für den Bereich Bildung im Rahmen der Digitalisierung

Wie im Kapitel »Bildung« bereits anhand verschiedener Studien dargestellt wurde, besteht angesichts der fortschreitenden Digitalisierung und der dadurch ausgelösten gesellschaftsweiten Transformation auf diesem Gebiet in Deutschland ein erhebliches Defizit. Bildung ist dabei ein zentraler Faktor, wenn man unterstellt, dass durch zukünftig zunehmende Automatisierung eine deutliche Umwandlung am Arbeitsmarkt stattfinden wird.

Angesichts der dargestellten Studienlage besteht dringender Bedarf, das Leistungsniveau im Bereich Medienkompetenz der deutschen Schüler*innen zu erhöhen. Auch muss der Anteil von Schulkindern wachsen, die über mehr als nur rudimentäre Fertigkeiten oder basale Wissensstände im unteren Kompetenzbereich verfügen. Schließlich gibt es inzwischen so gut wie keine Berufe mehr, in denen nicht mindestens ein geringer Umgang mit Computern zu den arbeitstäglichen Inhalten gehört. Auch in der restlichen Lebenswelt ist Informationstechnologie ubiquitär. IT-Kompetenz ist daher nicht nur eine Frage der beruflichen Qualifikation, sondern auch der gesellschaftlichen Teilhabe.

Zentral ist die Ausbildung der Lehrkräfte auf zwei Ebenen: Es besteht ein enger Zusammenhang zwischen der Kompetenz der Lehrkräfte im IT-Bereich und dem Einsatz von digitalen Medien im Unterricht. Um den Einsatz zu erhöhen, müssen die entsprechenden Kompetenzen bei den Lehrer*innen vorhanden sein. Die zweite Ebene betrifft die Art und Weise der Einbindung digitaler

Medien in den Unterricht: Damit dies auf sinnvolle, pädagogische und den Unterricht unterstützende Art geschieht, müssen hier auch praxisnahe Inhalte an die Lehrkräfte vermittelt werden.

Für den Erwerb der Medienkompetenz empfiehlt sich, mehr IKT im Unterricht einzusetzen. Ohne diesen Schritt wird ein Aufstieg aus dem unteren Mittelfeld des Bewertungsfeldes für Deutschland in absehbarer Zeit nicht möglich sein. Kinder und Jugendliche entwickeln Medienkompetenz nur in der Auseinandersetzung mit digitalen Medien. Aber der Umgang muss auch differenziert und kritisch sein. Dafür bedarf es eines schulischen Rahmens – besonders, wenn ein differenzierter Umgang nicht vonseiten der Eltern vermittelt wird oder wenn herkunftsbedingte Ungleichheiten bestehen.[28]

Neben der Aus- und Weiterbildung der Lehrkräfte bedarf es sowohl der strukturellen Verankerung sowie der IT-Bildungsinfrastruktur und des -Supports. Der Erwerb digitaler Kompetenzen mithilfe digitaler Medien muss deutschlandweit in die Rahmen- und Bildungspläne integriert und durch Maßnahmen der Qualitätssicherung abgesichert werden. Bislang gibt es gute Ansätze, die jedoch auf der Initiative einzelner Schulen beruhen und, je nach Bundesland, sehr unterschiedlich stark Unterstützung finden. Länderübergreifende Standards müssen erarbeitet und entsprechend in den Rahmenplänen hinterlegt werden. Politisch muss eine vollständige Aufhebung des Kooperationsverbots zwischen Bund und Ländern erfolgen. Die geforderten Rahmenpläne sind eine Aufgabe, die auf Bundesebene koordiniert werden muss. Schließlich geht es ja um deutschlandweit zu etablierende Standards, dafür müssen die Länder Eingriffe zur Anpassung an aufgrund der Digitalisierung veränderte Bedingungen akzeptieren.[29]

Eine große Zahl von Überstunden für Lehrer*innen, die neben ihrer regulären Tätigkeit als Systemadministratoren tätig sind, ist nicht zumutbar und auch nicht zielführend. Notwendig ist eine zeitgemäße und flexibel nutzbare IT-Ausstattung an Schulen, die professionell betreut wird. Dazu gehören leistungsfähige Internetzugänge, WLAN-Netzwerke, eine ausreichende Anzahl an

Endgeräten sowie ein sofort ansprechbarer, reibungsloser technischer Support, wie er in Behörden und Unternehmen selbstverständlich ist.[30] Die Finanzierungsfrage für Support und Infrastruktur muss gesellschaftlich diskutiert und schließlich politisch entschieden werden. Möglichkeiten bestehen bspw. in einer sozialverträglich gestalteten Finanzierung durch die Eltern. Notwendig ist auch die Prüfung einer Kooperation mit IKT-Unternehmen oder Firmen wie Google, die ohnehin im Sektor Schule engagiert sind. Daraus ergäbe sich auch eine bessere Steuerung, wieweit diese Unterstützung pädagogisch vorteilhaft ist und wann die Unterstützung durch einen solchen Konzern zu negativen Konsequenzen führt.

Demokratie: Schutz und Erhaltung. Handlungsempfehlungen an die Politik in Bezug auf den Umgang mit den sozialen Medien

Die deutsche Politik tut sich im Umgang mit den sozialen Netzwerken schwer. Im Kapitel »Bewahrung der Demokratie« wurden die Gesetzgebungsprozesse in Bezug auf »Hate Speech« und volksverhetzende Inhalte in den sozialen Medien beschrieben. Schwerfällig und der Komplexität nicht angemessen wirkt das Vorgehen. Das verweist auf Unkenntnis der Führungskräfte in den Ministerien, die notwendigerweise digitale Kompetenzen aufbauen müssen.[31] In Maßnahmen wie dem »Netzwerkdurchsetzungsgesetz« zeigt sich, dass sich die deutsche Politik nach wie vor in der analogen Zeitrechnung befindet. Aber aktuelle gesellschaftliche Trends sprechen eine eindeutige Sprache:

Es wird mehr Transparenz und Partizipation auf allen Ebenen des politischen Lebens erwartet und gefordert. Offene und partizipative Prozesse werden in vielen Unternehmen und öffentlichen Einrichtungen eingeführt. Autoritätsverlust droht den Hierarchien, wenn sie nicht inhaltlich begründet sind bzw. sich nicht auf eine breite Legimitation vieler Beteiligten berufen können.[32] »In einer vernetzten Welt verliert triviales Machtgefälle seine Existenzberechtigung.«[33] Weltweit wünschen sich 76 % der Menschen mehr Autonomie und weniger Abhängigkeit und Kontrolle von externen Autoritäten.[34] Es sieht eher danach aus, als würden die sozialen Medien größer und mächtiger und als müsste die Politik einsehen, dass sie Macht eingebüßt, dafür aber einen »Kopfhörer« gewonnen hat. Dieser Kopfhörer lässt vernehmen, was in den Köpfen der Bevölkerung vorgeht – zumindest bei denjenigen, die sich am digitalen Diskurs beteiligen. Das ist neu und einzigartig und in seiner außerordentlichen Komplexität schwer zu durchdringen. Einen Weg dahin, sich sicher in einem komplexen System zu bewegen, weist die Intuition. Diese macht es möglich, die Komplexität der Diskurse, der Strukturen und des Netzes durch Erfahrungswissen zu reduzieren. Dies ermöglicht, ganzheitliche Zusammenhänge zu erkennen und zu verstehen. Sozialen Medien mit Gesetzen wie dem Netzwerkdurchsetzungsgesetz zu begegnen bedeutet, sich auf Fragmente eines komplexen Systems zu konzentrieren anstatt auf das Ganze zu achten. Beim Aufsplitten der Komplexität in Teile geht die Möglichkeit des Verstehens für die Gesamtheit verloren.[35] Aus einem komplexen Ganzen ist ein Wirrwarr komplizierter Einzelteile geworden. Der Schlüssel dafür zu verstehen, was die Bevölkerung bewegt, was von der Politik verlangt wird, ist Beteiligung in den sozialen Netzwerken, und zwar auf Augenhöhe. Sonst kann keine Intuition, Empathie oder Resonanz entstehen. Das Wichtigste dabei ist darzustellen, dass es der Politik darum geht, DABEI zu sein, sich zu beteiligen und zuzuhören, anstatt zu versuchen, die Dynamik zu beherrschen und kontrollieren zu wollen. »…das Wichtigste ist, dass man selbst ein Teil der Dynamik – also ganz dicht an den Themendrifts der Netzwerke – ist und bleibt. Nur wer sich in einer Kultur bewegt, gewinnt ein Gefühl dafür, wo sich die Kultur hin entwickelt.«[36]

Was bedeutet das konkret? Die große Chance der Politik besteht darin, die Wünsche und Probleme der Wähler*innen in den sozialen Netzwerken mitzubekommen. Dafür braucht die Politik einen großen Stab an User*innen, die sich als Sprachrohr und Ansprechpartner der Politik beteiligen. Diese politischen Gesandten dürfen nicht versuchen, die Themenhoheit zu behalten. Sie müssen verstehen, worum es den Menschen geht, um dann operativ die gesellschaftlichen Rahmenbedingungen zu gestalten. Sind die Spielplätze in Bad Salzdetfurt ständig beschmiert? Haben die Leute Angst vor Altersarmut und sind zu wenig darüber informiert, was sie selbst dagegen tun können? Wenn man diese Themen aufgreift und auf die (kommunale) Agenda setzt, sind die sozialen Netzwerke kein Angriff *auf*, sondern eine Entlastung *für* die Politik. Partizipation ist keine Basisdemokratie. Trotzdem geht sie mit der teilweisen Abgabe von Macht einher. Auf diese Art bestimmen die »Kund*innen« und nicht die »Wirt*innen«, was auf die politische Agenda gehört.[37] Das muss die Politik als Chance begreifen und einer gefühlt allgegenwärtigen Abwendung von der Politik oder »Politikverdrossenheit« entgegenwirken.

Genauso kann und muss ein solcher Stab von User*innen sich an propagandistischen Diskussionen beteiligen und mit Fakten und Relativierungen die stille Menge aktivieren und informieren. Denn die meisten beteiligen sich nicht, lesen aber mit und sind daher ansprechbar und empfänglich für radikalisierte Propaganda. Dass ein solches Vorgehen aktuell als nicht wichtig erachtet wird, zeigt sich daran, dass sich bei der EU lediglich ein elfköpfiges Team mit dem Problem von Fake News im Internet beschäftigt. Dieses Team hat innerhalb von 20 Monaten bis Mitte 2017 über 3000 Falschmeldungen identifiziert. Die deutsche Bundesregierung sah es zumindest 2017 nicht als wichtig an, sich an dieser Angelegenheit – besonders im Jahr einer Bundestagswahl – finanziell zu beteiligen.[38] Das muss geändert werden. Social Bots, Fake News, Hassreden, Volksverhetzung etc. sind als Angriffe auf die Demokratie zu verstehen und bedürfen der Regulierung. Rechtsdurchsetzung ist eine öffentliche Aufgabe und kann nicht den privaten Anbietern der sozialen Netzwerke überlassen werden. Wahrung der Demokratie im Internet – auch das ist Nachhaltigkeit, wenn wir uns wünschen, dass unsere Kinder ebenfalls in einer Demokratie leben können.

Ökologische Maßnahmen als Anforderungen an die Politik

E-Waste ist – wie zuvor beschrieben – ein großes Problem auf ökologischer Ebene und für die Gesundheit der Menschen in den betroffenen Regionen.

E-Waste birgt jedoch auch eine große Menge an wertvollen Rohstoffen. Daher müssen politische Maßnahmen das Anfallen, die Verwertung und die Entsorgung von E-Waste nachhaltiger gestalten.

Wie häufig bei umweltsoziologischen Problemen, die mit Übernutzung oder Abschieben der eigenen Verantwortung zu tun haben, müssen institutionelle Regeln in Kraft treten.[39] Wie bei anderen Allmenden kommen auch hier zunächst dem Monitoring und der Sanktionierung[40] zentrale Rollen zu. Zum Beispiel wäre die Überwachung von Stoffströmen, einhergehend mit erhöhter Transparenz von Zuliefererketten, eine sinnvolle Maßnahme: Zuliefererfirmen müssen Herkunft und Richtung der verwerteten Rohstoffe offenlegen und ebenfalls für eine Wiederverwertung ausgesonderter Mikroelektronik Verantwortung übernehmen. Dieser Schritt wäre ökologisch und ökonomisch sinnvoll und würde verhindern, dass wertvolle Rohstoffe verloren gehen und Schadstoffe in die Umwelt gelangen. Auch eine Initiative auf Ebene des Produktdesigns ist notwendig: Produkte müssen sich möglichst einfach öffnen lassen, um die Möglichkeit des Recyclings zu verbessern.[41] Ordnungspolitische Sanktionierungsmaßnahmen mit hohen Strafzahlungen bei Verstoß würden ebenfalls disziplinierend hin zu einer Einhaltung der Regeln wirken.

Hinzu kommt die größtmögliche Vermeidung des Einsatzes seltener Rohstoffe bzw. die Gewinnung von Rohstoffen aus nachhaltigen Quellen: Hersteller und Zulieferer müssen – ähnlich wie beim Versand von CO_2-neutralen Sendungen, bei denen ein Teil des Portos zur Aufforstung von Regenwald verwendet wird – zur Errichtung von Sozialeinrichtungen, Krankenhäusern und Schulen in den Herkunftsregionen verpflichtet werden. Das berücksichtigt Nachhaltigkeitsaspekte sowohl auf ökologischer wie auf sozialer Ebene.

Da bei den vorgeschlagenen Prinzipien Kontrollgremien, Überwachungsinstrumente und -regularien einzuhalten sind und eine Vielzahl an Stakeholdern beteiligt ist, müssen diese Regeln auf Augenhöhe ausgehandelt werden. Dabei führt kein Weg an Partizipationsrechten für alle Beteiligten vorbei. Auch muss im Konfliktfall ein Rückgriff auf unabhängige Konfliktregulierungsparteien möglich sein. Ist dies alles gewährleistet, steht einer Sanktionierung bei Verstoß gegen kollektiv konzipierte Regeln ebenfalls nichts im Wege.

Der erste Schritt zu solchen Regelungen muss von politischer Seite erfolgen. Die Hersteller und Zulieferer haben in der Regel kein Interesse an Selbstverpflichtungen zu ökologischen oder sozialen Maßnahmen.

Endnoten

1 Vgl. cisco.com/c/en/us/solutions/collateral/service-provider/visual-networking-index-vni/mobile-white-paper-c11-520862.html.

2 Vgl. Centre for Energy-Efficient Telecommunications 2013b.

3 Vgl. Centre for Energy-Efficient Telecommunications, University of Melbourne 2013a.

4 Vgl. Lohmann/Hilty/Behrendt et al. 2015.

5 Vgl. Hayon 2018.

6 Vgl. Woyke 2014: 143.

7 Vgl. Diep 2015.

8 Vgl. Koebler 2017a.

9 Vgl. Kapitel »Effizienzmaschine Digitalisierung«.

10 Vgl. Brodersen 2016.

11 Vgl. Whitwam 2015.

12 »Software Bloat: Higher hardware performance entices software developers to create inefficient implementations.«: Hilty 2008: 90.

13 Vgl. neverware.com/freedownload.

14 Vgl. atap.google.com/ara/.

15 Vgl. Thiel 2016.

16 Vgl. shop.fairphone.com/.

17 Vgl. Gu/Kropolov/Yarockkin 2017.

18 Vgl. Sepulveda/Schluep/Hagelüken et al. 2010.

19 Vgl. Behrendt/Tobias 2005.

20 Vgl. Cook/Pomerantz/Rohrbach et al. 2015.

21 Vgl. Crane 2014.

22 Diese besteht aus den zehn Zusatzartikeln der Verfassung der Vereinigten Staaten. Sie sichern den Einwohnern im Rahmen einer freien und demokratischen Gesellschaft bestimmte unveräußerliche Grundrechte zu.

23 Vgl. Woyke 2014: 253ff.

24 Vgl. Lohmann/Hilty/Behrendt et al. 2015.

25 Vgl. Stobbe/Proske/Zedel et al. 2015.

26 Wenn bspw. eine Wetter-Informations-App die Wetterlage von einem Datenzentrum bezieht (Pull), um dann dem/der Nutzer*in eine diesbezügliche Meldung auf sein/ihr Telefon zu schicken (Push).

27 Vgl. ebd.

28 Vgl. Bos/Eickelmann/Gerick et al. 2014.

29 Vgl. Initiative D21 2016.

30 Vgl. Schaumburg 2015.

31 Vgl. Münchner Kreis e. V. 2014.

32 Vgl. Beckert/Schuhmacher 2013.

33 Zitat von Peter Kruse, in: Hermes 2012: 5.

34 Vgl. Ipsos Global Trends.

35 Vgl. Hermes 2012.

36 Kruse 2009.

37 Vgl. Kruse 2009.

38 Vgl. Bröker/Kampf 2017.

39 Vgl. Diekmann/Preisendörfer 2001: 84.

40 Vgl. ebd., 92f.

41 Vgl. Behrendt/Hilty/Erdmann 2003.

TEIL 5

Nachhaltigkeit durch Digitalisierung

Im Folgenden wird Forschungsfrage 3 beantwortet: Worin bestehen die Möglichkeiten, durch die Digitalisierung ein höheres Maß an Nachhaltigkeit zu erreichen?

Mehr Nachhaltigkeit durch die Prozesse, Logiken und Werkzeuge, die die Digitalisierung mit sich bringt, ist möglich. Es existiert ein zentrales Paradoxon im Themenfeld Digitalisierung und Nachhaltigkeit. Der Widerspruch besteht darin, dass die Digitalisierung, wie auf den vergangenen Seiten dargestellt, viele Nachhaltigkeitsdefizite mit sich bringt. Digitalisierung allgemein und IKT im Speziellen neigen aufgrund der integrierten ständigen Effizienzsteigerung zwar zwangsläufig zu Reboundeffekten. Gleichzeitig kann aber die Digitalisierung in manchen Bereichen und mit dem richtigen Maß zur Nachhaltigkeit beitragen und Nachhaltigkeitsprozesse sogar über das Maß hinaus steigern, das vor dem digitalen Zeitalter noch nicht möglich gewesen wäre.

Möglich ist das, wenn man das Paradoxon auflöst und den Prozess der Digitalisierung von einer höheren Warte aus betrachtet. Dafür muss die Digitalisierung zusammen mit anderen Akteuren, der Gesellschaft und der Politik, in Interaktion gesehen werden. Das bedeutet, dass der Kontext entscheidend ist. Die technologische Entwicklung ist zum Erreichen einer größeren Nachhaltigkeit durch Digitalisierung zwar *notwendig*, aber nicht *hinreichend*. Hinreichend ist die Einbettung der technologischen Entwicklung in eine gesteuerte, kontrollierte, politische und kulturelle Form, die die positiven Aspekte der digitalen Revolution nutzt und die negativen Auswirkungen reduziert bzw. vermeidet.

Digitalisierung muss so genutzt werden, dass die Einsparungen auf Ebene von Energieverbrauch und Materialfluss durch die Digitalisierung größer sind als der Verbrauch durch ihren Einsatz.[1] Das bedeutet: Technologische Lösungen müssen physische Lösungen, die einen hohen Energieverbrauch haben und/oder mit viel Materialeinsatz einhergehen, entweder ersetzen (z. B. PDF statt Papier) oder optimieren[2] (z. B. Verkehrsleitsysteme).

Abbildung 17: Das Zusammenspiel zwischen Digitalisierung, Politik und Gesellschaft

Gesellschaftliche und politische Prozesse erzeugen Randbedingungen, innerhalb deren Digitalisierung sehr nachhaltig oder sehr unnachhaltig wirken kann. Die Sharing Economy bietet eine große Menge Arbeitsplätze und kann bei der Entkopplung zwischen Wirtschaftswachstum und Umweltverbrauch große Wirkung erzielen. Im Folgenden werden Wege zu einem nachhaltigen Wirken unter dem Einfluss der Digitalisierung aufgezeigt.

Dematerialisierung

Wie beschrieben, beinhaltet die Digitalisierung eine inhärente Logik, die auf Prinzipien wie Moore's Law basiert. Damit gehen eine stetige Steigerung an Effizienz und ein Anstieg von Potenzialen zur Dematerialisierung und Miniaturisierung einher. Jedoch tritt de facto keine Senkung von Energie- und Materialfluss ein. Vielmehr steigen der Energieverbrauch von Elektrogeräten sowie der Abbau und Transport von Rohstoffen ständig an, und die steigende Menge an E-Waste beweist eine Erhöhung des Materialverbrauchs. Die fortschreitende technologische Entwicklung ist eine notwendige, aber nicht hinreichende Komponente, um den Grad der Dematerialisierung zugunsten einer stärkeren Nachhaltigkeit bzw. über das Niveau eines Reboundeffekts hinaus zu steigern.

Ersatzstrategien

Digitalisierung besitzt das Potenzial zur Dematerialisierung – zu sehen bspw. daran, welche Funktionen ein Smartphone abdecken kann: Navigationsgerät, Telefon, Anrufbeantworter, (Video-)Kamera, Fernglas, Taschenrechner, Wasserwaage, Radio, Spielekonsole und vieles mehr. All diese Funktionen werden durch ein einzelnes Gerät abgedeckt.[3] Damit eröffnet sich die Möglichkeit, dass ein/e Besitzer*in eines Smartphones all diese Geräte nicht zusätzlich zu erwerben braucht.

In welch größerem Umfang solche Einsparungen realisiert werden können, soll am Beispiel einer Konferenz gezeigt werden: Viele Gäste reisen an den Austragungsort und erhalten eine große Menge an Unterlagen über die Sessions, Workshops und Vorträge in den kommenden Tagen sowie häufig eine Tragetasche im Design der Veranstaltung. Das verbraucht viel Papier, Druckertoner, elektrische Energie, und die Anreisen der Teilnehmenden erzeugen viel CO_2. Viel Energie und ein großer Anteil der Emissionen kann durch folgende Maßnahmen eingespart werden: Die Unterlagen der Vorträge werden als CD-ROM oder Download zur Verfügung gestellt. Auf diese Weise können die Teilnehmenden lediglich die Unterlagen ausdrucken, die sie benötigen. Die Vorträge werden als Videokonferenzen abgehalten, das reduziert den größten CO_2-Faktor: die Anreisen.[4]

Im Zusammenhang mit dem CO_2-Fußabdruck von Transporten ist auch die Dematerialisierung von Medieninhalten per Streamingservices ein deutlicher Vorteil für die Nachhaltigkeit: Der Transport von CDs, DVDs oder Blu-rays – nicht deren Herstellung – macht den Gebrauch von Streamingangeboten nachhaltiger.[5]

Für Schwellenländer und Länder der Dritten Welt ist der Ausbau von Mobiltelefonie anstelle des klassischen Verlegens von Telefonkabeln deutlich nachhaltiger, da energiesparender. Das Ziel – der Ausbau der Telekommunikation für die Bevölkerung – wird erreicht mittels des Überspringens eines ressourcenintensiven manuellen Arbeitsschritts. Wie im Kapitel über die Netzausbaustrategien der Deutschen Bundesregierung beschrieben, wäre der Ausbau von WLAN-Hotspots ebenfalls einfacher, schneller und ökologischer als die Verlegung von Glasfaserkabeln.

Optimierungsstrategien

Videokonferenzen, Streaming von Medien, Mobiltelefonie statt der Nutzung von »Landleitungen« sind drei Beispiele, wie Digitalisierung, wenn sie eine physische, materiell aufwendige Sache ersetzt, nachhaltig wirken kann. Digitalisierung kann ebenfalls durch Optimierungen Nachhaltigkeit erzeugen: Gerade für die genannten Länder gilt, dass lokale, dezentrale alternative Energieerzeugung durch intelligente Vernetzung einen Nachhaltigkeitsvorteil bringt, da der ressourcenintensive Transport der Energie aus zentralen und emissionsintensiven Kohlekraftwerken vermieden werden kann.[6] Dafür wird eine effektive Steuerung der Verteilung und Erzeugung benötigt, die für den Einsatz digitaler Strategien ein weites Feld eröffnet.

Intelligente Vernetzung kann auch auf Mobilität optimierend wirken und erzeugt einen deutlichen Nachhaltigkeitsvorteil. Individuelle Mobilität in Städten ist angesichts der starken Urbanisierung ein essenzieller Faktor, bei dem selbst kleine Optimierungen in Summe große Vorteile bewirken. Erstmals in der Geschichte lebt heute über die Hälfte (aktuell 54 %) der Weltbevölkerung in Städten,[7] rund um den Globus ziehen Menschen vom Land in die Stadt. Ziele für die individuelle, intermodale Mobilität müssen daher Sicherheit, Komfort, Erschwinglichkeit und die Schonung natürlicher Ressourcen inklusive der Reduzierung von Emissionen sein. Aus kommunaler Perspektive kommt noch ökonomische Effizienz hinzu.

Hier bieten sich viele Möglichkeiten, durch digitale Strategien die drei erforderlichen Ziele der urbanen Mobilität effizient und mit maximaler Nachhaltigkeit zu erreichen: Vermeidung von Verkehr (z. B. Reduzierung von Wegen), Verlagerung von Verkehr (z. B. intermodale Lösungen) und Kontrolle des Verkehrs (optimierte Ausnutzung der Fläche mit Verkehrsvolumen).[8]

Entkopplung durch Digitalisierung

Spätestens Ende der 1950er-Jahre haben sich die Industrienationen an der Leitlinie des Wachstums orientiert. Und in einem kapitalistischen Wirtschaftssystem ist Wachstum eine der essenziellen Grundlagen: Wesentliche wirtschaftliche Prozesse und gesellschaftliche Beziehungen sind im Kapitalismus auf die Anwendung und Verwertung von Kapital mit dem Ziel der fortwährenden Kapitalvermehrung ausgerichtet.[9] Daher ist »stetiges und angemessenes Wirtschaftswachstum«[10] seit 1967 als Staatsziel der Bundesrepublik im Gesetz zur Förderung der Stabilität und des Wachstums der Wirtschaft verankert.

Dieses Wachstumsprinzip führt aber, wie gezeigt, zu Reboundeffekten. Einsparungen verfehlen ihre Wirkung zumindest zu Teilen durch die nachfolgende Expansion. Folglich ist im Rahmen eines Systems, das mit der Logik des Wachstums operiert, auch Nachhaltigkeit nicht zu erreichen. Denn wie eingangs beschrieben, besteht Nachhaltigkeit aus der Gleichzeitigkeit von Effizienz/Konsistenz und Suffizienz. Wenn die Konsistenz ihre Wirkung verfehlt, Effizienz in nachfolgende Expansion mündet und durch ökonomische Selbstbegrenzungen (z.B. Einschränkungen des Lebensstils) keine Anpassungsleistung vollbracht wird, wird Nachhaltigkeit als Prinzip verfehlt. Die Schädigung der Umwelt, der Verbrauch von Ressourcen, das Verfehlen von gesteckten Klimazielen erscheinen als unabdingbarer Teil eines Wirtschaftssystems, das als Grundprinzip ein stetiges Wachstum erfordert. Lediglich eine Abkehr vom Wachstumsparadigma würde ermöglichen, freigegebene Kapazitäten als Freiräume zu nutzen, anstatt neue Wachstumseffekte auszulösen. Das Wachstumsparadigma ist jedoch ein fester Teil des kapitalistischen Wirtschaftssystems. Die Veröffentlichung von »Ende des Wachstums« durch den Club of Rome liegt aber bereits mehr als 40 Jahre zurück. Dennis Meadows, der 1972 an dieser Publikation mitgewirkt hatte, führte 2004 in einer Revision der Studie aus, dass das Wirtschaften nach dem Wachstumsprinzip, also eine Fortführung des aktuellen Kurses, bis 2030 zu einem kompletten Kollaps der Weltwirtschaft führen wird.[11]

Eine Entkopplung zwischen wirtschaftlichem Wachstum und dem Umweltverbrauch kann nur durch reduziertes Wachstum oder gar ein Nullwachstum des Volkseinkommens erreicht werden. »Wer glaubt, das Bruttoinlandsprodukt (BIP) könne ohne zusätzliche Umweltschädigung immer weiter wachsen, muss an zwei Wunder glauben: an die ökologische Unbedenklichkeit zunehmenden Konsums und an die Unschädlichkeit wachsender Produktion. Beides ist schwer vorstellbar, denn ein wachsendes BIP ist ohne eine zusätzliche Warenproduktion nicht möglich. Zugleich lässt wirtschaftliches Wachstum das verfügbare Einkommen von mindestens einem Teil der Bevölkerung steigen, woraus zusätzlicher Konsum entsteht. Beides, Produktion wie Konsum, verbrauchen Ressourcen oder belasten die Umwelt.«[12]

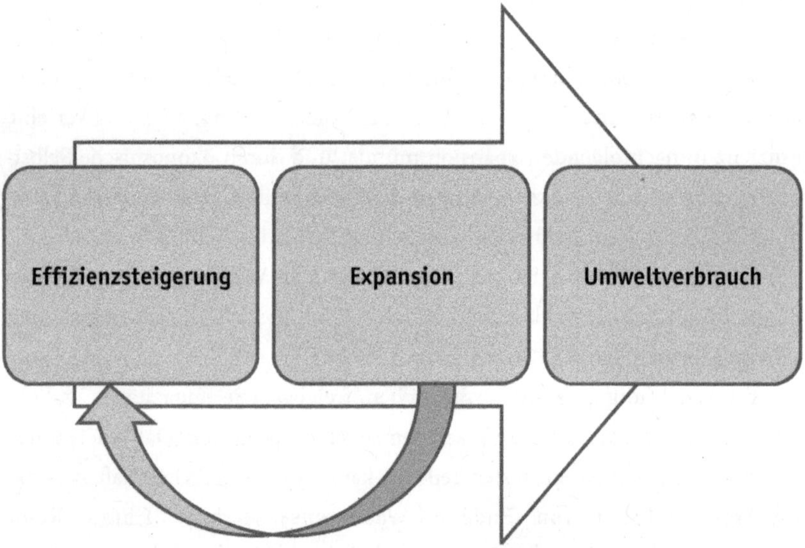

***Abbildung 18:** Effizienzsteigerungen erzeugen Expansion, diese erzeugt Umweltverbrauch*

Wie auf den vergangenen Seiten verschiedentlich beschrieben wurde, passt sich die Digitalisierung quasi als Symptom der gesamtgesellschaftlichen Konzentration auf Effizienz- und Expansionssteigerung in das Wachstumsparadigma ein und erzeugt ihrerseits Beschleunigung, Steigerung, ständige Entwertung von vor Kurzem erst Erreichtem, Konsumsteigerung, mehr Ressourcenverbrauch und in diesem Zuge auch viele soziale Probleme.

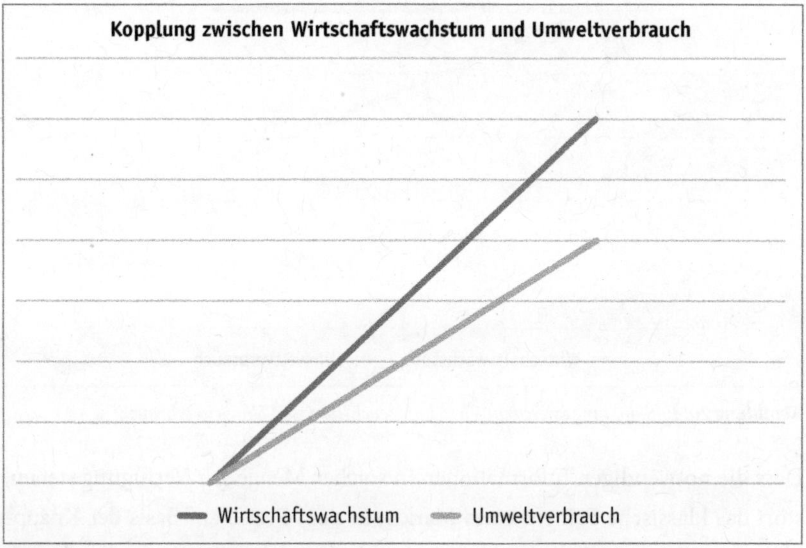

Abbildung 19: *Kopplung zwischen Wirtschaftswachstum und Umweltverbrauch*

Jedoch wurde im Vorwort auch beschrieben, dass die Lösung der Probleme, die die Digitalisierung erzeugt, in der Digitalisierung selbst zu finden ist und dass diese sogar ein höheres Maß an Nachhaltigkeit zu erzeugen vermag. Bisher wurde der Zusammenhang zwischen wirtschaftlichem Wachstum und dem Verbrauch von Ressourcen dargestellt. Genau die notwendige Entkopplung dieser zwei Faktoren kann die Digitalisierung herbeiführen.

Die Digitalisierung hat das Potenzial, eine wirtschaftliche Stagnation zu erzeugen und den »Postkapitalismus« einzuläuten. Durch die Informationstechnologie und deren Beschleunigung wächst anwendbares Wissen in jedem Moment des Tages, und sie ermöglicht durch ihre ubiquitäre Verfügbarkeit die Herstellung von Gütern und Dienstleistungen zu Grenzkosten, die gen null tendieren.[13]

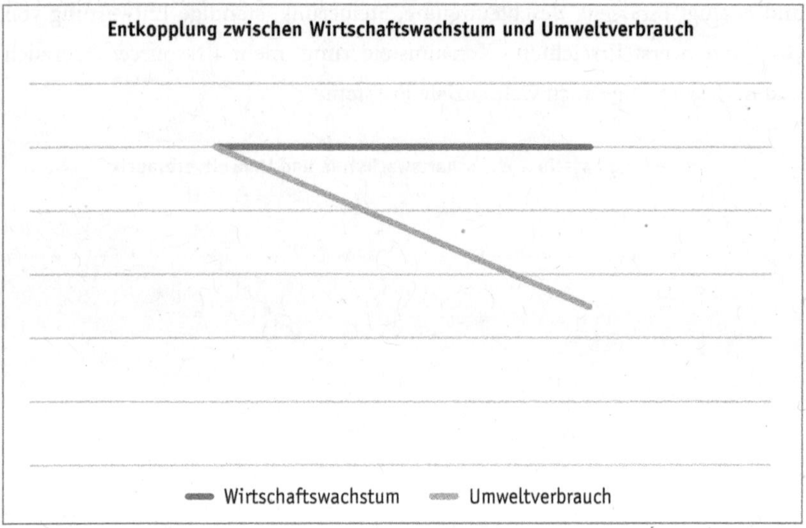

Abbildung 20: Entkopplung zwischen Wirtschaftswachstum und Umweltverbrauch

Dass die notwendigen Informationen in solcher Menge zur Verfügung stehen, stört das klassische Prinzip eines Markts, in dem Preise auf Basis der Knappheit von Gütern festlegt werden.[14] Dabei dreht es sich hierbei nicht nur um Musik oder Filme, die von Konsumenten, die zu Prosument*innen geworden sind, im Rahmen der Digitalisierung im Handumdrehen produziert und vertrieben werden können.[15] Durch Entwicklungen wie 3-D-Druck lassen sich selbst Produkte zu minimalen Kosten herstellen. Wenn die Grenzkosten für viele Produkte gegen null gehen, versagt die klassische Wirtschaftstheorie, und der Kapitalismus verliert seine Grundlage. Autoren wie Paul Mason (»Postkapitalismus«), Niko Paech und Jeremy Rifkin (»Die Null-Grenzkosten-Gesellschaft«) sehen die Zukunft in Bereichen wie der Sharing Economy und dem kooperativen Non-Profit-Sektor – z. B. Wikipedia. Hier stellen Zehntausende Freiwillige ehrenamtlich Wissen kostenlos für alle zur Verfügung.[16]

Es wirkt paradox: Die Digitalisierung kann zur Entkopplung einen essenziellen Beitrag liefern. Reduzierung des Wirtschaftswachstums durch reduzierte

Wertschöpfung auf Basis minimierter Grenzkosten findet bereits heute auf vielen Ebenen statt, die sich erst durch die Mittel der Digitalisierung verbreiten konnten.[17]

Digitalisierung ermöglicht den Zugang zur Sharing Economy, zur Wiederverkaufskultur, zu Self-Repair-Werkstätten und vielen anderen Wirtschaftszweigen, die Wirtschaftswachstum begrenzen und dabei helfen, gesamtgesellschaftliche Reboundeffekte zu vermeiden. Der Einsatz der Digitalisierung ermöglicht ebenfalls einen intelligenten und sparsamen Einsatz von Ressourcen im Rahmen der Circular Economy, wie dies vor kurzer Zeit noch nicht möglich gewesen wäre.

Teilen statt besitzen – die Sharing Economy[18]

Die Ökonomie des Teilens wächst und trägt Bausteine zur Konstruktion des Postkapitalismus[19] mit sich. Da der Begriff nicht einheitlich genutzt wird, wird die Definition von Rachel Botsman, einer der bekanntesten Autor*innen zu diesem Thema, verwendet: »Die Sharing Economy ist eine Wirtschaftsform, in der sich Individuen und Gruppen in Form von Distributionsnetzwerken organisieren. Dieses Konzept grenzt sich gegenüber zentralisierten Institutionen ab und transformiert die Art, wie wir erzeugen, konsumieren, finanzieren und lernen.«[20] Sie unterscheidet dabei Wiederverkaufsmärkte wie eBay, Kollaborationen wie Mila[21] und Dienstleistungsservices wie Airbnb oder Carsharing.

Wiederverkaufsmärkte

Starke Umweltentlastungspotenziale bieten Auktionsmärkte und Handelsplattformen im Internet, die einen nachhaltigeren Konsum ermöglichen. Denn sie können den Lebenszyklus von Gütern verlängern und so zusätzliche Umweltbelastungen durch Neuanschaffungen und erneute Herstellung vermeiden. Während es vor der Selbstverständlichkeit des Internets häufig mit hohen Transaktionskosten verbunden war, auf Ebene privater Haushalte Waren zu (ver)kaufen und zu tauschen, ist die Begrenzung auf regionale Märkte nun vollständig aufgehoben.

Hierbei muss aber die ökologische Bilanz des Onlinehandels mit Gebrauchtgütern differenziert werden: Eine Lebensdauerverlängerung kann sich auch negativ auswirken, wenn die ökologische Belastung hauptsächlich in der Nutzungsphase entsteht, bspw. bei einer Waschmaschine mit hohem Energie- und Wasserverbrauch. Anders verhält sich das bei IKT: Hier entsteht der höchste Energieverbrauch nicht beim Betrieb, sondern bei der Herstellung.[22] Daher ist es aus Perspektive der Nachhaltigkeit von besonderem Wert, IKT weiterzuverkaufen bzw. gebraucht zu erwerben. Kritisch muss jedoch hinterfragt werden, ob z. B. der Kauf von gebrauchten Produkten Neukäufe ersetzt oder diese additiv hinzukommen und ob durch den Onlineeinkauf private Einkaufsfahrten ersetzt werden oder das Internet nur als eine weitere Bezugsquelle hinzukommt.[23]

Carsharing und Mitfahrdienste

Das Mobilitätsverhalten hat sich in den vergangenen Jahren merklich verändert: Insbesondere in den Städten geht es weniger um den Besitz eines Fahrzeugs,[24] sondern darum, ressourcensparend und flexibel sein Ziel zu erreichen. Klassische Statussymbole wie das Auto haben ihren Stellenwert verändert,[25] gleichzeitig verbreiten sich das Carsharing und digital vermittelte Mitfahrgelegenheiten. Aufgrund der Notwendigkeit einer erhöhten Flexibilität im Beruf steigt die Mobilität gleichzeitig an. Die Digitalisierung senkt dabei die Transaktionskosten für das Leihen eines Fahrzeugs oder das Finden einer Mitfahrgelegenheit. Per App sind Standort und Kilometerstand eines Leihwagens sofort erfahrbar oder Mitfahrgelegenheiten gefunden. Das vereinfacht das Konzept für Nutzer*innen und Fuhrparkmanager*innen.[26] Zeit und Aufwand, ein fahrbereites Auto zu finden, gehören der Vergangenheit an. Inzwischen nutzen in Deutschland über 380.000 Menschen stationäres Carsharing. 2014 konnten stationäre Anbieter laut Bundesverband Carsharing 18,8 Prozent Nutzer*innen hinzugewinnen. Noch schneller wächst die Form des »Free Floating« Carsharings:[27] Innerhalb von fünf Jahren konnten die Anbieter ihren Kundenstamm bis 2014 auf 660.000 Nutzer ausbauen.[28]

Wie nachhaltig ist diese Form der Shared Economy? Zunächst besteht die Nachhaltigkeit in der höheren Nutzungsdichte der Fahrzeuge: Carsharingfahrzeuge werden durchschnittlich zwölf Stunden pro Tag genutzt, private PKW stehen in Deutschland dagegen durchschnittlich 23 Stunden pro Tag[29] ungenutzt. Offensichtlich handelt es sich um eine Steigerung der Effizienz: mehr Nutzung pro Fahrzeug. Fragwürdig ist jedoch, inwieweit der Faktor Suffizienz zum Tragen kommt. Wird bspw. die Gesamtzahl privater PKW durch Nutzung von Carsharing gesenkt? Häufig scheint Carsharing eine Ergänzung zu sein und kein Ersatz – zumindest beim Free Floating Carsharing. Der Verkehr und damit die Umweltbelastung werden erhöht und nicht gesenkt: Ein Ergebnis der WiMobil-Studie ist die Analyse der DriveNow-Kundschaft: 57 Prozent der Kund*innen besitzen ein eigenes Auto, 18 Prozent gaben sogar an, sich in Zukunft eines kaufen zu wollen.[30] Nimmt man beide Formen des Carsharings – stationäres und Free Floating – zusammen, zeigt sich empirisch kein Reboundeffekt durch insgesamt erhöhte Mobilität per PKW. Carsharingnutzer*innen tendieren u. a. zur Abschaffung eines eigenen Autos, was zur Verringerung der Gesamtzahl von Fahrzeugen in den städtischen Bereichen führt.[31] Digitalisierung trägt hier, abhängig von der Art des Services, zur Nachhaltigkeit bei. Free Floating Carsharing ist wegen der Flexibilität sehr viel beliebter und trägt zur Erhöhung des Verkehrsaufkommens bei, da infolgedessen bspw. Angebote des ÖPNV weniger genutzt werden. Politische Überlegungen, den ÖPNV insgesamt kostenlos anzubieten, könnten diesem Trend entgegenwirken. Es zeigt sich: Digitalisierung bedarf einer kulturell, politisch und gesellschaftlich sinnvollen Einbettung. Per se trägt sie weder zur Nachhaltigkeit bei, noch erzeugt sie Nachhaltigkeitsdefizite.

Durch Digitalisierung werden auch die Transaktionskosten der Vermietung privater Zimmer über Dienste wie Airbnb gesenkt. Andere Sharingdienste bieten bspw. Fahrräder, Kleidung, Spielzeug, Werkzeug oder Gemüsegärten.

Leihläden ermöglichen das Ausleihen von Geräten und vermeiden damit eigene Anschaffungen.[32] Das Verleihen von Gegenständen ist auch unter dem

Begriff »Product as a service«[33] bekannt – ein wichtiger Bestandteil der Circular Economy, siehe unten.

Kollaborationen

Wie im Kapitel über geplante Obsoleszenz beschrieben, sind im Bereich der IKT Reparaturen komplex und teuer. Da der Markt für elektronische Geräte sehr großen Innovationsraten unterworfen ist, sind defekte Computer, Fernseher, Smartphones etc. häufig »wirtschaftliche Totalschäden«. Trotzdem ist es nicht ganz unwahrscheinlich, dass man Spezialist*innen auf Plattformen wie Mila, in Repaircafés oder offenen Werkstätten findet. Repaircafés sind kostenlose Treffen, bei denen die Teilnehmer*innen zusammen mit Fachleuten Dinge reparieren können. Offene Werkstätten sind auf das Teilen all dessen ausgerichtet, was man zum Selbermachen braucht, etwa Räume, Werkzeuge und vor allem Wissen.[34] Diese Orte stellen weitere Möglichkeiten dar, Neuanschaffungen und damit auch (vor allem elektronischen) Müll zu vermeiden. Die Digitalisierung unterstützt hier durch die Informationen, wer im Schadensfall helfen kann oder wo und wann der nächste Repaircafétreff stattfindet. In der oben beschriebenen Definition von Rachel Botsman werden Kollaborationen in die Shared Economy miteinbezogen. Es gibt jedoch gerade in diesem Bereich eine deutliche Überschneidung zur Circular Economy.

Circular Economy

Die Circular Economy (CE) oder Kreislaufwirtschaft setzt wiederverwertbare Ressourcen in einer geschlossenen Wertschöpfungskette ein.[35] Es geht darum, das Problem begrenzter Ressourcen, das durch steigende Bevölkerungszahlen und zunehmenden Konsum verschärft wird, unter Vermeidung des Gebots eines beständigen Wachstums zu lösen. Das Wegwerfprinzip wird durch das Prinzip der Wiederverwendung ersetzt. Der Einsatz vorwiegend biologischer Rohstoffe, die sich wiederverwerten lassen und biologisch abbaubar sind, soll das ermöglichen. Werden nicht erneuerbare Rohstoffe verwendet, sollten diese so beschaffen sein, dass sie über lange Zeit eingesetzt werden können. Wie für die Sharing Economy gilt auch für die Circular Economy, dass die Digitalisierung hier einen zentralen Faktor ausmacht, um ein hohes Maß an Effizienz und Konsistenz zu erzeugen.[36] Innerhalb der deutschen Industrielandschaft besteht hier Optimierungsbedarf'. Im Jahr 2010 belief sich der Anteil in der Produktion eingesetzter recycelter Materialien lediglich auf 14 %.[37]

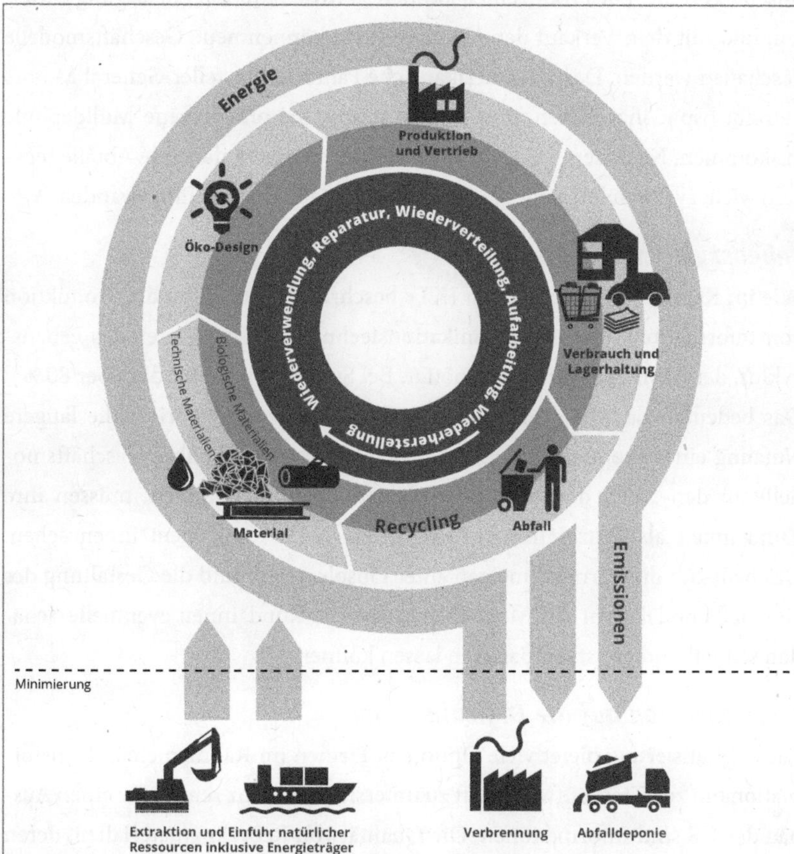

Abbildung 21: *Das Konzept der Circular Economy*
European Environment Agency 2016

Wiederverwertung und Recycling

Einer der wichtigsten Gründe für den Einsatz der CE sind die schwindenden Rohstoffreserven. Deswegen kommt der Wiederverwendung eingesetzter Materialien und insbesondere der im Produktionsprozess anfallenden Abfälle besondere Bedeutung zu. Dies hat nicht nur ökologische, sondern auch ökonomische Vorteile: Für Produzenten können so Kosten für die Entsorgung entfallen, und mit dem Verkauf der Abfallprodukte können neue Geschäftsmodelle geschaffen werden. Der US-amerikanische Fahrzeughersteller General Motors betreibt bspw. inzwischen über 150 Standorte, die ohne eigene Mülldeponie auskommen. Nach dem »Zero Waste«-Prinzip werden anfallende Abfälle recycelt, wiederverwendet, weiterverkauft oder in neue Energie umgewandelt.[38]

Lebenszyklusverlängerung

Wie im Kapitel »Herstellung von IKT« beschrieben wurde, ist die Produktion von Informations- und Kommunikationstechnologien der Anteil des Lebenszyklus, der die meiste Energie benötigt. Bei Smartphones sind das über 80 %.[39] Das bedeutet, dass eine Verlängerung des Lebenszyklus, sprich: die längere Nutzung eines Produkts, viel Energie spart. Hersteller, die ihre Geschäftsmodelle an den Ideen der Kreislaufwirtschaft orientieren wollen, müssen ihre Kund*innen als Nutzer*innen, nicht lediglich als Konsument*innen sehen. Das bedeutet die Vermeidung geplanter Obsoleszenz[40] und die Gestaltung des Geschäftsmodells mit der Möglichkeit, dass die Kund*innen eventuelle Schäden schnell und günstig reparieren lassen können.[41]

Konzentration auf die Digitalisierung

Die Digitalisierung bietet viele Optionen, Firmen im Rahmen einer Transformation hin zur Kreislaufwirtschaft zu unterstützen. Ganz zentral für einen Ausbau der CE sind Informationen: Die Qualität von Recyclingmaterialien, deren Quantität, umfangreiche Recherchen und intransparente Preisgestaltung sind Faktoren, die Hersteller von einer verstärkten Nutzung der Wiederverwertung abschrecken.[42] Diese Informationen können in offenen zentralen Datenbanken zusammengetragen und zur Verfügung gestellt werden. Darüber hinaus gibt es weitere Optimierungsmöglichkeiten, bei denen die Digitalisierung unterstützen kann, z. B. im Bereich des Produktdesigns. Produkte können auf Basis intelligenter Nutzung von Informationen konzipiert werden: von den verwendeten Materialien bereits im Gestaltungsprozess über eine einfache Reparaturfähigkeit bis hin zur späteren Wiederverwendung. Dafür muss im Vorfeld bekannt sein, wie ein eingesetztes Material beschaffen ist und inwieweit es sich zur späteren erneuten Nutzung eignet.

Auf dem Weg zur Nachhaltigkeit mittels Sharing und Circular Economy?

Die Kritik, die Sharing Economy sei das genaue Gegenteil einer Kooperation auf der Basis reiner Uneigennützigkeit, und die Vermietung ungenutzter Zimmer oder Autos entspräche lediglich dem normalen Kapitalismus, muss differenziert betrachtet werden. Die Digitalisierung unterstützt dabei, die Materialintensität zu reduzieren. Kein zusätzlicher Wohnraum muss gebaut, keine zusätzlichen Fahrzeuge müssen produziert werden, und damit werden auch keine zusätzlichen Ressourcen verbraucht. Seltene Erden etc. müssen nicht aus dem Boden geholt und mit hohem Energieaufwand und damit einhergehender Umweltzerstörung gefördert werden. Ein gebrauchtes Smartphone zu erwerben oder reparieren zu lassen verschafft diesem Gerät ein Leben weit über die Grenzen der geplanten Obsoleszenz hinaus. Und je länger ein Smartphone, ein Computer oder ein sonstiges Stück IKT genutzt wird, desto besser ist dessen Ökobilanz. Längere Nutzung bedeutet auch, dass weniger Geräte produziert werden müssen, was zur Eindämmung des Wirtschaftswachstums beiträgt. Das wiederum dient der Entkopplung zwischen Wirtschaftswachstum und Umweltverbrauch. Trotzdem muss hier genau betrachtet werden, inwieweit der niedrigschwellige Zugang zu diesen Angeboten und Dienstleistungen nicht einen Mehrkonsum in Form eines Reboundeffekts erzeugt, indem bspw. Carsharing dazu führt, dass der ÖPNV oder das Fahrrad – beide ökologisch sinnvoller – weniger genutzt werden. Auf höherer Ebene muss auch vor einer Euphorie angesichts der Prinzipien der Kreislaufwirtschaft gewarnt werden. Konsistenz als ergänzenden Faktor zur Nachhaltigkeit hinzuzufügen verführt schnell zu einer »Weiter so«-Haltung. Auch »grünes« Wachstum erzeugt Reboundeffekte und verhindert eine Entkopplung zwischen Wirtschaftswachstum und Umweltverbrauch.[43]

Zusammenfassung der Nachhaltigkeitsdefizite

An dieser Stelle werden die vergangenen Seiten, die die Nachhaltigkeitsdefizite der Digitalisierung beschreiben, kurz zusammengefasst, und Forschungsfrage 1 wird kompakt beantwortet: Worin bestehen die Nachhaltigkeitsdefizite der Digitalisierung in den Bereichen Politik, Bildung, Ökonomie, Ökologie und Soziales?

Der Nachhaltigkeitsbegriff stützt sich in allen Fällen auf diese Definition der Weltkommission für Umwelt und Entwicklung von 1987, die lautet: »Nachhaltige Entwicklung ist eine Entwicklung, die gewährt, dass künftige Generationen nicht schlechter gestellt sind, ihre Bedürfnisse zu befriedigen, als gegenwärtig lebende.«[44] Wichtig ist, dass diese Formulierung sowohl auf eine intergenerationale als auch auf eine intragenerationale Gerechtigkeit verweist. Das bedeutet: In dieser Studie werden Problemlagen beschrieben, die durch Entwicklungen und Nebenfolgen der Digitalisierung die gegenwärtig lebende und/oder künftige Generationen in ihren Möglichkeiten beschränkt, ihre Bedürfnisse zu befriedigen. Das bezieht sich im Fall dieser Studie nicht nur auf die ökologische Nachhaltigkeit, sondern auch auf die politische, soziale und ökonomische Ebene. So beinhalten bspw. Nachhaltigkeitsdefizite auf politischer Ebene mangelhafte Bildungspolitik, die eine Verbesserung der Medienkompetenz von Schüler*innen verhindert. Ein sicherer und kritischer Umgang mit digitalen Medien ermöglicht ein Maximum an Freiheit für den heutigen Alltag und die spätere Berufswahl junger Menschen. Medienkompetenz an Schulen nicht zu vermitteln heißt Schüler*innen, die auf Basis sozialer Ungleichheit diese Kompetenz nicht auf anderem Wege erwerben können, in ihrem Alltag und bei einer späteren Berufswahl in ihren Freiheiten zu beschränken.

Der Megatrend der Digitalisierung weist auf vielen Ebenen deutliche Defizite im Bereich der Nachhaltigkeit auf. Nachhaltigkeit bedarf einer Gleichzeitigkeit von Konsistenz, Effizienz und Suffizienz. Konsistenz bedeutet hier, dass

Produkte bei ihrer Herstellung, ihrem Betrieb und ihrer Entsorgung nach Ressourcen- und Umweltverträglichkeitsgesichtspunkten zu optimieren sind. Effizienz umfasst allgemein den sparsamen Einsatz eines Mittels (Geld, Zeit, Energie, Material) zur Herstellung/Erbringung eines Ziels. Suffizienz beinhaltet die Forderung, den Energie- und Rohstoffverbrauch auf ein Mindestmaß einzuschränken und die Gleichsetzung von Lebensqualität und Lebensstandard aufzugeben.[45] Dabei ist besonders zu beachten, dass die Faktoren notwendigerweise jeweils gleichzeitig mit Suffizienz zum Tragen kommen müssen. Nur eine erhöhte Ökoeffizienz und/oder Konsistenz in Kombination mit gleichzeitigem suffizienten Verhalten ist empirisch in der Lage, nennenswerte nachhaltige Effekte hinreichend zu bewirken. Konsistenz und Effizienz allein reichen nicht aus, sie sind lediglich notwendige Faktoren. Dies verweist auf Reboundeffekte (vgl. unten), die infolge von durch Effizienz hervorgerufenen Einsparungen einen Mehrverbrauch erzeugen, der die Einsparungen zumindest teilweise tilgt. Im Folgenden werden die wichtigsten Faktoren umrissen, die das Nachhaltigkeitspotenzial der Digitalisierung ausmachen.

A) Emissionen

Der CO_2-Footprint des Internets allein beträgt jährlich mehrere 100 Millionen Tonnen. Dieser wird zum größten Teil durch Streaming erzeugt sowie dem Versand und Empfang von audiovisuellen Daten wie Filmen und Musik aus Datenzentren (auch Clouds). Streaming ist ein großer Trend und führt gleichzeitig aufgrund des niedrigschwelligen Zugangs, einfach und mobil, zu einem Mehrkonsum audiovisueller Inhalte. Der Emissionsausstoß der Rechenzentren trägt zur anthropogenen CO_2-Menge aktuell ungefähr so viel bei wie der Flugverkehr. Da die Popularität und Intensität der Internetnutzung sowie die Anzahl der User*innen durch die weitere Verbreitung des Internets der Dinge (intelligente Geräte) zunehmen werden, ist eine Verpflichtung v. a. der Internetriesen, die die Datenzentren besitzen, wie Alphabet (Google), Facebook, Apple oder Amazon, zum Einsatz erneuerbarer Energien entscheidend.

Digitalisierung ist durch Entwicklungen wie E-Commerce auch ein großer Treiber für die Logistikbranche. Die Folgen des steigenden Güterverkehrs sind ebenfalls vermehrte Emissionen (Treibhausgase, Lärm), aber auch weitere Faktoren wie erhöhtes Verkehrsaufkommen und Straßenabnutzung.

Die Herstellung von Informations- und Kommunikationstechnologie (IKT) erzeugt im Gegensatz zu anderen Elektrogeräten wie Waschmaschinen, Kühlschränken etc. die größte Umweltbelastung nicht während der Nutzung, sondern bei der Herstellung. Z. B. fallen über 80 % des Energieverbrauchs eines Samsung Galaxy S6 Smartphones in den Phasen Vorproduktion, Produktion und Transport an.[46]

B) Müll

Die enorm kurzen Lebenszyklen eines Großteils der IKT und die gänzliche Abwesenheit von intelligenten Stoffkreisläufen führen zu einem massiven Aufkommen von Elektroschrott. Smartphones werden bspw. im Schnitt nur 18 Monate genutzt, bevor sie durch ein neues Gerät ausgetauscht werden. Aktuell werden pro Jahr über 60 Millionen Tonnen des sogenannten E-Waste produziert. E-Waste ist besonders gefährlich, da manche Komponenten der IKT aus giftigen und ätzenden Materialien bestehen. Der Elektronikschrott wird zu großen Teilen meist illegal in Drittweltländer exportiert und belastet vor Ort die Bevölkerung und die Umwelt. Da IKT teilweise Komponenten aus wertvollen Elementen wie Gold enthält, werden diese von Einheimischen vor Ort in ihre Einzelteile zerlegt und auf Schrottmärkten verkauft. Dieses »Recycling« geschieht direkt auf den Müllkippen, ohne Schutzkleidung oder Werkzeug. Plastikkomponenten werden verbrannt, um die wertvolleren Teile herauslösen zu können. Agbogbloshie in Ghana ist der weltweit größte Umschlagplatz für E-Waste. Durch die giftigen Materialien und das Verbrennen von Plastik ist dieser Ort aufgrund der schwer belasteten Böden, des Wassers und der Luft bekannt als der giftigste Ort der Welt – noch vor dem ukrainischen Tschernobyl.[47]

C) Rohstoffe

Durch die kurzen Lebens- bzw. Produktzyklen und die schnellen Innovationsraten der Geräte gibt es eine beträchtliche Nachfrage nach Rohstoffen. Deren Abbau ist – ebenfalls in Drittwelt- und Schwellenländern – mit einem hohen Risiko für die Arbeiter*innen verbunden, findet teilweise im Rahmen von Zwangsarbeit statt oder erzeugt beim Abbau seltener Erden extreme Umweltverschmutzung.

D) Soziale Probleme

Über die ökologischen Probleme hinaus beeinflusst der Rohstoffabbau auch die Nachhaltigkeit auf sozialer Ebene. Teilweise destabilisieren sich die unsicheren politischen Zustände in den Abbauländern zusätzlich, bspw. durch die Übernahme des Rohstoffabbaus durch Rebellentruppen als Finanzquelle für den Erwerb von Waffen. Dies findet z. B. seit Jahrzehnten in der Demokratischen Republik Kongo statt. Als Folge flüchten viele Menschen aus dieser Region. Damit trägt der Rohstoffbedarf, den die Digitalisierung erzeugt, gleichzeitig zur Flüchtlingsbewegung bei. Die Zahl der registrierten Flüchtlinge aus der DRK überstieg bis dato eine Dreiviertelmillion Menschen.[48]

Auch bei den Zuliefererfirmen, die in der Produktion von IKT beteiligt sind, existieren soziale Problemlagen. Arbeitsbedingungen, Arbeitsrecht, Hygienestandards werden in Hinblick auf das Ziel höherer Margen der Auftraggeber vernachlässigt. Zuliefererfirmen stehen wegen minimaler Gewinnspannen unter dem Zwang, sehr hohe Stückzahlen produzieren zu müssen, was Druck auf die Angestellten erzeugt. Die Folgen sind schwere gesundheitliche Auswirkungen durch Arbeitsbelastung, schlechte Unterbringung, lange Arbeitszeiten und minimalen Urlaub.

E) (Wirtschafts-)Wachstumsprozesse können von Umweltverbrauch nicht entkoppelt werden

Durch stark beschleunigte Innovationszyklen – besonders im Bereich der IKT – zusammen mit absatzsteigernden Maßnahmen wie geplanter und psychologischer Obsoleszenz werden für Konsument*innen Anreize für häufige Neukäufe gesetzt. Aufgrund sinkender Produktlebenszyklen und hochfrequenter Neukäufe steigen Materialdurchsatz, Rohstoffbedarf und Energieverbrauch für Herstellung und Betrieb der Geräte sowie der Umfang von E-Waste.

Digitalisierung birgt ein enormes Effizienzpotenzial. Prozesse in der Arbeitswelt wie im Privatleben werden schneller und einfacher, bspw. auf Ebene der Kommunikation. Steigende Effizienz erzeugt empirisch meist Reboundeffekte: Freiräume, die durch Effizienz erzeugt wurden, werden häufig durch ein steigendes Wachstum zumindest teilweise kompensiert. Ein indirekter Reboundeffekt entsteht bspw., wenn die durch Neuanschaffung eines energieeffizienteren Kühlschranks eingesparten Energiekosten in andere Dienstleistungen oder Produkte, z. B. zusätzliche Elektrogeräte, investiert werden. Kurz: Das Einsparpotenzial wird auf anderer Ebene kompensiert. Effizienz erzeugt Expansion. Für Nachhaltigkeit ist jedoch die Gleichzeitigkeit von Konsistenz und/oder Effizienz und Suffizienz nötig. Eine Einsparung erzeugt nur dann einen Mehrwert (hier: Einsparung von Energie), wenn sie anschließend nicht wieder verpufft.

Das Beispiel des Kühlschranks beschränkt sich auf eine Haushaltsgröße und die Anschaffung eines einzelnen Elektrogeräts. Derselbe Zusammenhang ergibt sich jedoch auch höher skaliert: Auf struktureller, wirtschaftsweiter Ebene stellt sich dieses Phänomen entsprechen raumgreifender und problematischer dar: Ein erhöhtes Bruttoinlandsprodukt (BIP) führt zu steigenden Einkommen, zu mehr Nachfrage und steigendem Wirtschaftswachstum. Das Problem des (Wirtschafts-)Wachstums ist die Kopplung an den Umweltverbrauch – Wachstum geht Hand in Hand mit einer Steigerung von Energienachfrage, welche zu mehr Emissionen, Nutzung von Landflächen, Verschmutzung etc. führt. Eine relative Entkopplung zwischen BIP und Umweltverbrauch wäre möglich, wenn die Summe aller Reboundeffekte unter 100 % liegt. Angesichts von zu erreichenden Klimazielen und der Vielfältigkeit der Reboundeffekte auf unterschiedlichsten Ebenen stellt sich jedoch die Frage, ob eine relative Entkopplung rasch genug erfolgen kann.[49] Anzustreben ist eine absolute, hinreichende Entkopplung unter Reduzierung des Wirtschaftswachstums. Dies kann Einsparpotenziale tatsächlich realisieren. Wie das Volkseinkommen ohne Wirtschaftswachstum oder sogar bei Schrumpfung stabil gehalten werden kann und Gesellschaften dabei trotzdem florieren können, ist eine der wichtigsten Fragen für die Zukunft.[50]

F) Unnachhaltiges Handeln auf politischer Ebene

In Sachen Netzausbau sind sich sämtliche Fraktionen im Bundestag der achtzehnten Legislaturperiode einig: Die Digitalisierung zwingt zu einem möglichst schnellen, umfassenden Netzausbau. Nur durch einen massiven Ausbau schneller Internetanschlüsse für sämtliche bundesdeutschen Haushalte können, so die Fraktionen, extrem negative wirtschaftliche Folgen abgewendet werden. Trotzdem gibt es für dieses Ansinnen keinen konkreten Plan. Die Europäische Union verfolgt aktuell das Ziel, 100 Mbit/s für 50 % aller Haushalte in den europäischen Mitgliedsländern bis 2020 zu erreichen. Die deutsche Bundesregierung hält an der digitalen Agenda von 2014 fest, die einen Ausbau von 50 Mbit/s-Anschlüssen für sämtliche deutsche Haushalte vorsieht. Betont wird auch die Wichtigkeit des Ausbaus von Glasfasernetzen. 50 Mbit/s zwingt allerdings die deutschen Netzbetreiber nicht dazu, den Glasfaserausbau voranzutreiben, da sich diese Geschwindigkeit auch auf Basis der alten Kupfertechnologie erreichen lässt. Deutschland hinkt im weltweiten Vergleich im Glasfaserausbau dadurch mit einem 28. Platz der 32 OECD-Staaten stark hinterher. Mitte 2016 sprach Sigmar Gabriel, zum damaligen Zeitpunkt noch Vizekanzler, davon, in Deutschland bis 2025 die beste digitale Internetinfrastruktur der Welt mit Gigabitgeschwindigkeiten aufbauen zu wollen.

Für all diese Pläne wird deutlich zu wenig Geld investiert, und ein konkretes, abgestimmtes und einheitliches Konzept wird auch nicht verfolgt. Eine Kooperation mit den Netzbetreibern hinsichtlich einer gemeinsamen Strategie findet z. B. nicht statt, und angesichts der Prognosen namhafter IKT-Hersteller wie Cisco wird der kabelgebundene Zugang zum Internet ohnehin immer unwichtiger werden. Lediglich 1,4 % der Haushalte in den ländlichen Gebieten Deutschlands »profitieren« von einem Glasfaseranschluss. Stattdessen sollte man sich besser Gedanken über den Ausbau öffentlicher WLANs, Mesh-Netzwerke und Repeatertechnologie für Stadtviertel und Dörfer machen.

G) Arbeitsmarkt der Zukunft und (Aus)Bildung:

Dass die Digitalisierung einen disruptiven Charakter besitzt, zeigt sich häufig in ihren Auswirkungen auf den Arbeitsmarkt. Hier gibt es sehr unterschiedliche Schätzungen, wie viele Arbeitsplätze durch Automatisierung verloren gehen werden. Hohe Schätzungen sprechen von 48 % aller Arbeitsplätze bis 2055.[51] Allgemein werden von den Arbeitnehmer*innen zunehmend mehr IT-Kompetenzen gefordert. Aufgrund dieser Trends müssen Ausbildungsstrategien und Bildungspläne konzipiert werden, die junge Menschen auf den Arbeitsmarkt der Zukunft vorbereiten. Wirtschaftsunternehmen klagen bereits jetzt über einen Fachkräftemangel. Leider liegt auch hier von politischer Seite keine umfassende, ganzheitliche Strategie vor. Die im Kapitel »Bildung« ausführlich dargelegte Studienlage zeigt, dass a) Deutschland bspw. bei der IT-Kompetenz von Schüler*innen der 8. Klasse das untere Mittelfeld belegt und b) ein klarer Zusammenhang zwischen der IT-Kompetenz des Lehrkörpers und dem Einsatz digitaler Medien im Schulunterricht besteht. Woher sollen also die IT-Kompetenz und umfassender: die Medienkompetenz[52] der Schüler*innen kommen? Es mangelt an grundlegenden Aus- und Fortbildungsprogrammen für Lehrer*innen sowie an Endgeräten und Netzwerken für die Schulen. Da Bildung in Deutschland »Ländersache« ist, gibt es zur »digitalen Bildung« für Schüler*innen sehr heterogene Rahmenpläne, und die Bundesländer engagieren sich auf diesem Gebiet mit unterschiedlicher Intensität. Hinter politischen Vorstößen wie bspw. dem »Digitalpakt#D« von Bildungsministerin Johanna Wanka stecken keine durchdachten nachhaltigen Strategien. Fünf Milliarden Euro sollen für Computer und WLAN für die 40.000 Schulen in Deutschland bereitgestellt werden. Dabei ist weder die Finanzierung noch die Personalfrage für Installation und Wartung geklärt, und die Summe ist deutlich zu niedrig angesetzt. Außerdem hat bei vielen Schulen der Sanierungsbedarf deutlich höhere Priorität als die Digitalisierung. Konkrete Inhalte des Digitalpakts sollen ohnehin erst in der nächsten Legislaturperiode verhandelt werden.

Vage Pläne als Ergebnis langwieriger Dialogprozesse beherrschen auch die aktuelle Arbeitswelt. Die Wirtschaft klagt über den Fachkräftemangel, erfolgreiche Weiterbildungskonzepte könnten aber nach dem Vorbild unserer dänischen Nachbarn etabliert werden. Stattdessen wird über »innovative Weiterbildungskonzepte« gesprochen – allerdings ohne zu erwähnen, wie diese genau aussehen sollen. Shared Economy und Crowdsourcing, wo viele neue Arbeitsplätze entstehen könnten, leiden unter zu langsamer Anpassung von arbeitsrechtlichen Rahmenbedingungen und sozialer Absicherung. Der Dialog mit den Gewerkschaften und Arbeitgebern wird vonseiten der Politik kaum gesucht, obwohl die Gewerkschaften sinnvolle Konzepte bereithalten. Und so bleiben diese neuen Formen der Arbeit, die die Digitalisierung erst ermöglicht, aufgrund zu langsamer Prozesse weit hinter ihrem Potenzial zurück.

Abgeleitete Überlegungen und Inhalte einer Forschungsagenda zu Digitalisierung und Nachhaltigkeit

Die nun abschließend folgenden Ansätze und Hinweise zu einer Forschungsagenda der weiteren wissenschaftlichen Untersuchung des Verhältnisses von Digitalisierung und Nachhaltigkeit sind vor dem Hintergrund dieser sehr viel breiteren wissenschaftlichen wie technologiepolitischen Perspektive zu verstehen und einzubetten.

Es ist kein vollständiger Katalog, sondern eine Ableitung der im begrenzten Rahmen dieser Sekundäranalyse besonders klar sichtbar werdenden Themen und der Rückmeldungen im Rahmen einer Delphi-Analyse von fachlich einschlägigen Wissenschaftler*innen.

Ökologie

- **Digitalisierung in industriellen Prozessen:** Gleicht sich der gesteigerte Materialaufwand (Sensoren, Prozessoren, Sender, Empfänger etc.) durch Digitalisierung mittels Ressourceneinsparung durch digitalisierte und damit auch effizientere Produktionsprozesse aus?
- Wie lassen sich die durch Effizienzsteigerung auftretenden **Reboundeffekte** (zeitliche und finanzielle Technologierenditen) im Rahmen digitalisierter industrieller Prozesse kompensieren? Muss ggf. Digitalisierung zwangsläufig von einer Energie- bzw. Ressourcensteuer eingerahmt werden?
- **Akteursebene und Akteursanalyse:** Wer treibt die Digitalisierung eigentlich voran? Theoretisch natürlich Silicon Valley etc. – aber ist das wirklich der Fall? Wenn man techniksoziologisch davon ausgeht, dass Technologieentwicklung die Interessen der Akteure widerspiegelt, ist das ein wichtiger Ansatzpunkt, um Nachhaltigkeitsperspektiven in die Entwicklung zu integrieren und nicht nur Geschäftsmodelle zu verfolgen.

- **Energieeffizienzthese der Digitalisierung:** Digitalisierung kann Energieeffizienz befördern. Es fehlt an empirischen Untersuchungen, inwieweit eine smarte Vernetzung von Industrieanlagen im Kontext erneuerbarer Energien ökologische Vorteile erzeugen kann.
- **Wie wird die Ressourcenfrage gelöst?** Nach der fossilen Wirtschaft wird mit der Digitalisierung eine neue ressourcenintensive Infrastruktur aufgebaut. Die Sicherung der Ressourcen steht grundsätzlich im Vordergrund. Die nächste Konsequenz wird die Sicherung des Ressourcenabbaus durch militärische Intervention sein. Fragestellungen des sozialökologischen Kontexts werden nicht gestellt. Insgesamt bedarf es einer Vielzahl von Ökobilanzberechnungen, um objektive Aussagen über die ökologischen Folgen der Digitalisierung machen zu können. Der bspw. viel zitierte Energiebedarf der Bitcoin-Blockchain erscheint riesig und muss durch einen Strukturwandel bewältigt werden – aber wie sieht es mit dem Energiebedarf der zentralisierten Finanzwelt und deren Rechenzentren aus? Wenn sich der Finanzsektor zukünftig vermehrt ebenfalls dezentralisiert, könnte hier ein ökologischer Vorteil entstehen. Aber das muss genau bilanziert werden. Genauso betrifft das Dematerialisierungsprozesse, wenn bspw. Videokonferenzen (großer Energiebedarf für die Datenübertragung) Konferenzreisen ersetzen (großer Energiebedarf für Reisen, Klimatisierung …).
- Ein Schwerpunkt in den Forschungsbemühungen sollten in Richtung von **Ersatzstrategien auf der Ebene der materiellen Zusammensetzung von IKT** eingesetzt werden. Hier könnten Rohstoffe wie seltene Erden oder Konfliktmineralien ggf. ersetzt werden, oder es besteht die Möglichkeit, die Zusammensetzung umweltfreundlicher zu gestalten, sodass durch den anfallenden E-Waste weniger Belastung für Mensch und Umwelt entsteht bzw. die Wiederverwertbarkeit erhöht wird.

Ökonomie

- **Neue theoretische Ansätze zur Plattformökonomie** und zu neuen Bezahlverfahren (Blockchain) und Währungen (Bitcoin) sind nötig.
- Notwendig erscheint in diesem Zusammenhang eine Verbesserung der Studienlage, wer die ökonomischen **Akteure/Konstellationen für eine nachhaltige Digitalisierung** sind. Bspw. kollaborative (P2P) Plattformökonomien als Alternative zu den gewinnorientierten Plattformökonomien.
- **Digitalisierung im Energiesystem:** Hier wird zu wenig analysiert, in welchen Bereichen Digitalisierung sinnvoll/nicht sinnvoll ist. Häufig werden durch eine »Weil es geht«-Mentalität zusätzliche Funktionen bspw. bei Smart-Metern integriert, die wenig Informationsgehalt haben und nur zusätzlich Energie verbrauchen.
- **Thema Ressourcenverbrauch und Arbeitsplätze:** Angenommen, die externen Kosten der Digitalisierung werden internalisiert. Dadurch würden die Ressourcen sehr viel teurer werden. Die Folge wäre ein Interesse an Datensuffizienz, dem Unterhalt von sehr schlanken Systemen und der Programmierung/Nutzung sehr schlanker Software. Bestünde dann überhaupt ein Arbeitsplatzproblem, wenn es zu teuer ist, Industriestraßen mit Robotern zu besetzen?
- **Wie wird die Digitalisierung die Wertschöpfungsketten in den Schwellenländern beeinflussen?** Welche Einwirkungen entstehen auf Löhne, den Konsum und die Gesellschaft?
- Wie kann **Kreislaufwirtschaft** funktionieren im Kontext eines stetigen Wirtschaftswachstums und Konsumsteigerung? Ist es nicht erst die Digitalisierung, die vollumfänglich geschlossene Ressourcenkreisläufe ermöglicht? Wie findet die Verknüpfung in Zukunft statt?
- Warum nutzen Menschen die neuen Sharingangebote? Welche Potenziale gibt es für **Peer-to-Peer Sharing** außerhalb von Nischenanwendungen? Kann die **digitale Kultur des Teilens** insgesamt so weiterentwickelt werden, dass sie tatsächlich einen Beitrag zum nachhaltigen Wirtschaften leistet,

etwa zu Ressourcenschonung und Klimaschutz? Welche Rahmenbedingungen braucht es dafür?

- Welche Potenziale bietet die Digitalisierung für das **Problem der »letzten Meile« von Logistikunternehmen?** Könnten hier autonome Packstationen, automatisierte Zustellung, Drohnenzustellung etc. die Belastung der Innenstädte deutlich reduzieren?
- Es gilt zu untersuchen, wie Hersteller dazu gezwungen werden können, »**Negativlabels**« auf ihre Produkte aufzudrucken, und welchen Einfluss das auf das Konsumverhalten der Konsument*innen hat. Diese Labels sollten darauf hinweisen, wie umwelt-/sozialschädlich die Rohstoffe für das Produkt gefördert wurden

Politik

- **Thema politische Aufklärung:** Wie lässt sich Resonanz im politischen System für eine nachhaltige Digitalisierung erzeugen? Hierfür wird zunächst eine Stärkung der Kompetenz in sämtlichen Ressorts benötigt. Wie lässt sich das erreichen?
- Wie kann das Thema einer nachhaltigen Digitalisierung überhaupt viel sichtbarer auf die **politische Agenda** gelangen?
- Was kann Politik leisten, von Unternehmen Transparenz zu fordern und eine **Nutzung von anfallenden Daten** nicht nur zur Absatzsteigerung, sondern auch zur Analyse ökologischer Impacts zu verwenden?
- Was kann die Politik tun, um den **Wegfall vieler Arbeitsplätze durch Automatisierung** sozialverträglich zu steuern? Wäre bspw. die Subventionierung von Arbeitsplätzen bei Unternehmen ein Anreiz?
- Wie können von politischer Ebene aus Anreize geschaffen werden, **Datensuffizienz** (Systeme mit weniger Datennutzung, ethische, ökologische Vorteile) als Ziel von Herstellern und Konzernen zu etablieren?
- Es besteht der **Bedarf eines politischen Narrativs,** das die Chancen der Digitalisierung abbildet und klare Lösungen aufzeigt, wie deren Gefahren

für die Gesellschaft bewältigt werden können. Wie kann dieses Narrativ aussehen? In welcher Form kann es vermittelt werden?

- **Stichwort staatliches Gewaltmonopol:** Sollte der Besitz von Quantencomputern aufgrund der mit ihnen verbundenen Vulnerabilität für Sicherheitsschranken im Bereich der IT den staatlichen Behörden vorbehalten sein?
- Wie kann möglichst schnell und effektiv eine **bundesweite Bildungsstrategie** eingeführt werden, um das vergleichsweise **niedrige Niveau der Medienkompetenz** deutscher Schüler*innen zu verbessern?
- Welche politischen Maßnahmen werden ergriffen, um die **gesellschaftliche Teilhabe freiwillig oder unfreiwillig »digital Abgehängter«** trotzdem zu ermöglichen?
- Wie könnte eine **globale Institution** für die Schaffung politischer Rahmenbedingungen zur Gestaltung einer nachhaltigen Digitalisierung entstehen?
- Wie kann eine Gesetzgebung aussehen, die die **Transparenz der Algorithmen** sozialer Netzwerke und Suchmaschinen intersubjektiv nachvollziehbar offenlegt?
- **Thema soziale Resilienz:** Bei zunehmender Automatisierung der Arbeit werden Entscheidungen bzgl. Besteuerung,[53] Modellen der Arbeitszeitverkürzung und Grundeinkommen notwendig. Wie realistisch ist eine Entscheidung hier für diese Themen? Wie zeitnah kann diese erfolgen?

Soziales

- Wie lässt sich das Thema Digitalisierung & Nachhaltigkeit in das gesellschaftliche Bewusstsein integrieren? Über welche Kanäle und in wessen Verantwortlichkeit steht hier eine »**Aufklärung« der Öffentlichkeit?** Ab wann könnte es schick und normal sein, den Fairtrade-Bio-Computer einem billigen No-Name-Produkt vorzuziehen?
- Damit verbindet sich die Frage, wie ein Bewusstsein über die **Eigenverantwortlichkeit der Gesellschaft** für den Weg der technologischen Entwicklung entstehen kann.

- **Akzeptanzfragestellung:** Besteht überhaupt gesellschaftliche Akzeptanz für eine weiträumige nachhaltige Transformation durch die Digitalisierung? Wo besteht eine Schwelle der Abwehr, die bspw. durch ethische Gesichtspunkte entsteht? Hier existiert das Beispiel der Gentechnik, bei der grüne Gentechnik in Bevölkerungsumfragen tendenziell befürwortet, rote Gentechnik aber meist deutlich abgelehnt wird.
- **Wie können ethische Fragestellungen hinsichtlich der Digitalisierung global bearbeitet werden,** wenn die technik-soziale Einstellung von Kultur zu Kultur so große Unterschiede aufweist? (Bspw. ist die Akzeptanz von neuen Entwicklungen wie Pflegerobotern in Japan deutlich größer als in anderen Kulturkreisen.)
- Welche **Anpassungsreaktionen** lassen sich bei Menschen/Milieus beobachten, die sich der Digitalisierung prinzipiell und umfassend verweigern, dies im Alltag aber durch Alternativlosigkeit und Lock-ins nicht vollständig verfolgen können (digitalisierte Ämter, biometrische Ausweisdokumente…)?
- **Szenarische Zukunftsbilder der digitalen Transformation im Spannungsfeld von Kapital und Diktatur** (digitale Neuerfindung des Kapitalismus in USA – digitale Neuerfindung der Diktatur in China) sind unbedingt wünschenswert, insbesondere vor dem Hintergrund der Frage nach einem möglichen »dritten Weg« für Europa.
- **Digitale Stadt und Dorf 4.0:** Die Digitalisierung birgt neue Gestaltungsmöglichkeiten für das Leben in urbanen wie ländlichen Regionen. In beiden Welten gibt es wachsende Probleme. Während die Städte unter Dichtestress und den damit verbundenen gesundheitlichen Zumutungen und ökonomischen Herausforderungen leiden, geht es auf dem Land aufgrund des demografischen Wandels um den Erhalt einer finanzierbaren Daseinsvorsorge überhaupt. In beiden Welten könnten die digitalen Optionen und Marktformen im Verbund mit neuen Lebensstilen einen Beitrag zur Zukunftssicherung leisten. Tatsächlich liegen Möglichkeiten und Risiken, Anspruch und Wirklichkeit aber oft weit auseinander. Nicht jedes SmartCity-Konzept

ist – bei aller technologischen Intelligenz – ein aus gesellschaftspolitischer Sicht kluges Lösungsangebot. Diese Debatte gilt es zu führen und in infrastruktur-und ordnungspolitische Konzepte zur Zukunftssicherung unserer Städte und Regionen einmünden zu lassen.

- **Resilienz und Reversibilität/Adaptivität als ergänzende Strategien der Nachhaltigkeitspolitik in Zeiten der Digitalisierung:** Durch die prinzipielle Angreifbarkeit, Manipulierbarkeit und Volatilität von digitalen Netzen bzw. digitalisierten Infrastrukturen wird schon heute die *Resilienz* zu einem zentralen Thema. Gleiches gilt für die *Reversibilität* bzw. reversible Gestaltung von Produkten, Infrastrukturen und Systemen, da die extrem erhöhte Innovationsgeschwindigkeit der digitalen Welt sonst zu stetigen Anpassungsproblemen führen wird und womöglich bessere spätere Lösungen aufgrund der alten Fixierungen und Pfadabhängigkeiten unterbleiben. Es ist also zu überlegen, Resilienz und Reversibilität als weitere Kernstrategien nachhaltiger Gesellschaftsgestaltung (neben Effizienz, Konsistenz und Suffizienz) hinzuzunehmen. Nicht zuletzt deswegen, weil auch der Klimawandel ganz ähnliche Herausforderungen an Siedlungs- und Infrastruktursysteme stellt (bspw. Resilienz von Verkehrsinfrastrukturen gegenüber klimabedingten Starkwetterereignissen bzw. die Reversibilität/Adaptibilität von Infrastrukturen mit Blick auf den steigenden Meeresspiegel). Hier sind Kriterien und weitere konzeptionelle Konkretisierungen nötig.

Fazit

Überblick

»Nachhaltige Entwicklung ist eine Entwicklung, die gewährt, dass künftige Generationen nicht schlechter gestellt sind, ihre Bedürfnisse zu befriedigen, als gegenwärtig lebende«,[54] formulierte 1987 die Weltkommission für Umwelt und Entwicklung der Vereinten Nationen. In dieser Studie werden viele Gesichtspunkte beschrieben, bei denen die Digitalisierung die im obigen Zitat betonten Elemente – *inter*generative und *intra*generative Gerechtigkeit – verfehlt, bspw. durch Ressourcenverbrauch, durch Umweltverschmutzung, durch politisches Zögern oder die Erzeugung sozialer Problemlagen.

Wir alle stehen an einem Scheideweg. Strategien für eine nachhaltige Entwicklung im Bereich der Digitalisierung werden stets scheitern, wenn diese nicht gleichzeitig ökologische, ökonomische, politische und soziale Aspekte berücksichtigen. Aus diesem Grund ist es eine der größten Herausforderungen der heutigen Zeit, einen Weg für eine nachhaltige technologische Entwicklung[55] zu finden.

Auf den vergangenen Seiten wurden die Hintergründe und Treiber für Nachhaltigkeitsdefizite im Rahmen der Digitalisierung beleuchtet. Abstrakt wurden gesellschaftliche Prozesse betrachtet: die Steigerungslogik der Technik und die zunehmende Beschleunigung auf Ebene des sozialen Wandels, der technischen Entwicklung und des Lebenstempos. Damit zusammenhängend entstehen Nachhaltigkeitsdefizite auch aus rein empirischen, ökonomischen Gesichtspunkten. Beispiele aus der Smartphoneindustrie wurden beschrieben und ihre Mechanismen dargestellt. Hier werden Arbeitsbedingungen, Arbeitsrecht, Hygienestandards bei Zulieferfirmen zugunsten höherer Gewinnmargen der Auftraggeber missachtet. Die IKT-Hersteller sind Moderatoren zwischen geplanter Obsoleszenz und beschleunigenden Innovationsraten. Beschleunigung, Steigerung und neue technische Möglichkeiten der Digitalisierung erzeugen zwar eine große Menge an Effizienz, diese führt jedoch a) aufgrund mangelnder Suffizienz nicht zu mehr Nachhaltigkeit und b) ist Effizienz häufig ein Treiber für weiteres Wachstum. Reboundeffekte fressen zumindest teilweise erzeugte Freiräume und Einsparungen durch Erzeugung neuen Wachstums wieder auf: Breitbandanschlüsse mit höherer Geschwindigkeit werden durch einen erhöhten Datendurchsatz kompensiert. Energiesparende Flachbildfernseher haben eine verkürzte Lebenserwartung und werden daher sehr viel häufiger ersetzt. Die Industrie 4.0 spart durch intelligente Geräte und Prozesse Rohstoffe, durch steigenden Einsatz dieser modernen Formen der Produktion steigt jedoch der Rohstoffverbrauch wieder an. Und der größte Energieverbrauch von IKT entsteht bei der Produktion – nicht beim Gebrauch. Dadurch und durch die ständig sinkenden Lebenszyklen ist IKT selbst ein Reboundeffekt: Das Potenzial zur Dematerialisierung, zur Energieeinsparung durch höhere Rechengeschwindigkeit wohnt all diesen Geräten inne – nur werden sie nicht realisiert, denn a) wächst die Nachfrage, es werden also mehr Geräte hergestellt, die insgesamt bei Produktion und Nutzung wieder mehr Energie verbrauchen, und b) werden dadurch wieder insgesamt mehr Rohstoffe benötigt.

Das Potenzial ist also da – ein Mehr an Nachhaltigkeit ist möglich. Digitalisierung ist keine »böse Übermacht« – ihre Wirkung muss differenziert betrachtet und im Rahmen durchdachter Rahmenbedingungen in »saubere« Bahnen gelenkt werden. Dann kann Nachhaltigkeit entstehen.

Nach wie vor erleben wir die Auswirkungen einer großen ökonomischen Krise. Diese sind aber Symptome einer dahinter verborgenen, tieferen und schwerwiegenderen Krise. Dabei handelt es sich um die Beziehung zwischen den Industrienationen und der Umwelt. Der volkswirtschaftliche Traum des *un*endlichen Wachstums auf einem *end*lichen Planeten ist biophysikalisch unmöglich.[56] Eine Fortsetzung des Weges in Richtung Wachstumssteigerung führt nicht nur zum globalen wirtschaftlichen Kollaps,[57] sondern letztlich zur Vernichtung unserer Lebensgrundlagen. »Die Tragfähigkeit der Biosphäre kann nur gewahrt – bzw. wiederhergestellt! – werden, wenn das Volkseinkommen aufhört, weiter zu wachsen. Dann, in einer Wirtschaft ohne Wachstum, können Effizienz- und Konsistenzstrategien einen uneingeschränkt positiven Beitrag zur Nachhaltigkeit leisten und ihre technisch möglichen Einsparpotentiale realisieren.«[58]

Nun bietet die Digitalisierung aufgrund ihres disruptiven Charakters der Gesellschaft und der Wirtschaft die Möglichkeit, den Weg des vermeintlich immer währenden Wachstums zu verlassen. Nachhaltigkeit kann nur durch eine grundlegende Veränderung im Lebensstil erreicht werden, bei Gleichzeitigkeit von Effizienz und Suffizienz. Diese Suffizienz kann bspw. folgendermaßen beziffert werden: Jeder Mensch darf pro Kopf und Jahr nur ein Maximum von 2,7 Tonnen CO_2 erzeugen, damit das Ziel des Pariser Klimaabkommens erreicht wird, die Erderwärmung auf 2 °C zu begrenzen.[59] Zum Vergleich: Ein Hin- und Rückflug für eine Einzelperson von Deutschland nach Australien erzeugt bereits 12,5 Tonnen CO_2.[60]

Die notwendige Entkopplung zwischen Wirtschaftswachstum und Umweltverbrauch kann durch die Digitalisierung erzeugt werden. Dafür sind folgende Randbedingungen erforderlich:

Ein freier Zugang zu einem offenen Netz

Das Internet bietet zum ersten Mal in der Menschheitsgeschichte die Möglichkeit eines globalen Bewusstseins. Nicht nur auf dem Gebiet des Internets, sondern auch auf anderen Ebenen wie der Energieversorgung, der Lebensmittelproduktion oder dem Finanzsektor breiten sich aktuell mehr und mehr Prinzipien der Machtaufteilung, Empathie, Ethik, Vergemeinschaftung und Dezentralisierung aus. Mitspracherecht wird vorausgesetzt, und Autoritäten benötigen mehr Legitimation als früher.

Die Zeit der künstlichen Verknappung von Informationen ist vorbei. Verzweifelte Versuche von einzelnen Staaten, durch temporäre Blockaden sozialer Netzwerke die Zivilgesellschaft zu lähmen, zeigen genau das. Der Arabische

Frühling fand auf den Straßen genauso wie auf Twitter statt. Freie Information kennt keine Nationalgrenzen, die Kommunikation ist längst dezentralisiert. Die Abkehr vom Zentralismus zeigt sich auch im Energiesektor, wenn Versorgergemeinschaften mit alternativer Energieerzeugung den Oligopolen und deren kostenaufwendiger Versorgung mit fossilen Brennstoffen den Rücken kehren. Der Finanzsektor wird durch Entwicklungen wie Kryptowährungen mittels dezentralisierter Netzwerke auf Basis von Blockchains infrage gestellt. Ähnliches gilt für den Nahrungsmittelsektor: Problembewusstsein über das, was man isst, und das, was die Nahrungsmittelproduktion ökologisch anzurichten vermag, macht Versorgergemeinschaften, lokale Stadtteilmärkte, Biokistenlieferanten oder Eigenanbau populär. Vermittlung, Organisation und Information über das Wie sind frei zugänglich und per Digitalisierung mit minimalen Transaktionskosten zu organisieren. Die Digitalisierung demokratisiert Information und Kommunikation. Dadurch verlagern sich die Machtverhältnisse von den Anbietenden zu den Nachfragenden.

Und mithilfe der Digitalisierung geht noch mehr: Die vielen Formen der Sharing Economy ermöglichen die Abkehr vom Wachstumsgedanken und damit die dringend notwendige Entkopplung von Wirtschaftswachstum und Umweltverbrauch, während sie gleichzeitig für viele neue Arbeitsplätze sorgen. Die Automatisierung, die Millionen von Jobs zerstören wird, wird viele Arbeitsplätze erzeugen, in denen menschliche Fähigkeiten wie Empathie und Kreativität im Vordergrund stehen. Besonders lebensfeindliche, gefährliche Arbeiten werden in Hoch- und Tiefbau, in Schächten und Gruben, Fabrikhallen und Schlachtereien, in Kontakt mit Gefahrstoffen und schweren Gewichten Maschinen übernehmen. Als Nebenfolge bietet sich der Menschheit die Chance für einen großen Schritt der kulturellen Evolution: Automatisierung wird hauptsächlich Jobs übernehmen, die durch ein männliches Rollenbild besetzt sind und zu 95 % von Männern ausgeübt werden. Arbeitsfelder hingegen, die stark von einem weiblichen Rollenbild besetzt sind und von Frauen ausgeübt werden, wachsen derzeit aus demografischer Notwendigkeit und werden zunehmend attraktiver – weil es dort die Arbeitsinhalte gibt, die Maschinen nicht beherrschen: Pflege, Betreuung, Erziehung – alles, was Einfühlungsvermögen erfordert. Eine mögliche Verwischung der stereotypen Geschlechterrollen in der Arbeitswelt wäre ein großer Schritt in der kulturellen Evolution der Gesellschaft. Eine wünschenswerte Verbesserung in Bereichen sozialer Ungerechtigkeit wie die Abschaffung der Gender Pay Gap, der ungleichen Bezahlung in Abhängigkeit vom Geschlecht,[61] könnte folgen.

Bewertung und Resonanz

All diese Beispiele verweisen auf ein verändertes Wertesystem hin zu mehr Gemeinschaft, Mitsprache, Demokratie, Empathie und ebnen den Weg hin zu mehr Nachhaltigkeit. In den vergangenen Jahren haben wir die Vernetzungsdichte extrem gesteigert. Dies birgt ein enormes Anregungspotenzial: Inzwischen ist nicht mehr absehbar, welche Themen durch Trends in den Twitter-Hashtags, Memes oder in der Timeline von Facebook explodieren und wie aus dem Nichts plötzlich im Bewusstsein vieler sein werden.

Als das Internet neu war, war die Möglichkeit der einfachen Kommunikation mit der ganzen Welt eine reizvolle neue Erfahrung. Vielleicht war das eine Art Kindheit und das Erlernen der ersten Schritte. Dann kam mit dem »Web 2.0« und den sozialen Netzwerken die Möglichkeit, das Internet als Forum der Selbstdarstellung zu nutzen. Vernetzung und Anregung sind dadurch vorhanden. Aber die Internetgemeinschaft steckt nach einer unschuldigen Kindheit offenbar noch in der Pubertät, was sich an vielen negativen Nebenfolgen und dem hohen Missbrauchspotenzial der Vernetzung zeigt. Was zu einem intelligenten System fehlt, sind *Bewertung und Resonanz*. Und eine große Vision, verbunden mit der Hoffnung, nach einer Phase des Sturms und Drangs ein globales Bewusstsein zu erleben, an dem jeder beteiligt sein kann. *Resonanz* ist nicht der Versuch, bspw. künstlich einen Hype als Marketingtrick zu erzeugen. Resonanz bedeutet, ein Teil der Dynamik des Netzwerks zu werden, die Regeln der Kommunikation instinktiv zu erlernen und anzuwenden, teilzunehmen,

Eigenes zu schaffen, auszutauschen, zu kritisieren und zu liken. *Bewertung* ist ein zentraler Teil der Medienkompetenz und bedeutet zunächst, Wichtiges von Unwichtigem trennen zu können. Das ist angesichts der Menge an Informationen, die tagtäglich auf uns einstürmen, vielleicht eines der größten Kunststücke. Dies zu erlernen ist aber unabdingbar, um die Nutzung des Internets nicht als puren narzisstischen Zeitvertreib zu verstehen, sondern als Möglichkeit, die Welt ein Stück weit mit zu reparieren. Bewertung bedeutet aber noch mehr: Sie ist ein Maß, das dazu dient zu beurteilen, wohin wir uns als Weltgemeinschaft bewegen – und das besonders in Angelegenheiten wie Demokratie, Freiheit und Umweltschutz. Besonders hier gibt es eine große Menge klarer Parameter, die eine strukturierte und konkrete Bewertung ermöglichen.

Diese sind vor allem ein offenes, demokratisches Netz und Netzneutralität. Wir alle haben die Verantwortung – wie in jeder anderen Demokratie auch –, diese Freiheit zu nutzen und gemeinschaftlich zu ihrer Erhaltung beizutragen. Wenn sich die Macht von den Anbietenden zu den Nachfragenden verschiebt – was im Rahmen der Digitalisierung passiert –, verschiebt sich auch die Verantwortung. Aber für ein freies Netz bedarf es auch der Vermeidung von Gesetzen wie dem Netzwerkdurchsetzungsgesetz – einem guten Beispiel dafür, wie Resonanz NICHT aussieht.[62] Die Privatisierung der Rechtsdurchsetzung führt im Zweifelsfall zu Zensur und zum Verstummen des Dialogs.

Überwindung der Digital Divide

Für ein globales Bewusstsein muss es auch darum gehen, die digitale Kluft zu überwinden. Die Chancen auf einen Zugang zum Internet und anderen Informations- und Kommunikationstechnologien sind global sehr unterschiedlich verteilt und stark von Faktoren wie Alphabetisierungsrate, Sprachkenntnissen und anderen Kategorien sozioökonomischen Niveaus abhängig. Dadurch entstehen und vertiefen sich Wissensklüfte. Der Zugang zu modernen Kommunikationstechniken verbessert soziale und wirtschaftliche Entwicklungschancen und ist für die Entstehung eines globalen Bewusstseins essenziell.[63] Infrastruktur und kostengünstiger Zugang für breite Gesellschaftsschichten müssen also gewährleistet sein. Schulungen für den Umgang mit IKT und dem Internet muss es ebenso geben wie regionale Netzangebote, nicht nur auf Englisch, sondern auch in der lokalen Sprache, um auch einheimische Bevölkerungsgruppen einzubinden.[64]

Die UN unternimmt Schritte in die richtige Richtung: Der UN-Menschenrechtsrat verurteilt in einer Resolution alle Länder, die einen Zugang zum Internet blockieren oder diesen zensieren. Der Beschluss sieht vor, dass Meinungsfreiheit, sei sie offline oder online, unbedingt schützenswert ist. Der UN-Rat verurteilt ferner »offensichtliche Maßnahmen, die darauf abzielen, einen Zugang zum Internet zu verhindern oder die Verbreitung von Information online zu stören«. Für den Rat stellt das eine Verletzung der Menschenrechte dar.[65]

Der Kopf gehört nicht in den Sand

Technologie führt keine eigene, unabhängige Existenz und übt keine unkontrollierbare Übermacht auf die Gesellschaft aus. Das geschieht nur, wenn man sich von ihr abwendet. Während von der Mitte des 18. bis zu Beginn des 19. Jahrhunderts vom Zeitalter der *Aufklärung* gesprochen wurde, ist die Weltbevölkerung heute im Zeitalter der *Verflechtung* angekommen. Durch die Macht, die die Erfindung und die Nutzung des Mikroprozessors vermittelte, trieb die Menschheit den Geist der Aufklärung auf die Spitze: kritisches und unabhängiges Denken, Kontrolle über und Formbarkeit *von* natürlichen Prozessen, um sich von diesen unabhängig zu machen. Mit unserem Streben nach Kontrolle, Unabhängigkeit und Wissen haben wir mächtige Wesen konstruiert. Diese werden ggf. irgendwann so mächtig sein, dass gerade sie diese Früchte der Aufklärung uns wieder entreißen könnten. Vielleicht bedeutet das dann eine neue Form der Abhängigkeit, diesmal nicht von der Natur, sondern von den Maschinen.[66]
Aber wie zuvor beschrieben,[67] bedeutet ein Abwenden, den Prozess der Digitalisierung sich selbst – ungesteuert – zu überlassen. Dann erfüllt sich die Angstfantasie der Digitalisierung als technikdeterministische Übermacht. Und apro-

pos Angstfantasie: Es gibt verschiedene plausible Szenarien. Häufig wird davon ausgegangen, dass sich eine zunehmende allumfassende Digitalisierung durchsetzen wird. Genauso gut könnte es aber auch anders kommen – Resilienz ist ein Thema, das viel zu oft ignoriert wird. Was ist, wenn sich Hackerangriffe mehren, die bspw. Strom- und Wasserversorgung oder die Lebensmittelproduktion außer Kraft setzen, oder wenn Ransomware weiter wichtige Institutionen des öffentlichen Lebens – Krankenhäuser, Verwaltung, Versicherungen, Streitkräfte, öffentliche Sicherheit – lahmlegt? Dann könnte die Digitalisierung mehr und mehr infrage gestellt und ihre Verbreitung reduziert werden. Wahrscheinlicher ist jedoch eine digitale Transformation der Gesellschaft auf sämtlichen Ebenen. Und genau dann ist es die denkbar schlechteste Strategie, sich abzuwenden, den Kopf in den Sand zu stecken und den Prozess zu ignorieren. Die Digitalisierung wird uns so schnell oder vermutlich nie verlassen. Darum hilft es nur weiter, wenn man ihre Potenziale für Verständigung, Demokratisierung und Nachhaltigkeit nutzt und sie als Chance begreift.

Größtenteils wird die Digitalisierung von großen Konzernen vorangetrieben. Hierbei geht es nicht nur um die Riesen Alphabet (Google), Facebook usw., die uns einerseits praktische Services anbieten, die wir letztendlich aber mit unseren persönlichen Daten bezahlen; dabei müssen wir darauf achten, wie viel wir bereit sind zu zahlen. Nein, es geht auch um unzählige Firmen, die mit IKT ihr Geld verdienen und möglichst vielen Menschen ein neues smartes Gerät anbieten, dessen technischer Stand bereits kurz nach dem Kauf wieder überschritten sein kann. Der Reboundeffekt der globalisierten Wirtschaft kann nur reduziert werden, wenn von politischer und gesellschaftlicher Seite angepasste gesellschaftliche und ökologische Richtlinien als Bestandteil der Weltwirtschaft geschaffen und durchgesetzt werden. Diese »Spielregeln« müssen in Form nationaler und regionaler Randbedingungen lokal implementiert werden.[68] Und jeder ist aufgerufen, sein Teil beizutragen.

Die Digitalisierung verschiebt die Macht von den Anbietenden zu den Nachfragenden. Das bedeutet für jeden von uns mehr Verantwortung für den

Erhalt von Freiheit, Umwelt, Demokratie – aber auch für die Steuerung der Digitalisierung selbst. Alles liegt in unserer Hand.

Rückblick

Wagen wir zuletzt einen Blick zurück in die Menschheitsgeschichte und betrachten wir frühere Zivilisationen. Die Maya, die ab ca. 3000 v. Chr. auf dem Gebiet des heutigen Südamerika lebten, errangen viele wichtige Erkenntnisse bspw. im Bereich der Mathematik, die bis heute gelten. Ihre Zivilisation wurde komplexer und bildete eine klare gesellschaftliche Hierarchie aus. Auf ihrem Höhepunkt begann die Intensivierung der Landwirtschaft, was zu einem starken Bevölkerungszuwachs, aber auch zur Verarmung der Böden führte. Um zusätzlichen Lebensraum zu gewinnen, wurden weiträumige Rodungen durchgeführt. Die intensivierte Landwirtschaft verschlimmerte zusammen mit den Rodungen die Auswirkungen einiger lang anhaltender Dürreperioden im 9. Jahrhundert. Diese hatte eine deutliche Reduzierung vor allem der ärmeren Bevölkerungsanteile zur Folge.[69] Die Könige und Adeligen sahen diesen Entwicklungen tatenlos zu.[70]

Von der Zeitenwende an gab es auf dem Gebiet der heutigen USA das Volk der Anasazi, die eine ähnliche Geschichte erfuhren. Sie lebten größtenteils vom Ackerbau und bildeten innerhalb von ca. 1100 Jahren eine komplexe arbeitsteilige Gesellschaftsordnung aus mit Herrschern und einer Priesterkaste. Auch ihre Bevölkerung wuchs so weit, dass die Tragekapazität ihrer Gebiete überschritten wurde. Eine einsetzende Dürre tat ihr Übriges, um auch diese hoch entwickelte Kultur zu dezimieren und zu verstreuen.

Nun könnte man noch die Polynesier auf der Osterinsel nennen, die ihren Kollaps durch die Übernutzung ihrer natürlichen Lebensgrundlage bis zur kompletten Entwaldung herbeiführten.[71] Die Gemeinsamkeiten all dieser Beispiele sind wohl deutlich.

Wir begehen den gleichen Fehler wie schon viele Zivilisationen vor uns: Wir haben unsere Daseinsgrundlage auf die Ausbeutung von Ressourcen gegründet. Und wir haben unsere Bevölkerung und unseren Konsum weit über die Ertragskapazität unserer Erde aufgebläht. Auch wir sind mit Veränderungen des Klimas konfrontiert und haben diese sogar selbst herbeigeführt. Sobald Bedingungen schwanken, zeigt sich, wie brüchig Zivilisationen sind. Auch wir treffen falsche gesellschaftliche Entscheidungen. Die Maya, Anasazi und Polynesier lebten nur in kleinen Gebieten. Unsere Zivilisation erstreckt sich über die gesamte Erdoberfläche, sodass unsere Fehlentscheidungen diesmal zur Ausrottung der gesamten Menschheit führen könnten. Wie bei den Maya werden die wirtschaftlichen Eliten an unserem Kurs festhalten, da sie a) an der Erhaltung ihrer Macht interessiert sind und b) durch ihre finanziellen Ressourcen am wenigsten stark von den Auswirkungen der Nachhaltigkeitsdefizite betroffen sein werden. Sie werden jede sinnvolle Veränderung verhindern, bis es zu spät ist. Aber die Frage ist, ob die Unfähigkeit von menschlichen Zivilisationen sich darauf gründet, dass ihre Anführer*innen versagen, oder ob der Menschheit insgesamt die Bereitschaft zur Anpassung fehlt.

Die Digitalisierung steigert die kapitalistische Wirtschaftsordnung zu einem neuen, bisher unbekannten Grad an Perfektion. Beide – die Digitalisierung und der Kapitalismus – haben Wachstum und Effizienz als gemeinsame Grundlage. Technologische Entwicklung folgt zwar nicht grundsätzlich strikt ökonomischen Interessen, im Bereich der Digitalisierung ist dies aber in hohem Maß der Fall. Darum muss es das Interesse der Politik und der Gesellschaft sein, die Entwicklung der Digitalisierung in die Bahnen der Nachhaltigkeit zu lenken. Wir haben dieselben Probleme wie schon die kollabierten Zivilisationen vor uns. Und auch unsere wirtschaftlichen Eliten werden keinen Kurs Richtung Nachhaltigkeit einschlagen, ohne von Politik und Gesellschaft dazu gezwungen zu sein. Die Digitalisierung ist eine neue Epoche, die viele Chancen bietet. Ihre Potenziale zu mehr Nachhaltigkeit gilt es zu nutzen. Und die Menschheit muss die Fähigkeit besitzen, sich um ihr Überleben willen anzupassen.

This is no rehearsal.

Porcupine Tree

Endnoten

1 Vgl. Hilty 2008: 57.

2 Vgl. Smith 2013.

3 Vgl. Minter 2017.

4 Vgl. Murugesan 2010, Smith 2013 und Hilty 2002.

5 Vgl. Shehabi/Walker/Masanet 2014.

6 Vgl. Laufer 2017.

7 Vgl. UN Habitat 2016: Worlds Cities Report 2016.

8 Vgl. Boltze/Tuan 2016.

9 Vgl. Hillmann 1994, Stichwort Kapitalismus.

10 gesetze-im-internet.de/stabg/__1.html.

11 Vgl. Meadows/Randers/Meadows 2004.

12 Paech 2012.

13 Vgl. Scheu 2016.

14 Vgl. Von Thadden 2016 und Rhensius 2016.

15 Vgl. Klassen 2015.

16 Vgl. Von Thadden 2016.

17 Vgl. Eichorst/Spermann 2015.

18 Auch: »Shared Economy«, »Share Economy«, »Collaborative Consumption« oder »Collaborative Economy«.

19 Begrifflich zu finden z. B. bei Mason 2015; Santarius 2015. Niko Paech verwendet den Begriff der Postwachstumsökonomie: Paech 2012.

20 Vgl. Botsman 2013 (übersetzt durch den Autor).

21 Mila ist ein europaweites Vermittlungsportal. »Wir vermitteln Personen mit hohem technischen Wissen an Personen, die bei der Einrichtung ihrer Technik selbst nicht weiterkommen oder ein anderes Technikproblem haben.«; mila.com.

22 Vgl. Prakash/Liu/Schischke et al. 2012.

23 Vgl. Behrendt/Blätel-Mink/Clausen 2011.

24 Vgl. Goletz/Heinrichs/Feige 2016.

25 Vgl. Kruse 2009a, Kruse 2009b und Rammler 2017.

26 Vgl. Klassen 2015.

27 Die Fahrzeuge können in bestimmten Stadtbereichen kostenlos überall auf öffentlichen Parkflächen oder in Parkhäusern abgestellt werden.

28 Vgl. Wadhawan 2016.

29 Vgl. carsharing-news.de.

30 Vgl. o. V. 2015c.

31 Vgl. carsharing.de.

32 Nach Eigenaussage des Leihladens »Leila« handelt es sich um »…eine Leihplattform für Gegenstände aller Art. Damit nichts als Staubfänger oder gar im Mülleimer endet. Damit du beim Leihen Geld sparst, wie in einer Bibliothek. Damit wir alle einfach besser mit den Ressourcen unserer Erde umgehen.« leila.innovationspolitik.de.

33 Lacy/Rutqvist/Buddemeier 2015.

34 Vgl. Reuß/Dannoritzer 2013: 194f.

35 Vgl. Lacy/Rutqvist/Buddemeier 2015.

36 Vgl. Reuter 2016.

37 Vgl. IHK 2012.

38 Vgl. General Motors 2016.

39 Vgl. Samsung Sustainability Report 2016.

40 Vgl. Kapitel »Geplante Obsoleszenz«.

41 Vgl. Golsteijn 2016.

42 Vgl. Wilts/Berg 2017.

43 Paech, Niko 2012b.

44 un-documents.net.

45 Vgl. Zwick 2002, Huber 2000 und Behrendt/Göll/Korte 2016.

46 Vgl. Samsung Sustainability Report 2016.

47 Vgl. scientificamerican.com.

48 Vgl. data2.unhcr.org.

49 Vgl. Santarius 2015: 284f.

50 Vgl. Santarius 2012.

51 Vgl. Manyika/Chui/Miremadi et al. 2017.

52 Dieser Begriff umfasst eine Nutzungs- und eine Kognitionsebene. Nutzung bedeutet hier die Fähigkeit, mit Computer, Tablet, Smartphone, Software etc. umgehen zu können. Die kognitive Komponente bezieht sich darauf, bspw. im Internet recherchieren zu können, zu verstehen, wie bestimmte Inhalte entstehen, und diese kritisch zu hinterfragen

53 Varianten einer neuen Besteuerung:

Ausschließlich Konsum statt Einkommen besteuern, sprich: alle Steuern streichen bis auf eine gestaffelte Mehrwertsteuer, die bspw. bei Luxusgütern sehr hoch, bei Nahrungsmitteln sehr klein ausfällt.

Kapitalerträge, Vermietung, Einkommen etc. mit demselben Satz besteuern. Niedrige, mittlere Gehälter niedriger besteuern, Spitzensteuersatz anheben von 42 % auf bis 65 %, um hohe Einkommen stärker zu besteuern.

Einführung einer Maschinensteuer: Unternehmen werden zu Steuerzahlungen verpflichtet, um die Sozialkassen als Ausgleich für fehlende zu besteuernde Einkommen aufzufüllen.

Eine negative Einkommenssteuer (vergleichbar mit einem bedingungslosen Grundeinkommen): Jede*r Bürger*in ohne Einkommen erhält eine Unterstützungszahlung, die die Grundbedürfnisse deckt. Die Höhe dieser Zahlung sinkt mit zunehmendem Einkommen. Ab einer zu definierenden Armutsgrenze endet diese negative Einkommenssteuer und wird zu einer normalen steuerlichen Belastung. Die Armutsgrenze muss dabei das allg. Existenzminimum, Werbepauschalen sowie Freibeträge für Kinder, Weihnachten etc. enthalten.

54 un-documents.net.

55 Vgl. Hilty 2002: 305ff.

56 Vgl. Ahmed 2015.

57 Vgl. Meadows/Randers/Meadows 2004.

58 Santarius 2013.

59 Vgl. wbgu.de.

60 Vgl. co_2-emissionen-vergleichen.de.

61 Vgl. Penny 2017.

62 Vgl. Kapitel »Die Chance für die Politik«.

63 Vgl. Zillien/ Haufs-Brusberg 2014.

64 Vgl. Hilty 2002.

65 Vgl. article19.org.

66 Vgl. Hillis 2016.

67 Vgl. Kapitel »Was ist Technik?«

68 ISF – Information Society Forum, Forum Info 2000.

69 Vgl. Roman/Palmer/Brede 2018.

70 Vgl. Diamond 2005: 223.

71 Vgl. Motesharrei/Rivas/Kalnay 2014 und Diamond 2005.

Quellen

Afhüppe, Sven 2016: »Beste digitale Infrastruktur der Welt« bis 2025; handelsblatt.com/politik/deutschland/sigmar-gabriel-beste-digitale-infrastruktur-der-welt-bis-2025/13492280.html
abgerufen am 14.06.2017

Ahmed, Nafeez 2015: The End of Endless Growth: Part 1; motherboard.vice.com/read/endless-growth-part-1
abgerufen am 10.06.2017

Albers, Markus 2008: Wie wir uns aus dem Büro befreien – und dem Chef damit einen Gefallen tun; wiwo.de/erfolg/arbeitswelt-wie-wir-uns-aus-dem-buero-befreien-und-dem-chef-damit-einen-gefallen-tun/5459016.html
abgerufen am 18.05.2017

Allcott, Hunt/Gentzkow, Matthew 2017: Social Media and Fake News in the 2016 Election, in: Journal of Economic Perspectives, Volume 31, Number 2, Spring 2017, 211-236

Apple 2017: Eine Nachricht an unsere Kunden. Apple (Deutschland); apple.com/de/iphone-battery-and-performance/
abgerufen 13.04.2018

arbeitenviernull.de/dialogprozess/weissbuch/zusammenfassung-der-ergebnisse.html
abgerufen am 18.06.2017

Aristoteles 349 v. Chr/1911: Nikomachische Ethik, übersetzt von Eugen Rolfes, Leipzig

Arndt, Wulf-Holger 2012: Städtischer Wirtschaftsverkehr. Gegenstand, Probleme, Maßnahmen, Technische Universität Berlin, Zentrum Technik und Gesellschaft, Vortrag 21.06.2012; tu-dresden.de/die_tu_dresden/fakultaeten/vkw/ivs/vip/.../wiv_2012.pdf
abgerufen am 23.06.2017

article19.org/data/files/Internet_Statement_Adopted.pdf
abgerufen am 14.06.2017

atap.google.com/ara/
abgerufen am 11.07.2017

Atkinson, Anthony 2016: Ungleichheit. Was wir dagegen tun können, Stuttgart

basel.int/TheConvention/Overview/tabid/1271/Default.aspx
abgerufen am 11.06.2017

baua.de/de/Publikationen/Fachbeitraege/Gd76.pdf?__blob=publicationFile&v=5
abgerufen am 18.05.2017

Bauer, Bianca 2016: Aktuelle YouGov Umfrage: Deutsche Schüler fühlen sich von Lehrern nicht auf die digitale Arbeits- und Lebenswelt vorbereitet; news.microsoft.com/de-de/

aktuelle-yougov-umfrage-deutsche-schueler-fuehlen-sich-von-lehrern-nicht-auf-die-digitale-arbeits-und-lebenswelt-vorbereitet/
abgerufen am 17.06.2017

Baurmann, Jana Gioia/Rudzio, Kolja 2016: Die neuen Heimwerker, in: Die Zeit, Nr. 18/2016

Beck, Ulrich/Giddens, Anthony/Lash, Scott 1994: Reflexive Modernisierung. Eine Kontroverse, Frankfurt am Main

Beckert, Bernd/Schuhmacher, Jana 2013: Szenarien für die Gigabitgesellschaft. Wie die Digitalisierung die Zukunft verändert, Stuttgart

Beckert, Bernd 2017: Ausbaustrategien für Breitband in Europa. Was kann Deutschland vom Ausland lernen? Fraunhofer-Institut für System- und Innovationsforschung (ISI) im Auftrag der Bertelsmann Stiftung; bertelsmann-stiftung.de/fileadmin/files/Projekte/Smart_Country/Breitband_2017_final_170515.pdf
abgerufen am 22.06.2017

Behrendt, Hilty, Erdmann 2003: Nachhaltigkeit und Vorsorge. Anforderungen der Digitalisierung an das politische System, in: Aus Politik und Zeitgeschichte Bd 45/2003

Behrendt, Siegfried/Blättel-Mink, Birgit/Clausen, Jens 2011: Wiederverkaufskultur im Internet: Chancen für nachhaltigen Konsum am Beispiel von eBay, Berlin/Heidelberg

Behrendt, Siegfried/Erdmann, Wolfgang 2006: Integriertes Technologie-Roadmapping zur Unterstützung nachhaltigkeitsorientierter Innovationsprozesse, Endbericht des Projektes Innovationspfade für eine nachhaltige Informationsgesellschaft im Rahmen der Sozial-ökologischen Forschung des BMBF, Berlin

Behrendt, Siegfried/Göll, Edgar/Korte, Friederike 2016: Effizienz, Konsistenz, Suffizienz. Strategieanalytische Betrachtung für eine Green Economy, Inputpapier, März 2016; Borderstep Institut, Institut für Zukunftsstudien und Technologiebewertung, Adelphi; evolution2green.de/sites/evolution2green.de/files/documents/evolution2green_inputpapier_effizient_konsisten_suffizienz.pdf
abgerufen am 20.08.2017

Behrendt, Siegfried/Hilty, Lorenz/Erdmann, Lorenz 2003: Nachhaltigkeit und Vorsorge. Anforderungen der Digitalisierung an das politische System, in: Aus Politik und Zeitgeschichte, Band 42/2003

Behrendt, Siegfried/Tobias, Mario 2005: Nachhaltigkeit in der Informations- und Kommunikationsindustrie. Das Bewusstsein steigt, in: Ökologisches Wirtschaften, 4/2005; izt.de/fileadmin/downloads/pdf/OEkologisch_Wirtschaften_2005_Behrendt_Tobias_421-421-1-PB.pdf
abgerufen am 14.09.2017

Beiersmann, Stefan 2015: Bericht: Google Play Store hat mehr Apps als Apples App Store; zdnet.de/88215969/bericht-google-play-store-hat-mehr-apps-als-apples-app-store/
abgerufen am 27.07.2017

Belk, Russell 1988: Possessions as the Extended Self, in: Journal of Consumer Research 15(2):139-68, February 1988

Belk, Russell 2013: Extended Self in a Digital World, in: Journal of Consumer Research, Vol. 40, No. 3 (October 2013), 477-500

Belliger, Andréa/Krieger, David J. 2006: Einführung in die Akteur-Netzwerk-Theorie, in: Belliger, Andréa/Krieger, David J. (Hrsg.): ANThology. Ein einführendes Handbuch zur Akteur-Netzwerk-Theorie, Bielefeld; 13-50

berlinergazette.de/digitalisierung-reflektion-relevanz/
abgerufen am 12.10.2016

bevh.org/markt-statistik/zahlen-fakten/
abgerufen am 10.07.2018

Binder, Beate 1999: Elektrifizierung als Vision. Zur Symbolgeschichte einer Technik im Alltag, Tübingen

Bleckmann, Paula 2014: Kleine Kinder und Bildschirmmedien. KiTa-Fachtexte; kita-fachtexte.de/uploads/media/KiTaFT_Bleckmann_2014.pdf
abgerufen am 21.06.2017

Blossfeld, Hans-Peter/Bos, Wilfried/Daniel, Hans-Dieter, et al. 2017: Bildung 2030 – veränderte Welt. Fragen an die Bildungspolitik. Aktionsrat Bildung; aktionsrat-bildung.de/fileadmin/Dokumente/ARB_Gutachten_gesamt_16.05.2017.pdf
abgerufen am 27.07.2017

bmbf.de/de/sprung-nach-vorn-in-der-digitalen-bildung-3430.html
abgerufen am 17.06.2017

bmwi.de/BMWi/Redaktion/PDF/Publikationen/digitale-strategie-2025,property=pdf,bereich=bmwi2012,sprache=de,rwb=true.pdf
abgerufen am 02.09.2017

bmwi.de/Redaktion/DE/Downloads/E/entwicklung-des-ikt-bedingten-strombedarfs-in-deutschland-abschlussbericht.pdf?__blob=publicationFile&v=3
abgerufen am 14.09.2017

Boltze, Manfred/Tuan, Vu Anh 2016: Approaches to Achieve Sustainability in Traffic Management, in: Procedia Engineering, Volume 142, 205-212

Borup, Mads/Brown, Nik/Konrad, Kornelia/van Lente, Harro 2006: Expectations in Science and Technology, in: Technology Analysis & Strategic Management Vol. 18, 285-299

Bos, Wilfried/Eickelmann, Birgit/Gerick, Julia, et al. 2014: Computer- und informationsbezogene Kompetenzen von Schülerinnen und Schülern in der 8. Jahrgangsstufe im internationalen Vergleich, Münster, New York

Botsman, Rachel 2013: The Sharing Economy Lacks a Shared Definition; rachelbotsman.com/work/the-sharing-economy-lacks-a-shared-definition-fastco-exist/ – 21.11.2013
abgerufen am 16.06.2017

Branchenverband Carsharing; carsharing.de/carsharing-ist-umweltfreundlich
abgerufen am 01.07.2017

Breit, Lisa 2017: Welche Jobs die Digitalisierung bringt, in: Der Standard 16.01.2017; mobil.derstandard.at/2000050687320/Welche-Jobs-die-Digitalisierung-bringt
abgerufen am 22.09.2017

Brinda, Torsten 2016: Stellungnahme zum KMK-Strategiepapier »Bildung in der digitalen Welt«; fb-iad.gi.de/fileadmin/stellungnahmen/gi-fbiad-stellungnahme-kmk-strategie-digitale-bildung.pdf
abgerufen am 27.06.2017

Brodersen, Björn 2016: Warum muss es immer das neueste Android sein?; areamobile.de/news/38160-umfrage-warum-muss-es-immer-das-neueste-android-sein
abgerufen am 22.06.2017

Bröker, Anja/Kampf, Lena: Meinungsmache gegen Geld, Tagesschau.de 13.06.2017; tagesschau.de/ausland/fake-news-eu-101.html
abgerufen am 24.06.2017

Bulow, Jeremy 1986: An economic Theory of planned Obsolescence, in: The Quarterly Journal of Economics (1986)101 (4): 729-749

bundeskanzlerin.de/Content/DE/Rede/2017/03/2017-03-19-rede-merkel-cebit.html
abgerufen am 17.06.2017

bundeskanzlerin.de/Content/DE/Rede/2017/06/2017-06-13-rede-merkel-digital-gipfel-2017.html
abgerufen am 27.07.2017

Bundesministerium für Umwelt, Naturschutz, Bau und Reaktorsicherheit (BMUB) 2015: Umweltbewusstsein in Deutschland 2014. Ergebnisse einer repräsentativen Bevölkerungsumfrage, Berlin

Bundesministerium für wirtschaftliche Zusammenarbeit und Entwicklung 2013: Informations- und Kommunikationstechnologien (IKT). Schlüsseltechnologien für eine nachhaltige Entwicklung, Strategiepapier 2/2013, 6

bundestag.de/presse/hib/2014_09/-/296142
abgerufen am 14.06.2017

Burchard, Amory/Vieth-Entus, Susanne/Warnecke, Tilmann 2016: Milliarden für das Ende der Kreidezeit; tagesspiegel.de/wissen/digitalisierung-an-deutschlands-schulen-milliarden-fuer-das-ende-der-kreidezeit/14673782.html
abgerufen am 29.05.2017

Burmeister, Klaus 2007: Zukunft 2020 – Chance oder Niedergang im ländlichen Raum? Welche Prognosen und Entwicklungen weisen uns den Weg? Vortrag am 24.01.2007 in Mittenaar-Bicken

Butterwege, Christoph 2015: Das bedingungslose Grundeinkommen zerstört den Wohlfahrtsstaat, in: Bundeszentrale für politische Bildung, Netzdebatte: Risikogesellschaft; bpb.de/dialog/netzdebatte/217778/das-bedingungslose-grundeinkommen-zerstoert-den-wohlfahrtsstaat
abgerufen am 18.10.2017

bvg.de/de/Aktuell/BVG-Wi-Fi
abgerufen am 17.06.2017

Carnau, Peter 2011: Nachhaltigkeitsethik. Normativer Gestaltungsansatz für eine global zukunftsfähige Entwicklung in Theorie und Praxis, Augsburg

carsharing-news.de/cambio-fahrzeuge-sind-bis-zu-12-stunden-tag-unterwegs/
abgerufen am 01.07.2017

Centre for Energy-Efficient Telecommunications, University of Melbourne 2013b: Jahresbericht 2013; http://www.ceet.unimelb.edu.au/publications/ceet-annualreport-2013.pdf
abgerufen am 22.06.2017

Centre for Energy-Efficient Telecommunications, University of Melbourne 2013a: The Power of Wireless Cloud. An analysis of the impact on energy consumption of the growing popularity of accessing cloud services via wireless devices; ceet.unimelb.edu.au/publications/ceet-white-paper-wireless-cloud.pdf
abgerufen am 22.06.2017

chemie.de/lexikon/Benzol.html
abgerufen am 03.07.2017

chip.de/artikel/Abschaltung-analoges-Satelliten-TV-Das-muessen-Sie-wissen_55426341.html
abgerufen am 04.07.2017

cicero.de/berliner-republik/digitalisierung-ein-neuer-ruck-fuer-deutschland
abgerufen am 22.06.2017

cisco.com/c/dam/assets/sol/service-provider/vni-complete-forecast/vnide.html
abgerufen am 20.07.2017

cisco.com/c/en/us/solutions/collateral/service-provider/visual-networking-index-vni/vni-hyperconnectivity-wp.html#_Toc484556817
abgerufen am 06.12.2017

cisco.com/c/en/us/solutions/collateral/service-provider/visual-networking-index-vni/mobile-white-paper-c11-520862.html
abgerufen am 22.06.2017

Clauß, Ulrich 2011: Das Internet als Klimakiller; m.welt.de/print/die_welt/wissen/article13392674/Das-Internet-als-Klimakiller.html
abgerufen am 21.07.2017

co2-emissionen-vergleichen.de/verkehr/Flugzeug/CO2-Emission-Flugzeug.html
abgerufen am 14.06.2017

Computing at School Working Group: Computer Science – A curriculum for schools, 2012; computingatschool.org.uk/data/uploads/ComputingCurric.pdf
abgerufen am 21.06.2017

Cook, Gary/Pomerantz, David/Rohrbach, Kassie, et al. 2015: Clicking Clean: A Guide to Building the Green Internet, May 2015; greenpeace.org/usa/wp-content/uploads/legacy/Global/usa/planet3/PDFs/2015ClickingClean.pdf
abgerufen am 26.06.2017

Crane, David 2014: A century since its inception, the American power industry is facing a disruptive change that few within it could have anticipated …; virgin.com/virgin-unite/leadership-and-advocacy/carbon-is-the-new-competitive-playing-field-for-companies
abgerufen am 28.03.2017

data2.unhcr.org/en/situations/drc
abgerufen am 19.07.2017

de.statista.com/outlook/201/100/video-on-demand/weltweit#market-revenue
abgerufen am 28.12.2017

de.statista.com/statistik/daten/studie/198959/umfrage/anzahl-der-smartphonenutzer-in-deutschland-seit-2010/
abgerufen am 27.07.2017

de.statista.com/themen/3112/retouren-im-online-handel/
abgerufen am 20.06.2017

Degele, Nina 2002: Einführung in die Techniksoziologie, München

Dennehy, Kevin 2013: For metals of the smartphone age, no Plan B; news.yale.edu/2013/12/02/metals-smartphone-age-no-plan-b
abgerufen am 18.06.2017

Dettmers, Jan/Vahle-Hinz, Tim/Friedrich, Niklas, et al. 2012: Entgrenzung der täglichen Arbeitszeit. Beeinträchtigungen durch ständige Erreichbarkeit bei Rufbereitschaft, in: Fehlzeiten-Report. Gesundheit in der flexiblen Arbeitswelt: Chancen nutzen – Risiken minimieren, Cham, 53-60

Deutsche Post 2009: Delivering Tomorrow. Zukunftstrend Nachhaltige Logistik. Wie Innovation und »grüne« Nachfrage eine CO_2-effiziente Branche schaffen, Bonn; dp-dhl.com/content/dam/logistik_populaer/trends/
abgerufen am 03.06.2017

Diamond, Jared 2005: Kollaps. Warum Gesellschaften überleben oder untergehen; Frankfurt am Main

Diekmann, Andreas/Preisendörfer, Peter 2001: Umweltsoziologie – eine Einführung, Hamburg

Diep, Francie 2015: The best Way to reduce your smartphone's impact on the environment; psmag.com/environment/reduce-reuse-recycle-cellphones#.gcqnwh7qo
abgerufen am 22.06.2017

DIN EN 62402:2008-1: Anleitung zum Obsoleszenzmanagement (IEC 62402:2007); Deutsche Fassung EN 62402:2007, Berlin: Beuth Verlag

Dolata, Ulrich 2011a: Wandel durch Technik. Eine Theorie soziotechnischer Transformation, Frankfurt am Main/New York

Dolata, Ulrich 2011b: Soziotechnischer Wandel als graduelle Transformation, in: Berliner Journal für Soziologie, 21, 265-294

download.lineageos.org/
abgerufen am 11.07.2017

dq756f9pzlyr3.cloudfront.net/file/2016_internet_trends_report_final.pdf
abgerufen am 09.08.2017

dsm5.org/documents/eating%20disorders%20fact%20sheet.pdf
abgerufen am 17.07.2017

nber.org/papers/w15376.pdf
abgerufen am 18.05.2017

dvb-t2hd.de/regionen
abgerufen am 04.07.2017

dvb-t2-portal.de/DVB-T2-HD-Empfangsgebiete/4/
abgerufen am 04.07.2017

dvb-t2-portal.de/Fragen-und-Antworten/3/
abgerufen am 04.07.2017

dvb-t-portal.de/Empfangsgeraete/
abgerufen am 04.07.2017

dvb-t-portal.de/Fragen/?faqID=56
abgerufen am 04.07.2017

ec.europa.eu/digital-single-market/en/wifi4eu-kostenloses-wlan-fur-alle
abgerufen am 17.06.2017

Eichorst, Werner/Spermann, Alexander 2015: Sharing Economy – Chancen, Risiken und Gestaltungsoptionen für den Arbeitsmarkt, IZA Research Report No. 69, Gutachten für die Randstad Stiftung, ohne Ort

Elmer, Greg/Langlois, Ganaele/Redden, Joanna 2015: Compromised Data. From Social Media to Big Data, London

European Environment Agency 2016: EEA Report 2/2016; https://www.eea.europa.eu/publications/circular-economy-in-europe/at_download/file
abgerufen am 10.07.2018

europarl.europa.eu/atyourservice/de/displayFtu.html?ftuId=FTU_5.9.3.html
abgerufen am 14.06.2017

Exner, Andreas/Rätz, Werner/Zenker, Birgit 2007: Grundeinkommen. Soziale Sicherung ohne Arbeit, Wien

fairphone.com/2013/08/01/whats-in-a-life-cycle-assessment/
abgerufen am 14.06.2017

Faltenbacher, Sofia/Litschel, Laura-Solmaz 2016: »Es läuft nicht mehr so wie früher«, in: Die Zeit, 15/2016, 31.03.2016, 62

Fedewa, Joe 2016: 8 biggest announcements from Google I/O 2016; phandroid.com/2016/05/19/8-big-announcements-google-io-2016/
abgerufen am 21.07.2017

Fichter, Klaus/Hintemann, Ralph/Behrendt, Siegfried, et al. 2012: Gutachten zum Thema »Green IT – Nachhaltigkeit« für die Enquete-Kommission Internet und digitale Gesellschaft des Deutschen Bundestages, Köln

Finley, Kent 2015: Your Binge-Watching is Making the Planet Warmer; wired.com/2015/05/binge-watching-making-planet-warmer/
abgerufen am 21.07.2017

foe.co.uk/news/smartphones-good-bad-ugly
abgerufen am 18.06.2017

forbes.com/powerful-brands/list/
abgerufen am 01.07.2017

Forschungsunion/Acatech 2013: Umsetzungsempfehlungen für das Zukunftsprojekt Industrie 4.0. Abschlussbericht des Arbeitskreises Industrie 4.0, gefördert vom Bundesministerium für Bildung und Forschung, Frankfurt am Main

fotomagazin.de/technik/die-entwicklung-der-handyfotografie
abgerufen am 08.12.2016

Fraillon, Julian/Ainley, John/Schulz, Wolfram, et al. 2014: Preparing for Life in a Digital Age. The IEA International and Information Literacy Study, International, Melbourne/Australia

Füller, Christian/Greiner, Lena 2016: »Ich möchte keine Laptopklassen«; spiegel.de/lebenundlernen/schule/johanna-wankas-digitalpakt-ich-moechte-keine-laptopklassen-a-1116226.html
abgerufen am 19.07.2017

Funder, Maria 2011: Soziologie der Wirtschaft. Eine Einführung, München

Gabler Wirtschaftslexikon, Stichwort: Big Data;
http://wirtschaftslexikon.gabler.de/Archiv/-2046774198/big-data-v5.html
abgerufen am 23.06.2017

Gabler Wirtschaftslexikon, Stichwort: Roadmapping; wirtschaftslexikon.gabler.de/Archiv/82815/roadmapping-v7.html
abgerufen am 11.07.2017

gartner.com/newsroom/id/3609817
abgerufen am 27.11.2017

gate4logistics.de/logistik-branche/logistikwirtschaft.html
abgerufen am 03.06.2017

General Motors 2016: generalmotors.green/product/public/us/en/GMGreen/home.detail.html/content/Pages/news/us/en/2016/dec/1214-landfill.html
abgerufen am 20.08.2017

Gesellschaft für Medienpädagogik und Kommunikationskultur 2016: Stellungnahme der Gesellschaft für Medienpädagogik und Kommunikationskultur (GMK) zum Strategiepapier der KMK »Bildung in der digitalen Welt« (vom 27.04.2016); gmk-net.de/fileadmin/pdf/GMK-Stellungnahme_zum_KMK-Strategie-Entwurf.pdf
abgerufen am 17.06.2017

gesetze-im-internet.de/stabg/__1.html
abgerufen am 14.06.2017

gfk-entertainment.com/news/meilenstein-der-chartgeschichte-streaming-wird-in-offizielle-deutsche-album-charts-integriert/3050-meilenstein-der-chartgeschichte-streaming-wird-in-offizielle-deutsche-album-charts-integriert.html
abgerufen am 17.07.2017

golem.de/news/bundeswirtschaftsminister-gabriel-will-weltweit-beste-internet-infrastruktur-1604-120516.html
abgerufen am 08.08.2017

Goletz, Mirko/Heinrichs, Dirk/Feige, Irene 2016: Mobility Trends in Cutting-Edge Cities. Final Report, Institute for Mobility Research

Golsteijn, Laura 2016: Five ways to circular economy: Product life extension; simapro.com/2016/five-ways-to-circular-economy-and-lca-product-life-extension/
abgerufen am 20.08.2017

Gombert, Philipp 2016: Android vs. iOS. Wie Google die Konkurrenz dominiert; giga.de/apps/ios/news/android-vs.-ios-wie-google-die-konkurrenz-dominiert/#utm_source%3Dgiga%26utm_medium%3Dfeed%26utm_term%3Dandroid
abgerufen am 05.07.2017

googleblog.blogspot.de/2009/01/powering-google-search.html
abgerufen am 10.04.2017

graphics.wsj.com/blue-feed-red-feed/
abgerufen am 27.07.2017

greenpeace.org/international/en/campaigns/detox/electronics/the-e-waste-problem/
abgerufen am 14.06.2017

Gregory, Robin/Flynn, James/Slovic, Paul 1995: Technological Stigma, in: Slovic, Paul (Hrsg.) 2000: The Perception of Risk, London, Washington

Groshak, Jacob/Bronda, Serena 2016: How social media can distort and misinform when communicating science; theconversation.com/how-social-media-can-distort-and-misinform-when-communicating-science-59044
abgerufen am 27.07.2017

gsmarena.com/mobile_phone_usage_survey-review-592p2.php
abgerufen am 09.05.2017

gtai.de/GTAI/Navigation/DE/Trade/Maerkte/suche,t=energiewende-wird-in-taiwan-anders-betrieben,did=1008798.html
abgerufen am 18.06.2017

Gu, Lion/Kropolov, Vladimir/Yarockkin, Fyodor 2017: The Fake News Machine. How Propagandists Abuse the Internet and Manipulate the Public, Trend Micro, A TrendLabs Reseach Paper; documents.trendmicro.com/assets/white_papers/wp-fake-news-machine-how-propagandists-abuse-the-internet.pdf
abgerufen am 11.07.2017

Hayes, Karen/Burge, Richard 2003: Coltan Mining in the Democratic Republic of Congo: How tantalum-using industries can commit to the reconstruction of the DRC, Cambridge, UK

Hayon, Dominik 2018: Galaxy S9 im Preissturz. Samsung-Handy wird immer günstiger; https://www.chip.de/news/Galaxy-S9-im-Preisstuz-Samsung-Handy-wird-immer-guenstiger_140985299.html
abgerufen am 10.07.2018

Hegelich, Simon 2016: Invasion der Meinungs-Roboter, in: Analysen & Argumente, Konrad-Adenauer-Stiftung, September 2016, Ausgabe 221

Heinen, Richard/Kerres, Michael 2015: Individuelle Förderung mit digitalen Medien. Handlungsfelder für die systematische, lernförderliche Integration digitaler Medien in Schule und Unterricht, im Auftrag der Bertelsmann Stiftung; bertelsmann-stiftung.de/fileadmin/files/BSt/Publikationen/GrauePublikationen/Studie_IB_iFoerderung_digitale_Medien_2015.pdf
abgerufen am 21.06.2017

Helbing, Dirk/Frey, Bruno S./Gigerenzer, Gerd, et al. 2015: Digitale Demokratie statt Datendiktatur, in: Spektrum der Wissenschaft, Januar 2016; 51-58

help.netflix.com/en/node/87
abgerufen am 17.07.2017

Hermes, Vera 2012: Wir Zauberlehrlinge. Interview mit Peter Kruse, in: vernetzt! Das Magazin der Gordleik AG, Ausgabe 6, Halbjahr 2/2012, 4-7

Heuzeroth, Thomas 2016: Das Ende des Free-TV in Deutschland naht; welt.de/wirtschaft/article156077022/Das-Ende-des-Free-TV-in-Deutschland-naht.html
abgerufen am 14.09.2017

Hilbert, Martin 2012: How much information is there in the »information society«?, in: Significance, Volume 9, August 2012, 8-12

Hillis, Danny 2016: The Enlightenment is Dead, Long Live the Entanglement, in: Journal of Design and Science, Februar 2016; pubpub.org/pub/enlightenment-to-entanglement
abgerufen am 14.06.2017

Hillmann, Karl-Heinz 1994: Wörterbuch der Soziologie, Stuttgart

Hilty, Lorenz/Arnfalk, Peter/Erdmann, Lorenz, et al. 2006: The relevance of information and communication technologies for environmental sustainability – A prospective simulation study, in: Environmental Modelling and Software, November 2006; 1618-1629

Hilty, Lorenz 2001: Sustainable Development and the Information Society, in: Hilty Lorenz/Gilgen, Paul (Hrsg.): Sustainability in the Information Society, 15th International Symposium

Informatics for Environmental Protection, Zürich 2001, Marburg sustainabledevelopment.un.org/post2015/transformingourworld
abgerufen am 20.06.2017

Hilty, Lorenz 2002: Sustainable Development and the Information Society, in: Brunnstein, Klaus/Berleur, Jacques (Hrsg.): Human Choice and Computers, The International Federation for Information Processing, Volume 98, Heidelberg, 305-315

Hilty, Lorenz 2008: Information Technology and Sustainability: Essays on the Relationship between Information Technology and Sustainable Development, Norderstedt

Hintemann, Ralph/Clausen, Jens 2016: Green Cloud? The current and future development of energy consumption by data centers, networks and end-user devices, in: P. Grosso, P. Lago, & A. Osseyran (Eds.), Proceedings of ICT for Sustainability 2016, Amsterdam

Howe, Jeff 2006: The Rise of Crowdsourcing, in: Wired, 01.06.2006; wired.com/2006/06/crowds/
abgerufen am 22.06.2017

Huber, Joseph 2000: Industrielle Ökologie. Konsistenz, Effizienz und Suffizienz in zyklusanalytischer Betrachtung. Konferenzbeitrag. Baden-Baden, 2000. URN: nbn-resolving.de/urn:nbn:de:0168-ssoar-121622
abgerufen am 21.05.2017

Hulverscheidt, Claus 2017: Google drängt ins Klassenzimmer, in: Süddeutsche Zeitung 16.06.2017; sueddeutsche.de/bildung/digitales-lernen-klick-ins-klassenzimmer-1.3544183
abgerufen am 19.07.2017

IHK/Deutscher Industrie- und Handelskammertag 2012: Faktenpapier nicht-energetische Rohstoffe; https://www.ihk-niederrhein.de/downloads/ihk/Nicht_energetische_Rohstoffe-data.pdf
abgerufen am 10.05.2017

Initiative D21 2016: Sonderstudie »Schule Digital«. Lehrwelt, Lernwelt, Lebenswelt. Digitale Bildung im Dreieck SchülerInnen-Eltern-Lehrkräfte, Kantar TNS; bertelsmann-stiftung.de/fileadmin/files/BSt/Publikationen/GrauePublikationen/D21_Schule_Digital2016.pdf
abgerufen am 21.06.2017

inside.bahn.de/wlan-im-ice/
abgerufen am 27.07.2017

Ipsos Global Trends; ipsosglobaltrends.com/overwhelmed-by-life-what-changes-in-consumer-behaviours-can-tell-us-about-navigating-modern-life/
abgerufen am 24.06.2017

ISF – Information Society Forum, Forum Info 2000: Challenges 2025 – On the Way to a Sustainable World-Wide Information Society, FAW Ulm 1998

itwissen.info/definition/lexikon/Mooresches-Gesetz-Moores-law.html
abgerufen am 08.07.2017

Jakat, Lena 2017: »Facebook und Twitter bringen mehr Gutes als Schlechtes hervor«, in: Süddeutsche Zeitung, 08. April 2017; sueddeutsche.de/digital/philip-howard-facebook-und-twitter-bringen-mehr-gutes-als-schlechtes-hervor-1.3453891
abgerufen am 22.07.2017

Jevons, William Stanley 1865: The Coal Question. An Inquiry Concerning the Progress of the Nation, and the Probable Exhaustion of Our Coal-Mines, London

Kafka, Peter 2016: The app boom is over; recode.net/2016/6/8/11883518/app-boom-over-snapchat-uber
abgerufen am 27.07.2017

Kahneman, Daniel/Tversky, Amos 1979: Prospect theory: An analysis of decision under risk. In: Econometrica Band 47, Nr. 2, 263-291

Kahneman, Daniel 2011: Thinking, fast and slow, London

Kaminski, Andreas 2010: Technik als Erwartung. Grundzüge einer allgemeinen Technikphilosophie, Bielefeld

Kano, Noriaki/Seraku, Nobohiku/Takahashi, Fumio 1984: Attractive Quality and Must-be Quality; Journal of the Japanese Society for Quality Control, 14(2), 147-156

Kind, Sonja/Bovenschulte, Marc/Ehrenberg-Silies, Simone, et al. 2017: Social Bots. Thesenpapier zum öffentlichen Fachgespräch »Social Bots – Diskussion und Validierung von Zwischenergebnissen« am 26.01.2017 im Deutschen Bundestag; bundestag.de/blob/488564/4a87d2d5b867b0464ef457831fb8e642/thesenpapier-data.pdf
abgerufen am 22.07.2017

King, Bertel Jr. 2016: Over 600 Android Phones Launched In The Last Year, 65 Billion Apps Installed, And Other Numbers; androidpolice.com/2016/05/18/over-600-android-phones-launched-in-the-last-year-65-billion-apps-installed-and-other-numbers/
abgerufen am 27.07.2017

Kläden, Tobias 2014: Beschleunigung, in: Gärtner, Stefan/Kläden, Tobias/Spielberg, Bernhard (Hrsg.): Praktische Theologie in der Spätmoderne. Herausforderungen und Entdeckungen [Studien zur Theologie und Praxis der Seelsorge 89], Würzburg, 53-58

Klassen, Ralf 2015: Jeremy Rifkin über die Zukunft der Arbeit: »Es wird noch ein harter Weg«; spielraum.xing.com/2015/03/jeremy-rifkin-ueber-die-zukunft-der-arbeit-es-wird-noch-ein-harter-weg/
abgerufen am 19.06.2017

Klinke, Harald 2011: Apples Design-Strategie. Verführung mit Methode; spiegel.de/netzwelt/gadgets/apples-design-strategie-verfuehrung-mit-methode-a- 790318.html; 05.07.2013
abgerufen am 03.06.2017

kmk.org/fileadmin/Dateien/pdf/PresseUndAktuelles/2016/Bildung_digitale_Welt_Webversion.pdf
abgerufen am 17.06.2017

Koebler, Jason 2015: How to fix everything; motherboard.vice.com/en_us/article/how-to-fix-everything
abgerufen am 18.06.2017

Koebler, Jason 2016a: Almost Nothing About the »Apple Harvests Gold From iPhones« Story Is True; motherboard.vice.com/en_us/article/apple-does-not-melt-iphones-into-gold
abgerufen am 01.07.2017

Koebler, Jason 2016b: Instead of a Recycling Robot, Apple Should Sell Screwdrivers That Open iPhones; motherboard.vice.com/en_us/article/instead-of-a-recycling-robot-apple-should-sell-screwdrivers-that-open-iphones
abgerufen am 05.07.2017

Koebler, Jason 2017a: Apple Forces Recyclers to Shred All iPhones and MacBooks; motherboard.vice.com/en_us/article/apple-recycling-iphones-macbooks
abgerufen am 01.07.2017

Koebler, Jason 2017b: Apple Is Lobbying Against Your Right to Repair iPhones, New York State Records Confirm; motherboard.vice.com/en_us/article/apple-is-lobbying-against-your-right-to-repair-iphones-new-york-state-records-confirm
abgerufen am 05.07.2017

Könneker, Carsten 2016: Wie Social Bots den Brexit verursachten, in: Spektrum – Die Woche 38/2016

Kontio, Carina 2013: E-Commerce-Boom. Die Schattenseiten des Online-Handels; handelsblatt.com/unternehmen/handel-konsumgueter/e-commerce-boom-die-schattenseiten-des-online-handels/8186932.html
abgerufen am 10.07.2017

Koomey, Jonathan/Berard, Stephen/Sanchez, Marla, et al. 2011: Implications of Historical Trends in the Electrical Efficiency of Computing, in: IEEE Annals of the History of Computing, vol. 33, no. 3, March 2011, 46-54

Kruse, Peter 2009a: Der letzte Tanz ums Goldene Kalb. Das Auto als Kultobjekt und klassisches Statussymbol hat ausgedient, in: Süddeutsche Zeitung Nr. 124, 02.06.2009; 33

Kruse, Peter 2009b: Ein Kultobjekt wird abgewrackt, in: GDI Impuls 01.2009; 12-19

Kruse, Peter 2009c: Rechts, Links, Mitte – Raus! Vom politischen Wagnis der Partizipation. Interview von Ulrike Reinhard, in: Heuermann, Hendrik/Reinhard, Ulrike (Hrsg.) 2009: Reboot D – Digitale Demokratie. Alles auf Anfang, Oldenburg; 44-59

Kuhn, Thomas 2017: »Wenn der Weg ins Netz nur ein Trampelpfad ist«, Wirtschaftswoche.de; wiwo.de/technologie/digitale-welt/digitales-desaster-unternehmen-haben-andere-anforderungen-als-haushalte/19821722-2.html
abgerufen am 14.06.2017

Kuper, Jo/Hojsik, Martin 2008: Poisoning the Poor, Greenpeace.org; greenpeace.org/denmark/Global/denmark/p2/other/report/2008/poisoning-the-poor-electroni.pdf
abgerufen am 11.06.2017

Kuttner, Julia 2017: Warum Falschmeldungen im Netz funktionieren; faktenfinder.tagesschau.de//hintergrund/interview-falschmeldungen-101.html
abgerufen am 29.07.2017

Lapowsky, Issie 2016: The 2016 Election Exposes the Very, Very Dark Side of Tech; wired.com/2016/11/2016-election-exposes-dark-side-tech/
abgerufen am 21.06.2017

Latour, Bruno 2007: Eine neue Soziologie für eine neue Gesellschaft, Frankfurt am Main

Laufer, Nora 2017: Wir bezahlen mit unseren Daten. Interview mit Tilman Santarius, in: Der Standard 14.05.2017; derstandard.at/2000057458583/Digitalisierung-Wir-bezahlen-mit-unseren-persoenlichen-Daten
abgerufen am 17.06.2017

Lapowsky, Issie 2018: Facebook Exposed 87 Million Users to Cambridge Analytic; wired.com/story/facebook-exposed-87-million-users-to-cambridge-analytica
abgerufen 17. April 2018

Le Quéré, Corinne/Andres, Robert Joseph/Boden, Thomas, A., et al. 2012: The global carbon budget 1959–2011. Earth System Science Data Discussions 5, no. 2 (2012): 1107-1157

leila.innovationspolitik.de/so-gehts/
abgerufen am 16.06.2017

Leimeister, Jan Marco/Durward, David/Zogaj, Shkodran 2016: Crowd Worker in Deutschland. Eine empirische Studie zum Arbeitsumfeld auf externen Crowdsourcing-Plattformen, Band 323 der Reihe »Study«, Hans-Böckler-Stiftung

Leimeister, Jan Marco 2015: Einführung in die Wirtschaftsinformatik, 12.Aufl., Berlin

linksfraktion.de/fraktion/abgeordnete/profil/herbert-behrens/
abgerufen am 22.06.2017

Lohmann, Wolfgang/Hilty, Lorenz/Behrendt, Siegfried, et al. 2015: Grüne Software – Schlussbericht zum Vorhaben: Ermittlung und Erschließung von Umweltschutzpotenzialen der Informations- und Kommunikationstechnik (Green IT), TV3: Potenzialanalyse zur Ressourcenschonung optimierter Softwareentwicklung und -einsatz, Dessau-Roßlau

Lorenz, Philippe 2017: Innovative Weiterbildungskonzepte braucht das Land, in: B. A. U. M. Jahrbuch 2017 – Digitalisierung und Nachhaltigkeit, 36-38

lowtechmagazine.com/2015/10/can-the-internet-run-on-renewable-energy.html

Luchtmann, Morten 2016: Kleines Gerät, großer Gewinn; sueddeutsche.de/wirtschaft/apples-iphone-kleines-geraet-grosser-gewinn-1.2936865
abgerufen am 01.07.2017

Manyika, James/Chui, Michael/Miremadi, Mehdi et al. 2017: A Future that works. Automation, Emplyment and Productivity, McKinsey Global Institute

Margolin, Madison 2016: The Periodic Table of iPhone Elements; motherboard.vice.com/en_us/article/the-periodic-table-of-iphone-elements
abgerufen am 18.06.2017

Martin-Jung, Helmut 2015: Müllkippe statt Mine; sueddeutsche.de/digital/alte-handys-muellkippe-statt-mine-1.2553381
abgerufen am 18.06.2017

Mason, Paul 2015: Postcapitalism. A Guide to our Future, London

McCormick, Rich 2017: Humans watch a billion hours of YouTube every single day; theverge.com/2017/2/27/14759102/youtube-billion-hours-watch-every-day
abgerufen am 17.07.2017

McCracken, Grant 1986: Culture and Consumption: A Theoretical Account of the Structure and Movement of the Cultural Meaning of Consumer Goods, in: Journal of Consumer Research, Vol. 13, June 1986, 71-84

McNeely, Jeffrey A. 2003: Conserving Forest Biodiversity in Times of Violent Conflict, IUCN, Gland/Switzerland

Meadows, Donella/Randers, Jorgen/Meadows, Dennis 2004: Limits to Growth. The 30 Year Update, Hartford, Vermont

Meeker, Mary 2016: Internet Trends 2016 – Code Conference. Kleiner Perkins Caufiel Byers dq756f9pzlyr3.cloudfront.net/file/2016_internet_trends_report_final.pdf
abgerufen am 16.06.2017

Mersmann, Florian/Braun, Marcel 2013: Der Emissionshandel, Bundeszentrale für politische Bildung Online, Stand 05.06.2013; bpb.de/themen/EX975S,,0,Der_Emissionshandel.html
abgerufen am 01.07.2017

Metzler, Marco 2016: »Millionen Arbeitsplätze verschwinden«, in: Neue Zürcher Zeitung am Sonntag, 09.01.2016; nzz.ch/nzzas/nzz-am-sonntag/erik-brynjolfsson-millionen-arbeitsplaetze-verschwinden-ld.4065
abgerufen am 13.05.2017

mila.com/about
abgerufen am 16.06.2017

Minter, Adam 2017: The Environmental Case for the iPhone; motherboard.vice.com/en_us/article/a3ddjz/the-environmental-case-for-the-iphone
abgerufen am 12.07.2017

Molitor, Andreas 2012: Wenn Freiheit keine Angst mehr macht, in: Brand Eins, Ausgabe 4/2012

Motesharrei, Safa/Rivas, Jorge/Kalnay, Eugenia 2014: Human and Nature Dynamics (HANDY): Modeling Inequality and Use of Resources in the Collapse or Sustainability of Societies, in: Ecological Economics 101:90–102; linkinghub.elsevier.com/retrieve/pii/S0921800914000615
abgerufen am 25.04.2018

Mottschall, Moritz 2015: Online shoppen oder beim lokalen Händler?; https://www.oeko.de/aktuelles/2015/online-shoppen-oder-beim-lokalen-haendler/
abgerufen am 20.06.2017

Müller, Claudio 2016: E-Mail-Verbot für den Chef. Gesetz soll Feierabend-Mails verhindern chip.de/news/E-Mail-Verbot-fuer-den-Chef-Gesetz-soll-Feierabend-Mails-verhindern_94585482.html
abgerufen am 08.04.2017

Münchner Kreis e. V. 2014: Digitalisierung. Achillesferse der deutschen Wirtschaft? Zukunftsstudie Münchner Kreis Band VI
tns-infratest.com/wissensforum/studien/pdf/zukunftsstudie_muenchner_kreis_2014.pdf
abgerufen am 12.05.2017

Munir, Kamal A./Phillips, Nelson 2005: The Birth of the Kodak Moment: Institutional Entrepreneurship and the Adoption of New Technologies, in: Organisation Studies 26 (11), 1665-1687

Murugesan, San 2010: Strategies for Greening Enterprise IT: Creating Business Value and Contributing to Environmental Sustainability, in: Unhelkar, Bhuvan: Handbook of Research on Green ICT: Technology, Business and Social Perspectives, IGI Global: 51-64

netzoekonom.de/2015/01/12/deutschland-faellt-im-breitband-wettbewerb-weiter-zurueck/
abgerufen am 14.06.2017

netzpolitik.org/wp-upload/2017/03/1703014_NetzwerkDurchsetzungsG.pdf
abgerufen am 01.04.2017

neverware.com/freedownload
abgerufen am 11.07.2017

Nye, David 2006: Technology matters, Cambridge, Massachusetts

nysenate.gov/legislation/bills/2017/s618
abgerufen am 05.07.2017

Oertel, Britta/Behrendt, Siegfried/Sonk, Matthias 2017: WWF-Real-Time-Delphi »Digitalisierung und Nachhaltigkeit«, Ergebnisüberblick. IZT – Institut für Zukunftsstudien und Technologiebewertung gemeinnützige GmbH, Berlin

o. V. 2010: What's the carbon footprint of … the Internet?; theguardian.com/environment/2010/aug/12/carbon-footprint-internet
abgerufen am 16.06.2017

o. V. 2012: Interview Peter Kruse. Vom Ich und Du zum Wir., in: Link, Ausgabe 01/2012, Deloitte

o. V. 2014a: Arbeiten bis zum Zusammenbruch; sueddeutsche.de/digital/missstaende-bei-apple-zulieferern-arbeiten-bis-zum-zusammenbruch-1.2276469
abgerufen am 03.07.2017

o. V. 2014b: Microsofts Mitarbeiter können arbeiten, wo sie wollen; faz.net/aktuell/wirtschaft/unternehmen/microsoft-schafft-anwesenheitspflicht-fuer-beschaeftigte-ab-13195180.html
abgerufen am 18.05.2017

o. V. 2015a: Apple will Ausbeutung bei Zulieferern bekämpfen; sueddeutsche.de/wirtschaft/sozialbericht-apple-will-ausbeutung-bei-zulieferern-bekaempfen-1.2348546
abgerufen am 03.07.2017

o. V. 2015b: Kabinett läutet Ende von DVB-T ein; spiegel.de/netzwelt/web/dvb-t-kabinett-entscheidet-zugunsten-des-mobilen-internets-a-1017968.html
abgerufen am 04.07.2017

o. V. 2015c: Pressemitteilung der Studie WiMobil vom 16.10.2015: Carsharing bringt nachhaltige Mobilität in den Innenstädten urbaner Ballungsgebiete voran; erneuerbar-mobil.de/sites/default/files/2016-09/151015_PM_WiMobil_Carsharing_konsolidiert_v2.pdf
abgerufen am 02.06.2017

o. V. 2016a: Nahles will grundlegend flexiblere Arbeitswelt; sueddeutsche.de/news/karriere/arbeit-nahles-will-grundlegend-flexiblere-arbeitswelt-dpa.urn-newsml-dpa-com-20090101-160315-99-220677
abgerufen am 13.05.2017

o. V. 2016b: Fünf, neun, vierunddreißig Milliarden; faz.net/aktuell/feuilleton/debatten/streit-um-milliardenprogramm-von-johanna-wanka-fuer-schul-it-14477742.html
abgerufen am 17.06.2017

o. V. 2016c: Verkaufszahl von 4K-TVs steigt: Ultra HD auf dem Vormarsch; digitalfernsehen.de/Verkaufszahl-von-4K-TVs-steigt-Ultra-HD-auf-dem-Vormarsch.143037.0.html
abgerufen am 14.09.2017

o. V. 2017; spiegel.de/netzwelt/netzpolitik/facebook-heiko-maas-stellt-gesetz-gegen-hasskriminalitaet-vor-a-1138637.html; 14.03.2017
abgerufen am 15.03.2017

o. V. 2018: Fünf Milliarden Euro: Merkel: Digitalpakt für Schulen wird umgesetzt. Die Zeit, 01. Februar; zeit.de/news/2018-02/01/merkel-digitalpakt-fuer-schulen-wird-umgesetzt-180201-99-897520
abgerufen am 17.04.2018

Oehme, Ines 2015: Faktencheck – Erkenntnisse aus einer Studie zur Obsoleszenz von Elektro- und Elektronikgeräten; umweltbundesamt.de/sites/default/files/medien/378/dokumente/04_oehme.pdf
abgerufen am 03.07.2017

oeko.de/forschung-beratung/themen/nachhaltiger-konsum/it-und-telekommunikation/
abgerufen am 21.07.2017

Paech, Niko 2012: Befreiung vom Überfluss. Auf dem Weg in die Postwachstumsökonomie, München

Paech, Niko 2012b: »Grünes« Wachstum wäre ein Wunder, in: Die Zeit, 21.06.2012; zeit.de/wirtschaft/2012-06/wachstumskritik-paech
abgerufen am 29.06.2017

Palmer, Danny 2017: Ransomware: Wanna Cry was basic, next time could be much worse; zdnet.com/article/ransomware-wannacry-was-basic-next-time-could-be-much-worse/
abgerufen am 18.06.2017

Pangert, Barbara/Schüpbach, Heinz 2013: Die Auswirkungen arbeitsbezogener erweiterter Erreichbarkeit auf Life-Domain-Balance und Gesundheit, Bundesanstalt für Arbeitsschutz und Arbeitsmedizin, Dortmund/Berlin/Dresden

Patel, Nilay 2016: Taking the headphone jack off phones is user-hostile and stupid; theverge.com/platform/amp/circuitbreaker/2016/6/21/11991302/iphone-no-headphone-jack-user-hostile-stupid
abgerufen am 05.07.2017

Patel, Nilay 2017: Apple apologizes for iPhone slowdown drama, will offer $29 battery replacements; theverge.com/2017/12/28/16827248/apple-iphone-battery-replacement-price-slow-down-apology
abgerufen am 13.04.2018

Penny, Laurie 2017: Men Will Lose The Most Jobs To Robots, And That's OK; wired.com/story/men-will-lost-the-most-jobs-to-robots/
abgerufen am 14.06.2017

Peterman, Amber/Palermo, Tia/Bredenkamp, Caryn 2001: Estimates and Determinants of Sexual Violence Against Women in the Democratic Republic of Congo, American Public Health Association

Pfliegl, Konstantin 2017: Das sind die bedeutendsten neuen Digitalberufe, internetworld.de; internetworld.de/technik/digitalisierung/bedeutendsten-neuen-digitalberufe-1187844.html
abgerufen am 22.09.2017

Pierce, David 2016: How Apple Taught the World to Smartphone; wired.com/2016/06/apple-taught-world-smartphone/
abgerufen am 03.06.2017

pitchfork.com/news/67861-kanyes-life-of-pablo-becomes-first-streaming-only-album-to-go-platinum/?mbid=social_twitter
abgerufen am 17.07.2017

Prakash, Siddharth/Liu, Ran/Schischke, Karsten, et al. 2012: Zeitlich optimierter Ersatz eines Notebooks unter ökologischen Gesichtspunkten. Öko-Institut/Fraunhofer IZM. Commissioned by the German Federal Environmental Agency, text 44/2012, environmental research plan of the Federal Ministry of Environment, Nature Conservation, and Nuclear Safety, FKZ 363 01 322; UBA-FB 001666, Berlin

Prentiss, Karl 1958: Brooks Stevens: He has Designs on your Dough, in: True: The Man's Magazine, April 1958, zitiert in Heskett, John 2003: The Desire for the New: The Context of Brooks Steven's Career, in: Adamson, Glenn 2003: Industrial Strength Design: How Brooks Stevens shaped your World, Cambridge Massachusetts, 1-8

Pufé, Iris 2014: Nachhaltigkeit, Konstanz/München

Raffée, Hans und Wiedmann, Klaus-Peter 1980: Die Obsoleszenzkontroverse – Versuch einer Klärung, in: Schmalenbachs Zeitschrift für betriebswirtschaftliche Forschung, 32. Jg. (1980); 149-172

Rammler, Stephan 2017: Digital Fuel for the Mobility Revolution: The opportunities and Risks of Applying Digital Technologies to the Mobility Sector, in: Osburg, Thomas/Lohrmann, Christine (Hrsg.): Sustainability in a Digital World, Cham; 159-171

Rampell, Catherine 2013: Planned Obsolescence, as Myth or Reality; economix.blogs.nytimes.com/2013/10/31/planned-obsolescence-as-myth-or-reality/?_r=1
abgerufen am 03.07.2017

Reiter, Anja 2014: Die ganze Welt als Konkurrenz, in: Die Zeit, Nr. 47/2014; zeit.de/2014/47/crowdsourcing-freelancer-digital-arbeitsmarkt
abgerufen am 20.04.2017

Reuß, Jürgen/Dannoritzer, Cosima 2013: Kaufen für die Müllhalde. Das Prinzip der geplanten Obsoleszenz, Freiburg

Reuter, Markus 2016: Digitalizing the Circular Economy. The Minerals, Metals & Materials Society and ASM International; researchgate.net/profile/Markus_Reuter3/publication/304668781_Digitalizing_the_Circular_Economy_-Circular_Economy_Engineering_defined_by_the_metallurgical_Internet_of_Things-_2016_TMS_EPD_Distinguished_Lecture_Award_httplinkspringercomarticle101007s11663-016-073/links/57de297608ae5292a37cb91c/Digitalizing-the-Circular-Economy-Circular-Economy-Engineering-defined-by-the-metallurgical-Internet-of-Things-2016-TMS-EPD-Distinguished-Lecture-Award-http-linkspringercom-article-101007-s11663-01.pdf
abgerufen am 20.05.2017

reuters.com/article/us-germany-merkel-socialbots-idUSKBN13J1V0
abgerufen am 22.07.2017

Reynolds, Matt 2017: Ransomware attack hits 200,000 computers across the globe; newscientist.com/article/2130983-ransomware-attack-hits-200000-computers-across-the-globe/
abgerufen am 18.10.2017

Rhensius, Philipp 2016: Verleiht Eure Rasenmäher, in: Die taz, 18.04.2016; taz.de/!5292155/
abgerufen am 30.06.2017

Richter, Christian 2017: DVB-T2 HD Kosten und Frequenzen. Tipps zum Fernsehen mit Freenet TV; giga.de/extra/dvb-t/specials/dvb-t2-hd-kosten-und-frequenzen-tipps-zum-fernsehen-mit-freenet-tv/
abgerufen am 14.09.2017

Rogers, Kaleigh 2017: The Town That Had Free Gigabit Internet; motherboard.vice.com/en_us/article/xwzj9q/the-town-that-had-free-gigabit-internet
abgerufen am 17.06.2017

Roman, Sabin/Palmer, Erika/Brede, Markus 2018: The Dynamics of Human – Environment Interactions in the Collapse of the Classic Maya, in: Ecological Economics 146:312–24; linkinghub.elsevier.com/retrieve/pii/S0921800917305578 abgerufen 25.04.2018

Rosa, Hartmut 2005: Beschleunigung. Die Veränderung der Zeitstrukturen in der Moderne, Frankfurt am Main

Rosa, Hartmut 2008: Im Wirbel der Beschleunigungsspirale, in: Spektrum der Wissenschaft (2/2008) 82-87

Rosenbach, Marcel/Traufetter, Gerald 2017: Betreiben von Social Bots soll unter Strafe stehen, in: Spiegel Online vom 21.01.2017; spiegel.de/netzwelt/netzpolitik/social-bots-laender-wollen-gegen-meinungsroboter-im-internet-vorgehen-a-1130937.html abgerufen am 22.07.2017

Rudzio, Wolfgang 2003: Das politische System der Bundesrepublik Deutschland, Opladen

Ruffing, Reiner 2009: Bruno Latour, Paderborn

Ryan, Liz 2017: The Real Reason You're Not Allowed To Work from Home, Forbes Online, 15.03.2017; forbes.com/sites/lizryan/2017/03/15/the-real-reason-youre-not-allowed-to-work-from-home/#5bbfac2e7084 abgerufen am 13.05.2017

Samsung Sustainability Report 2016; images.samsung.com/is/content/samsung/p5/global/ir/docs/2016-samsung-sustainability-report.pdf abgerufen am 22.06.2017

Santarius, Tilman 2012: Der Rebound-Effekt. Über die unerwünschten Folgen der erwünschten Energieeffizienz. Impulse zur Wachstumswende, Wuppertal; santarius.de/wp-content/uploads/2012/03/Der-Rebound-Effekt-2012.pdf abgerufen am 08.07.2017

Santarius, Tilman 2013: Rebound-Effekte vereiteln eine hinreichende Entkopplung; postwachstum.de/rebound-effekte-vereiteln-eine-hinreichende-entkoppelung-20131021 abgerufen am 10.06.2017

Santarius, Tilman 2015: Der Rebound-Effekt, Marburg

Saß, Susann o. J.: Zahlen & Fakten. Bundesverband E-Commerce und Versandhandel Deutschland e. V. (bevh); bevh.org/markt-statistik/zahlen-fakten/ abgerufen am 02.06.2017

Koesch, Sascha/Magdanz, Fee/Stadler, Robert 2008: Handys bedrohen Gorilla-Bestand. In: Spiegel Online. 27. April 2008; spiegel.de/netzwelt/mobil/rohstoff-abbau-handys-bedrohen-gorilla-bestand-a-549781.html abgerufen am 14.06.2017

Schaumburg, Heike 2015: Chancen und Risiken digitaler Medien in der Schule. Medienpädagogische und -didaktische Perspektiven. Im Auftrag der Bertelsmann-Stiftung;

bertelsmann-stiftung.de/fileadmin/files/BSt/Publikationen/GrauePublikationen/Studie_IB_Chancen_Risiken_digitale_Medien_2015.pdf
abgerufen am 21.06.2017

Scheu, René 2016: Nach dem Kapitalismus ist vor dem Kapitalismus, in: Neue Zürcher Zeitung, 27.04.2016; nzz.ch/feuilleton/paul-mason-postkapitalismus-nach-dem-kapitalismus-ist-vor-dem-kapitalismus-ld.16312
abgerufen am 19.06.2017

Schultz, Irmgard/Orland, Barbara/Reusswig, Fritz, et al. 1992: Abfallvermeidung und Konsum. Die Relevanz des Konsumverhaltens für Abfallvermeidungsstrategien, Materialien Soziale Ökologie, Nr. 7, Institut für sozial-ökologische Forschung, Frankfurt am Main

Schulze, Gerhard 2003: Die beste aller Welten. Wohin bewegt sich die Gesellschaft im 21. Jahrhundert?, Frankfurt am Main

scientificamerican.com/article/e-waste-dump-among-top-10-most-polluted-sites/
abgerufen am 11.06.2017

Sepulveda, Alejandra/Schluep, Mathias/Hagelüken, Christian, et al. 2010: A Review of the Environmental Fate and Effects of Hazardous Substances Released from Electrical and Electronic Equipments during Recycling: Examples from China and India, in: Environmental Impact Assessment Review, Januar 2010

Shehabi, Arman/Walker, Ben/Masanet, Eric 2014: The energy and greenhouse-gas implications of internet video streaming in the United States; iopscience.iop.org/article/10.1088/1748-9326/9/5/054007/pdf
abgerufen am 18.05.2017

Shibata, Mari 2015: Inside the World's Biggest E-Waste Dump; motherboard.vice.com/en_us/article/inside-the-worlds-biggest-e-waste-dump
abgerufen am 11.06.2017

shop.fairphone.com/
abgerufen am 11.07.2017

si.cdn.dell.com/sites/content/corporate/corp-comm/en/Documents/dell-laptop-carbon-footprint-whitepaper.pdf
abgerufen am 12.08.2017

Simone Schlindwein, Dominic Johnson: Wie das Blut vom Erz gewaschen wird. In: die tageszeitung. 4./5. Juli 2009; 16-17

Singleton, Micah 2016: Apple recovered nearly $40 illion in gold through its recycling program last year; theverge.com/2016/4/15/11438840/apple-recovered-nearly-40-million-in-gold-through-its-recycling
abgerufen am 01.07.2017

Smith, Bud E. 2013: Green Computing: Tools and Techniques for Saving Energy, Money and Resources, CRC Press: 54

Sonntag, Herbert 2015: Wirtschaftsverkehr in Metropolräumen – Herausforderungen und Lösungsansätze. IWIT Konferenz – Effizienter Wirtschaftsverkehr durch Verkehrsinformation und Telematik, Vortrag: Wildau 23.06.2015; iwit.info/wp-content/uploads/2015/06/2_HS.pdf
abgerufen am 23.06.2017

Sorge, Petra 2017: Für ein paar Cent, in: der Freitag, Nr. 15, 13.03.2017; freitag.de/autoren/der-freitag/fuer-ein-paar-cent
abgerufen am 21.04.2017

Stalder, Felix 2016: Kultur der Digitalität, Frankfurt am Main

statista.com/topics/2702/subscription-video-on-demand/
abgerufen am 17.07.2017

Steen, Jürgen 1998: »Neue Zeit« – Vorstellungen als Kritik der industriellen Revolution. Zu Bedeutung und Rolle von Elektrizität und Elektrotechnik in Modernisierungsstrategien des 19. Jahrhunderts, in: Plitzner, Klaus (Hrsg.): Elektrizität in der Geistesgeschichte, Bassum, 169-182

Stobbe, Lutz/Proske, Marina/Zedel, Hennes, et al. 2015: Entwicklung des IKT-bedingten Strombedarfs in Deutschland, Abschlussbericht. Studie im Auftrag des Bundesministeriums für Wirtschaft und Energie, Projekt Nr. 29/14, Berlin

Straubhaar, Thomas 2017: Sozialstaat neu denken – Grundeinkommen als Lösung?, in:, in: B. A. U. M. Jahrbuch 2017 – Digitalisierung und Nachhaltigkeit, 44-46

Streitmayer, Sven 2011: Blickpunktthema Seltene Erden; rohstoff-welt.de/news/artikel.php?-sid=26375&seite=2
abgerufen am 18.06.2017

Strobel, Hannes 2013: Auswirkungen von ständiger Erreichbarkeit und Präventionsmöglichkeiten, iga.Report 23; iga-info.de/fileadmin/redakteur/Veroeffentlichungen/iga_Reporte/Dokumente/iga-Report_23_Staendige_Erreichbarkeit_Teil1.pdf
abgerufen am 18.05.2017

stromauskunft.de/die-klimaschuetzer/co2-emissionen/
abgerufen am 02.02.2017

StudieSustainableLogistics/dpdhl_delivering_tomorrow_studie.pdf
abgerufen am 03.06.2017

sustainabledevelopment.un.org/sdgs
abgerufen am 11.05.2017

Sutherland, Ewan 2001: Coltan, the Congo and your cell phone, University of the Witwatersrand; web.mit.edu/12.000/www/m2016/pdf/coltan.pdf
abgerufen am 22.06.2017

t3n.de/news/merkel-cebit-806693/
abgerufen am 12.04.2017

Thiel, Rafael 2016: LG G5 vs. Moto Z vs. Project Ara: Welches modulare Konzept überzeugt?; giga.de/smartphones/project-ara/specials/lg-g5-vs.-moto-z-vs.-project-ara-welches-modulare-konzept-ueberzeugt/#utm_source%3Dgiga%26utm_medium%3Dfeed%26utm_term%3Dandroid
abgerufen am 11.07.2017

Thüringer Lehrerverband 2016: Digitaler Unterricht. Ohne die Lehrer geht gar nichts/tlv mahnt anlässlich der KMK-Tagung zu »solider Basisarbeit«; verbaende.com/news.php/Digitaler-Unterricht-Ohne-die-Lehrer-geht-gar-nichts-tlv-mahnt-anlaesslich-der-KMK-Tagung-zu-solider-Basisarbeit?m=113252
abgerufen am 17.06.2017

Toor, Amar 2016: Paris isn't happy about Amazon's one-hour delivery service; theverge.com/2016/6/20/11975404/amazon-prime-now-paris-mayor-delivery
abgerufen am 23.06.2017

Tröltzsch, Jenny 2012: Zwei Schritte vor, einer zurück. Der Rebound-Effekt schränkt die Wirkung von Effizienzprogrammen ein, in: Umwelt aktuell. Infodienst für europäische und deutsche Umweltpolitik, Ausgabe 02/2012, S.2-4; ecologic.eu/sites/files/attachments/Publications/2012/ua2012_02_themen_troeltzsch.pdf
abgerufen am 08.07.2017

Tversky, Amos/Kahneman, Daniel 1992: Advances in prospect theory. Cumulative representation of uncertainty, in: Kahneman, Daniel/Tversky, Amos (Hrsg.): Choices, values and frames, Cambridge, 44-66.

umweltbundesamt.de/daten/energiebereitstellung-verbrauch/anteil-erneuerbarer-energien-am-energieverbrauch
abgerufen am 16.06.2017

umweltbundesamt.de/themen/chemikalien/chemikalien-management/die-rotterdam-konvention
abgerufen am 11.06.2017

umweltbundesamt.de/themen/chemikalien/chemikalien-management/stockholm-konvention
abgerufen am 11.06.2017

UN Habitat 2016: Worlds Cities Report 2016. Urbanization and Development. Merging Futures, ohne OrtUNCTAD 2014: Commodities at a glance Nr. 4, May 2014, ohne Ort

un-documents.net/our-common-future.pdf
abgerufen am 27.07.2017

Unfried, Peter 2016: Werft euer iPhone weg!; taz.de/!5296605/
abgerufen am 05.05.2017

unu.edu/media-relations/releases/step-launches-interactive-world-e-waste-map.html#info
abgerufen am 14.06.2017

US National Science Foundation 2010: Cyber-Physical Systems (CPS) (Proposal); nsf.gov/pubs/2010/nsf10515/nsf10515.htm
abgerufen am 05.05.2017

Usanov, Artur/De Ridder, Marjolein/Auping, Willem, et al. 2013: Coltan, Congo and Conflict, The Hague Centre for Strategic Studies, Rapport No 21, The Hague

Van Laak, Claudia 2017: Verhandlungen über den Digitalpakt. Wer gibt wie viel Geld?; deutschlandfunk.de/verhandlungen-ueber-den-digitalpakt-wer-gibt-wie-viel-geld.680.de.html ?dram:article_id=377765
abgerufen am 17.06.2017

vda.de/de/themen/wirtschaftspolitik-und-infrastruktur/verkehr/die-strasse-ist-verkehrstraeger-nr-1.html
abgerufen am 23.06.2017

Veblen, Thorstein 1958: Theorie der feinen Leute, Köln

Verbraucherzentrale Bundesverband 2016: Personalisierte Preise. Diskussionspapier des Verbraucherzentrale-Bundesverbands; vzbv.de/sites/default/files/vzbv_position_preisdifferenzierung_16-09-21_pdf.pdf
abgerufen am 27.07.2017

Villas-Boas, Antonio 2015: The companies that make your smartphone batteries say they should barely last a year; businessinsider.com/smartphone-batteries-are-only-meant-to-last-a-year-2015-10?IR=T
abgerufen am 05.07.2017

Volti, Rudi 1995: Society and Technological Change, New York

Von Gagern, Stefan 2015: Gesche Joost: »Die Politik versteht zu wenig von der Digitalisierung«; spielraum.xing.com/2015/03/gesche-joost-die-politik-versteht-zu-wenig-von-der-digitalisierung/
abgerufen am 18.06.2017

Von Thadden, Elisabeth 2016: Gute Nachricht. Der Kapitalismus ist am Ende, sagt Paul Mason. Eine neue Ära beginnt!, in: Die Zeit, 16/2016, 07.04.2016; https://www.zeit.de/2016/16/postkapitalismus-paul-mason-england-arbeiter-kritik
abgerufen am 02.07.2017

Wadhawan, Julia 2016: Die Revolution im Zuckeltempo, in: Die Zeit, Nr. 4/2016, zeit.de/2016/04/carsharing-deutschland-markt
abgerufen am 02.06.2017

wbgu.de/fileadmin/templates/dateien/veroeffentlichungen/sondergutachten/sn2009/wbgu_sn2009.pdf
abgerufen am 10.06.2017

Weber, Max 1919: Wissenschaft als Beruf; wsp-kultur.uni-bremen.de/summerschool/download%20ss%202006/Max%20Weber%20-%20Wissenschaft%20als%20Beruf.pdf
abgerufen am 10.06.2017

Weidema, Bo Pedersen 2008: Sustainable Consumption and Production, Vortragstext der Konferenz »Bridging the Gap; Responding to Environmental Change – From Words to Deeds« 14-16.05.2008 in Portorož, Slovenien, lca-net.com/files/rebound.pdf
abgerufen am 08.07.2017

Werner, Götz/Weik, Matthias/Friedrich, Marc 2017: Sonst knallt's! Warum wir Wirtschaft und Politik radikal neu denken müssen, Frankfurt am Main

whatsyourimpact.org/greenhouse-gases/carbon-dioxide-emissions
abgerufen am 21.07.2017

Whitwam, Ryan 2015: Google Announces New Update Policy For Nexus Devices Including Monthly Security Patches For 3 Years And Major OTAs For 2 Years From Release; androidpolice.com/2015/08/05/google-announces-new-update-policy-for-nexus-devices-including-monthly-security-patches-for-3-years-and-major-otas-for-2-years-from-release/
abgerufen am 11.07.2017

Wiens, Kyle 2016: Apple's Recycling Robot Needs Your Help to Save the World
wired.com/2016/03/apple-liam-robot/
abgerufen am 01.07.2017

Williamson, Judith 1978: Decoding Advertising, New York

Wilts, Henning/Berg, Holger 2017: The digital circular economy: can the digital transformation pave the way for resource-efficient materials cycles?, Wuppertal Institut in brief 04/2017; wupperinst.org/fa/redaktion/downloads/publications/In_Brief_2017-4_en.pdf
abgerufen am 20.08.2017

Wolter, Marc Ingo/Mönning, Anke/Hummel, Markus, et al. 2016: IAB-Forschungsbereicht 13/2016: Wirtschaft 4.0 und die Folgen für Arbeitsmarkt und Ökonomie; doku.iab.de/forschungsbericht/2016/fb1316.pdf
abgerufen am 18.06.2017

Woyke, Elizabeth 2014: The Smartphone. Anatomy of an Industry, New York

xda-developers.com/killing-the-port-how-simple-is-changing-into-needlessly-complicated/
abgerufen am 05.07.2017

Xing Spielraum 2015: Andrea Nahles: »Die Digitalisierung macht mir keine Angst«; spielraum.xing.com/2015/03/interview-andrea-nahles-die-digitalisierung-macht-mir-keine-angst/
abgerufen am 18.05.2017

Zillien, Nicole/Haufs-Brusberg, Maren 2014: Wissenskluft und Digital Divide,
Reihe: Konzepte. Ansätze der Medien- und Kommunikationswissenschaft, Bd. 12

Zwick, Michael M. 2002: Umweltgefährdung, Umweltwahrnehmung, Umweltverhalten. Was erklären Wertorientierungen?, in: Rink, Dieter (Hrsg.): Lebensstile und Nachhaltigkeit, Berlin/Heidelberg/Wiesbaden, 95-116

Die Herausgeber

Felix Sühlmann-Faul

geb. 1979, ist freier Techniksoziologe mit Spezialisierung auf Digitalisierung und Nachhaltigkeit. Er ist ausgebildeter Werbekaufmann, studierte Soziologe, Germanistik und Politikwissenschaft und war drei Jahre Versuchsleiter in der Daimler Kundenforschung. Dort verfasste er auch seine Magisterarbeit über Technikinnovation und ökologisches Mobilitätsverhalten. Danach war er sechs Jahre Projektleiter für sozialwissenschaftliche Begleitforschung am Institut für Transportation Design in Braunschweig zu Themen wie alternativer Energieerzeugung, autonomem Fahren und intermodalen Verkehrskonzepten. Aktuell promoviert er über das Thema Digitalisierung und Nachhaltigkeit in Hinblick auf den Plattformkapitalismus.

Prof. Dr. Stephan Rammler

geb. 1968, studierte Politikwissenschaften und Ökonomie in Marburg und Berlin. 1997 bis 2002 war er Mitarbeiter am Wissenschaftszentrum Berlin für Sozialforschung (WZB). Seit 2002 ist er Professor an der Hochschule für Bildende Künste in Braunschweig. 2007 bis 2014 war er Gründungsdirektor des Instituts für Transportation Design und ist ab 2018 wissenschaftlicher Direktor des Instituts für Zukunftsstudien und Technologiebewertung in Berlin. Seine Arbeitsschwerpunkte sind die Mobilitäts- und Zukunftsforschung, Verkehrs-, Energie- und Innovationspolitik, Fragen kultureller Transformation und zukunftsfähiger Umwelt- und Gesellschaftspolitik. Seit 2016 ist er Träger des ZEIT WISSEN Nachhaltigkeitspreises.

Nachhaltigkeit bei oekom: Wir unternehmen was!

Die Publikationen des oekom verlags ermutigen zu nachhaltigerem Handeln – glaubwürdig und konsequent. Auch als Unternehmen sind wir Vorreiter: Ein umweltbewusster Büroalltag sowie umweltschonende Geschäftsreisen sind für uns ebenso selbstverständlich wie eine nachhaltige Ausstattung und Produktion unserer Publikationen.

Für den Druck unserer Bücher und Zeitschriften verwenden wir fast ausschließlich Recyclingpapiere, überwiegend mit dem Blauen Engel zertifiziert, und drucken wann immer möglich mineralölfrei und lösungsmittelreduziert. Unsere Druckereien und Dienstleister wählen wir im Hinblick auf ihr Umweltmanagement und möglichst kurze Transportwege aus. Dadurch liegen unsere CO_2-Emissionen um 25 Prozent unter denen vergleichbar großer Verlage. Unvermeidbare Emissionen kompensieren wir zudem durch Investitionen in ein Gold-Standard-Projekt zum Schutz des Klimas und zur Förderung der Artenvielfalt.

Als Ideengeber beteiligt sich oekom an zahlreichen Projekten, um in der Branche und darüber hinaus einen hohen ökologischen Standard zu verankern. Über unser Nachhaltigkeitsengagement berichten wir ausführlich im Deutschen Nachhaltigkeitskodex (www.deutscher-nachhaltigkeitskodex.de).

Schritt für Schritt folgen wir so den Ideen unserer Publikationen – für eine nachhaltigere Zukunft.

Jacob Radloff
Verleger

Dr. Christoph Hirsch
Leitung Buch